高等院校新型教育教材

大学生职业生涯规划及就业创业指导

主　编　张　宇　顾坚男
副主编　杨秀红　陈清华
参　编　王　丹　王桂梅　张婷婷
　　　　韩　阁　张丰慧　汪炳德

北京交通大学出版社
·北京·

内 容 简 介

本书根据目前高等学校在大学生职业发展及就业创业指导方面的需要，结合社会上比较典型的案例和新的人才需求动向，向大学生讲解了当前就业形势与政策、职业生涯规划、素质与竞争力、择业心理调适、求职择业方法与技巧、创业教育、就业创业相关政策及热点问题等内容。希望通过本书的学习，帮助大学生从宏观角度把握和思考自己的择业欲望，树立正确的、切合实际的就业观和价值观，走好职业发展的人生道路。

本书适合高校师生、职业指导人员、社会求职人员学习使用和参考。

图书在版编目（CIP）数据

大学生职业生涯规划及就业创业指导/张宇，顾坚男主编．— 北京：北京交通大学出版社，2015.8（2023.8 重印）

（高等院校新型教育教材）

ISBN 978-7-5121-2377-9

Ⅰ．① 大…　Ⅱ．① 张…　② 顾…　Ⅲ．① 大学生-职业选择-高等学校-教材　Ⅳ．① G647.38

中国版本图书馆 CIP 数据核字（2018）第 197882 号

责任编辑：李金平

出版发行：北京交通大学出版社　　电话：010-51686414

北京市海淀区高梁桥斜街 44 号　　邮编：100044

印 刷 者：北京时代华都印刷有限公司

经　　销：全国新华书店

开　　本：185×260　印张：15.25　字数：378 千字

版　　次：2015 年 8 月第 1 版　2023 年 8 月第 10 次印刷

书　　号：ISBN 978- 7 -5121-2377-9/G·256

印　　数：45 201～51 200 册　定价：33.60 元

本书如有质量问题，请向北京交通大学出版社质监组反映。对您的意见和批评，我们表示欢迎和感谢。

投诉电话：010-51686043，51686008；传真：010-62225406；E-mail：press@bjtu.edu.cn。

前　言

随着我国社会经济的迅猛发展，国家对人才的需求逐年增长，高等教育也逐渐由精英教育向大众教育转化。近年来，随着国家经济结构的调整，发展模式由数量型向质量型的转化，导致经济发展速度日趋放缓，经济发展也步入了新常态。在新的发展形势下，往日的天之骄子不再风光无限，开始面临着由经济放缓带来的就业难的严峻考验。2014 年，全国高校毕业生已达 727 万人，比 2013 年增加了 28 万人，2015 年高校毕业生人数更达创纪录的 749 万人。

毕业后向何处去？人生之路该怎么走？不仅是当代大学生们关心的问题，而且已成为全社会共同关注的社会问题。大学生毕业后能否在社会上找到相应的工作岗位，是否能够顺利地就业和创业，已经成为关乎国家、社会、家庭和毕业生个人利益的重要问题，涉及国家稳定、经济发展、社会和谐、家庭幸福的全局性问题。

大学生选择一种职业，就是在选择一种人生，人生的成功离不开科学的职业规划，它就如同大学生求职创业路上的一盏指路明灯，将大学生引入幸福人生之路。

《大学生职业生涯规划及就业创业指导》将近年来我国就业形势和政策发生的变化，特别是把一些新理论、新观点、新政策融入到教材中，旨在进一步提高教材的科学性、前沿性和实用性。

参编的作者，既有教学经验丰富的一线教师，又有长期从事就业指导工作的人员，还有经常与企业人力资源部门沟通的专业人员。教材突出以下几个方面：

一、编写体例

为使教材更方便于教师和学生使用，对每章的编写体例进行了设计，书中各章前有“内容提要”、“学习目标”和“案例导入”等互动内容，章后有“本章小结、思考题或案例分析”等辅学提示内容。

二、具体内容的充实与更新

就业创业指导应根据形势政策变化而与时俱进。编写过程中，我们强调内容更新要突出新颖性，注重实效性，特别是就业形势与政策变化，就业创业指导要反映时代的特点和要求。

三、案例导入

各章内容按照提出问题、分析问题和解决问题的思路编排。案例导入是引子，因此对精选案的例作了统一要求。

本教材在编写过程中，我们选用了同行的一些数据和材料，在此表示诚挚的谢意。由于水平有限，书中难免会有缺点和错误，敬请读者批评指正。同时借此机会，向使用本教材的广大师生，给予我们关心、帮助、支持的同行、企业界人士和专家学者致以诚挚的谢意。

编者

2018 年 9 月

目 录

第一章 绪论 …………………………………………………………………（1）
第一节 职业与职业生涯规划 ………………………………………………（2）
一、职业与职业生涯 …………………………………………………………（2）
二、职业生涯与职业生涯的类型 ……………………………………………（4）
三、职业生涯规划 ……………………………………………………………（5）
第二节 就业创业指导基本知识 ……………………………………………（6）
一、就业指导 …………………………………………………………………（6）
二、创业指导 …………………………………………………………………（10）
第三节 当前就业形势与就业政策 …………………………………………（14）
一、当前就业形势 ……………………………………………………………（14）
二、就业政策 …………………………………………………………………（14）
三、对未来就业政策走向的预测 ……………………………………………（16）
四、课程学习方法 ……………………………………………………………（17）
第二章 大学生职业生涯规划 ………………………………………………（19）
第一节 职业生涯规划概述 …………………………………………………（20）
一、生涯的概念与形态 ………………………………………………………（20）
二、关于职业生涯规划 ………………………………………………………（22）
第二节 大学生职业生涯规划的意义 ………………………………………（23）
一、职业生涯规划是事业成功的起点 ………………………………………（23）
二、大学时代，职业生涯规划正当时 ………………………………………（26）
第三节 大学生职业生涯规划指导 …………………………………………（30）
一、职业生涯规划应当遵循的基本原则 ……………………………………（30）
二、影响大学生职业生涯规划的因素 ………………………………………（33）
三、大学生职业生涯规划的步骤 ……………………………………………（36）
四、有识、有志、有恒 ………………………………………………………（40）
第三章 大学生素质与竞争力 ………………………………………………（43）
第一节 当代大学生应具备的职业素质 ……………………………………（44）
一、素质概述 …………………………………………………………………（44）
二、职业素质概述 ……………………………………………………………（46）
三、当代大学生应具备的基本素质 …………………………………………（47）

四、职业素质在就业过程中的作用 …………………………………………………… (63)
五、大学生提高自身职业素质的途径 ………………………………………………… (64)
第二节　当代大学生要树立职业理想 ………………………………………………… (66)
一、职业理想的形成过程 …………………………………………………………… (66)
二、职业理想的功能 ………………………………………………………………… (67)
三、职业理想的定位 ………………………………………………………………… (68)
第三节　企业对人才的评价标准 ……………………………………………………… (70)
一、当今社会人力资源结构 ………………………………………………………… (70)
二、企业评价人才的标准 …………………………………………………………… (71)
三、由优秀的大学生转变为出色的职业人 ………………………………………… (73)
第四章　大学生择业心理问题及调适 ……………………………………………… (76)
第一节　大学生择业的心理问题 ……………………………………………………… (78)
一、大学生择业中的心理障碍 ……………………………………………………… (78)
二、影响就业的个性因素 …………………………………………………………… (80)
第二节　大学生择业观念中的心理误区 ……………………………………………… (87)
一、大学生择业中常见的心理矛盾 ………………………………………………… (87)
二、大学生择业的心理误区 ………………………………………………………… (89)
第三节　大学生择业的心理调适 ……………………………………………………… (91)
一、调整就业期望值，树立正确的择业观 ………………………………………… (91)
二、全面客观地认识和评价自己 …………………………………………………… (91)
三、进行有效的心理调节和控制 …………………………………………………… (96)
四、几种常见择业心理问题及其调适方法 ………………………………………… (97)
第四节　树立积极的择业心态 ………………………………………………………… (101)
一、转换角色 ………………………………………………………………………… (101)
二、正视现实 ………………………………………………………………………… (101)
三、敢于竞争，善于竞争 …………………………………………………………… (101)
四、正确对待挫折 …………………………………………………………………… (102)
五、放眼未来 ………………………………………………………………………… (103)
第五章　求职择业的方法与技巧 …………………………………………………… (104)
第一节　获取就业信息 ………………………………………………………………… (104)
一、就业信息的内容 ………………………………………………………………… (105)
二、就业信息的收集 ………………………………………………………………… (105)
三、就业信息的处理 ………………………………………………………………… (108)
四、提防就业信息陷阱 ……………………………………………………………… (109)
第二节　简历撰写技巧 ………………………………………………………………… (111)
一、常见简历类型 …………………………………………………………………… (111)

二、简历基本结构 …………………………………………………………… (112)
三、简历撰写技巧 …………………………………………………………… (113)
四、在线简历与网申技巧 ……………………………………………………… (118)
第三节 掌握面试技巧 …………………………………………………………… (120)
一、面试种类 …………………………………………………………………… (120)
二、面试内容 …………………………………………………………………… (126)
三、面试准备 …………………………………………………………………… (126)
四、面试技巧 …………………………………………………………………… (127)
五、面试之后的工作 …………………………………………………………… (133)
第六章 大学生创业教育 ……………………………………………………… (135)
第一节 创业认知 ………………………………………………………………… (137)
一、创业教育的内涵和意义 …………………………………………………… (137)
二、创业的概念 ………………………………………………………………… (139)
三、创业的原因 ………………………………………………………………… (140)
四、适合创业的人 ……………………………………………………………… (144)
第二节 创业成功的要素 ………………………………………………………… (146)
一、创业精神 …………………………………………………………………… (146)
二、创业理念 …………………………………………………………………… (151)
三、创业的组成要素 …………………………………………………………… (155)
四、创业成功的要素 …………………………………………………………… (162)
第三节 一般创业过程 …………………………………………………………… (164)
一、创业准备 …………………………………………………………………… (164)
二、创业计划 …………………………………………………………………… (166)
三、创业融资 …………………………………………………………………… (172)
四、创建组织、组建团队 ……………………………………………………… (175)
五、创业过程中常见的问题与风险 …………………………………………… (179)
第七章 大学生就业创业政策与热点问题 …………………………………… (186)
第一节 大学生就业政策沿革 …………………………………………………… (187)
一、大学生就业政策的沿革 …………………………………………………… (187)
二、总体的就业政策、法规梳理 ……………………………………………… (188)
三、具体就业政策的类别 ……………………………………………………… (189)
第二节 国务院颁布的大学生就业政策 ………………………………………… (191)
一、就业工作的指导思想 ……………………………………………………… (191)
二、大学生就业的方针和原则 ………………………………………………… (192)
三、就业政策的变化趋势 ……………………………………………………… (193)
四、国务院颁布的就业相关政策内容 ………………………………………… (194)

第三节　山东省大学生就业工作意见 …………………………………………（198）
一、山东省做好2014年全省普通高等学校毕业生就业创业工作的通知………（199）
二、山东省人民政府办公厅关于促进创业带动就业的意见 ………………（202）
第四节　就业热点问题 ……………………………………………………………（204）
一、基层就业问题 ………………………………………………………………（204）
二、高校毕业生入伍问题 …………………………………………………………（206）
三、国家和地方重大科研项目问题 ………………………………………………（208）
四、鼓励高校毕业生到中小企业就业政策措施 …………………………………（209）
五、人事代理问题 ………………………………………………………………（209）
六、社会保险问题 ………………………………………………………………（210）
七、高校毕业生自主创业问题 ……………………………………………………（210）
八、困难家庭高校毕业生问题 ……………………………………………………（211）
九、离校后未就业高校毕业生的就业问题 ………………………………………（211）
附录A　普通高等学校毕业生就业工作暂行规定 ……………………………（214）
附录B　国务院七部委促进就业规划（2011—2015年） ……………………（221）
附录C　山东省人民政府办公厅关于促进创业带动就业的意见 ……………（231）
参考文献 …………………………………………………………………………（235）

第一章

绪 论

内容提要

本章从三个方面对大学生职业发展与就业创业指导进行了介绍。第一节主要对职业、职业类型、职业生涯、职业生涯规划进行了简要阐述。第二节着重介绍了就业创业指导的基本知识，对就业创业指导的含义、基本特征、原则、内容、创业动机、创业地域、创业资金及创业者能力等进行了论述。第三节主要介绍了当前的就业形势和就业政策，对未来就业政策走向进行了预测，并对如何进行本课程的学习提出了方法建议。

学习目标

1. 明确职业生涯规划的重要意义。
2. 了解职业及职业类型。
3. 指导大学生职业发展与就业创业指导的基本内容。
4. 明确就业创业指导的基本知识，了解当前就业形势和相关就业政策。

案例导入

一群意气风发的天之骄子从哈佛大学毕业了，即将开始穿越各自的玉米地。他们的智力、学历、环境条件都相差无几。临出校门时，哈佛对他们进行了一次关于人生目标的调查。结果显示：27% 没有目标；60% 目标模糊；10% 有清晰的短期目标；3% 有清晰而长远的目标。

25 年后，哈佛再次对这群学生进行了调查。结果：3%的人，25 年来他们朝着一个方向不懈努力，几乎都成为社会各界的成功人士，其中还不乏行业领袖、社会精英；10%的人，他们的短期目标不断实现，成为各个领域中的专业人士，大都生活在社会的中层；60%的人，他们安稳地生活工作，但都没有什么特别成绩，几乎都生活在社会的中下层；剩下的 27%，他们的生活没有目标，过得很不如意，常常抱怨他人、抱怨社会、抱怨这个“不肯给他们机会”的世界。

其实，他们之间的差别不在于学历、能力、环境，而在于是否有明确的目标和详细的规划。看了这个案例，每一位大学生是否也会在心里问自己这样一些问题——我为什么上大学？毕业后我想做什么？要想回答这些问题，您必须要了解我们将要给您介绍的内容。

第一节　职业与职业生涯规划

一、职业与职业生涯

1. 职业的概念

职业作为一种社会现象，是社会分工的产物。人类要生存、社会要发展，首先要解决衣食住行的问题，需要有人从事各种社会劳动，有的做工、有的务农、有的经商、有的从医，还有的执教，于是就形成了不同的职业。

从词义的角度看，“职业”一词由“职”和“业”构成，“职”是指职位、职责，“业”是指行业、事业。“职业”一词包括三层意思：一是有工作，即有事可做，又有事可为；二是有收入，即获得工资或其他形式的经济报酬；三是有时间上的连续性。

职业是对人谋生手段的分类。在西方商品经济发达的社会，它通常是指具有一定专长的社会性工作。职业划分方式很多，也没有定式，通常以所从事的产业或行业为主，并结合工作特点混合使用。职业在英语中对应于Profession、Occupation，作为术语概念有差异。

中文词汇中，“职业”作为术语，有时指工作（集合名词），其概念与时代、社会经济水平有关。它在一定时期包含了社会地位的成分。例如，仆人、佣人、长工在经济落后时代代表地位和社会阶层，如今被家政取代，家政是自20世纪80年代开始的一种职业。职业作为一种概念，与经济发展的水平、社会政治制度有很大关系。如词汇“农民”，在20世纪80年代以前的计划经济时代多指个人身份，而且除非“农转非”、大学升学可以改变；在现代西方社会，农民是一种职业，多指农场工人。

职业是参与社会分工，利用专门的知识和技能，为社会创造物质财富和精神财富，获取合理报酬作为物质生活来源，并满足精神需求的工作。

我们可以这样理解职业的定义中所包含的4种关系如下。

其一是个人与社会的关系。从事了某种职业就意味着参与了社会分工。而对不同需求的职业分工，体现了个人与社会的关系，也是职业结构的关系。

其二是知识技能与创造的关系。人们利用专门的知识技能创造物质财富和精神财富，由此引入职业化的概念。

其三是创造财富和获得报酬的关系。只有为社会创造了物质财富和精神财富，才有资格获得报酬，而且是获得合理报酬。

其四是工作和生活的关系。人们通过工作获得合理报酬，满足其物质生活和精神生活的需求。

2. 职业的特征

（1）目的性，即职业以获得现金或实物等报酬为目的。

（2）社会性，即职业是从业人员在特定社会生活环境中所从事的一种与其他社会成员相互关联、相互服务的社会活动。

（3）稳定性，即在一定时期长期存在，大的形式变化不是很频繁。

（4）规范性，即职业必须符合国家法律和社会道德规范。

（5）群体性，即职业必须具有一定的从业人数。

职业是人类社会发展到一定阶段，出现了社会分工后的产物。在社会需求的推动下，新的职业不断产生；而社会不再需求时，过时的职业就会消亡。可以说，职业随科学技术和经济的发展而变化。随着现代科学技术的运用，职业分化越来越细、越来越多。在知识经济条件下，有关知识、信息、科学技术含量高的现代职业也将迅速发展，同时现代职业对从业者的任职要求也越来越高。鉴于此，职业产生和消亡的客观规律要求我们在选择职业类型时不仅要考虑个人职业发展意愿，更要考虑时代前进的步伐所引起的社会需求趋势的变化。

因此，职业对人生具有重要意义，它影响着人们的生活质量、收益、发展前途及社会地位，并影响家庭生活。

3. 职业的类型与相应职业

职业要求个人与工作相适应，即做到个人能力和特性与职业要求相协调。从事美国大学测试（ACT）项目的心理学家戴尔·普雷迪格及其同事按照职业的工作对象类型，把职业分成以数据、观念、人和事物为对象的 4 种类型。

（1）倾向于与“人”共事并且在该方面颇具技巧的人能在与他人的交往中获得乐趣，并且喜欢人际交往中的领导、劝说、教导或咨询等事务；

（2）对“数据”王国颇感兴趣并具备一定才能的人倾向于与数字和符号打交道；

（3）喜欢使用工具、器械的个人则属于喜欢“事物”的人，他们喜欢在实际的物理环境中解决问题；

（4）对“观念”王国颇感兴趣的人倾向于在思想观念中自找乐趣，喜欢通过语言来表达抽象概念。

关于职业生涯的理解，舒伯认为，职业生涯包括个人一生中的各种职业和生活角色。据此，职业生涯包括人生自青春期至退休所有有酬或无酬职业的综合，除了职位之外还包括与工作有关的各种角色。霍尔认为，职业生涯是指一个人终其一生，伴随与工作或职业有关的经验和活动。这里更强调一般意义上的职业。

《中华人民共和国职业分类大典》将我国职业分为 8 个大类，66 个中类，413 个小类，1 838 个细类（职业）。

第一大类：国家机关、党群组织、企业、事业单位负责人，其中包括5个中类、16个小类、25个细类。

第二大类：专业技术人员，其中包括14个中类、115个小类、379个细类。

第三大类：办事人员和有关人员，其中包括4个中类、12个小类、45个细类。

第四大类：商业、服务业人员，其中包括8个中类、43个小类、147个细类。

第五大类：农、林、牧、渔、水利业生产人员，其中包括6个中类、30个小类、121个细类。

第六大类：生产、运输设备操作人员及有关人员，其中包括27个中类、195个小类、1 119个细类。

第七大类：军人，其中包括1个中类、1个小类、1个细类。

第八大类：不便分类的其他从业人员，其中包括1个中类、1个小类、1个细类。

目前，劳动和社会保障部依据《中华人民共和国职业分类大典》确定了实行就业准入的87个职业目录，分别是：

（1）车工、铣工、磨工、镗工、组合机床操作工、加工中心操作工、铸造工、锻造工、焊工、金属热处理工、冷作钣金工、涂装工、装配钳工、工具钳工、锅炉设备装配工、电机装配工、高低压电器装配工、电子仪器仪表装配工、电工仪器仪表装配工、机修钳工、汽车修理工、摩托车维修工、精密仪器仪表维修工、锅炉设备安装工、变电设备安装工、维修电工、计算机维修工、手工木工、精细木工、音响调音员、贵金属首饰手工制作工、土石方机械操作工、砌筑工、混凝土工、钢筋工、架子工、防水工、装饰装修工、电气设备安装工、管工、汽车驾驶员、起重装卸机械操作工、化学检验工、食品检验工、纺织纤维检验工、贵金属首饰钻石珠宝检验员、防腐蚀工；

（2）农、林、牧、渔、水利业生产人员；

（3）动物疫病防治员、动物检疫检验员、沼气生产工；

（4）商业、服务业人员；

（5）营业员、推销员、出版物发行员、中药购销员、鉴定估价师、医药商品购销员、中药调剂员、冷藏工、中式烹调师、中式面点师、西式烹调师、西式面点师、调酒师、营养配餐员、前厅服务员、客房服务员、保健按摩师、职业指导员、物业管理员、锅炉操作工、美容师、美发师、摄影师、眼镜验光员、眼镜定配工、家用电子产品维修工、家用电器产品维修工、钟表维修工、办公设备维修工、养老护理员、办事人员和有关人员；

（6）秘书、公关员、计算机操作员、制图员、话务员、用户通信终端维修员。

二、职业生涯与职业生涯的类型

1. 职业生涯的概念

职业生涯是指一个人终生职业经历的模式。职业经历包括职位、工作经验和任务，受到员工价值、需要和情感的影响。职业生涯由时间、范围和深度构成。时间是指人一生的不同阶段，如职业初期、中期、后期等；范围是指一生扮演不同角色的数量；深度是指一种角色投入的程度。

2. 职业生涯的类型

（1）传统性职业生涯。在一个人的职业生涯中，他的职业可能是持续稳定的，这种职业生涯叫做传统性职业生涯。例如：助理工程师—顾问工程师—高级工程师；助理研究员—副研究员—研究员；助教—讲师—副教授—教授。

（2）易变性职业生涯。一个人的职业生涯可能因其兴趣、能力、价值观及工作环境的变化而发生变化，可能从事多项职业，这种职业生涯叫做易变性职业生涯。例如：职业初期是技术员，后期从事管理工作。

一个人一旦通过选择或选拔进入职业组织或特定的岗位，他的职业生涯就开始了。一个人一生可能在一个固定的岗位上从事一个职业，也可能经历若干个岗位、若干个职业甚至若干个不同的行业。职业生涯的成功在于一个人的个人因素、所在组织因素、社会环境因素相匹配。个人进入职业组织之后，个性与职业匹配程度或职业适合性随着时间的推移需要与职业组织的成长相适应，不断地磨合。

三、职业生涯规划

1. 职业生涯规划的概念

职业生涯规划是指组织或者个人把个人发展与组织发展相结合，对决定个人职业生涯的个人因素、组织因素和社会因素等进行分析，制订有关个人一生中在事业发展上的战略设想与计划安排。

2. 职业生涯规划的内容

（1）个人职业生涯规划：为自我实现的需要，根据个人特点、组织发展的需要和社会发展的需要，对自身职业进行设计。

（2）员工职业生涯管理：人力资源部门为了解员工的个人特点，了解其成长和发展方向及兴趣，增强满意度，统一协调员工和组织发展的需要，制订有关员工成长、发展的计划与组织需要、发展相结合的计划。

（3）大学生职业生涯规划：大学生对决定自己职业生涯的主、客观因素进行分析总结和测定，确定自己的事业奋斗目标，并选择实现这一事业目标的职业，编制相应的教育、工作、培训行动计划，对每一步骤的时间、顺序和方向作出合理的安排。

第二节　就业创业指导基本知识

一、就业指导

（一）就业指导的含义

就业指导，也可称为职业指导，有狭义和广义之分。狭义的就业指导就是充当寻求就业的劳动者与具体职业的中介人的角色，以帮助劳动者求职择业。广义的就业指导是为劳动者选择职业、准备就业以及在职业中求发展、求进步提供知识、经验和技能。这就是说，就业指导的过程是一个帮助求职者选择职业的过程，为就业做准备的过程，在任职中求发展的过程。也就是就业前、就业中、就业后的完整的指导。我国台湾有学者认为：职业指导不仅使受指导者知业并适于何业，且需设法为之预备、助其入业，使安于其业，乐于其业。万一入业后不适宜，更当设法使之迁业，务得安居乐业之所。

大学生的就业指导是广义上的就业指导，是为了帮助大学生根据自身特点和社会职业需要，选择并确定有利于发挥个人才能和实现个人理想的职业；帮助大学毕业生按照国家就业政策的导向及时落实用人单位或自主创业；为就业后发展成才、创立事业提供帮助和指导，使其正确地实现自己的人生价值和社会价值。从根本上说，就业指导的目的，就是要帮助大学生树立正确的世界观、人生观、价值观、职业观，增强毕业生适应经济建设和社会发展的能力。

（二）就业指导的基本特征

1. 条件特征

由于就业指导主体的差异性，其应具备的条件也不尽相同。以高校为例，至少应具备以下几个条件：

（1）必须熟悉我国的就业形势和职业特点，并掌握大量信息和相关知识；

（2）就业指导的主体是应当具有法人资格的正规院校；

（3）具有一批有经验的就业指导教师。

2. 行为特征

就业指导是一种市场行为，它根据求职者的实际和就业市场的供求情况为求职者提供指导和服务，其主要依据是就业市场的供求关系。因此，就业指导是以市场需求为主要导向的市场运作行为。

3. 目标特征

就业指导的目标特征十分鲜明，就是要帮助学生找到理想的职业岗位。对学生文化知识和职业能力的培养只是学校所应承担的责任和义务的一部分。而在帮助学生了解自我、认识社会、认识职业，培养正确的世界观、人生观、价值观、职业观，提高他们的求职能力及竞争意识的方面，学校的就业指导具有不可替代的作用。

（三）就业指导的原则

就业指导的原则是开展就业指导工作应遵循的标准、法则或规范。高等学校的就业指导工作应遵循以下几个原则。

1. 引导性原则

学生是就业指导的对象，也是就业指导活动的主体。要使就业指导工作富有成效，就必须发挥学生的主体作用。就业指导仅仅是一种外因，是一种辅助性因素，指导者不可能把就业意识、就业观念及职业素质简单地转化为学生个人的内在品质，也不可能决定学生的就业方向。学生就业指导实际上是在指导者的引导帮助下，学生自我认识、自我教育、自我提高的过程。

2. 教育性原则

教育性原则是学生就业指导的重要原则，因为就业指导工作不单纯是帮助学生求职择业，而是作为一个教育过程来体现的。它要求就业指导工作必须着眼于学生综合素质和整体素质的培养和提高，通过一系列活动，促进学生身心健康发展。同时，就业指导也是学校教育的一个重要方面，特别是在职业理想教育、择业观教育、职业道德教育等方面体现了很强的教育性。它是思想教育和品德教育的载体，是把思想教育与品德教育落到实处的一个有效途径。

3. 系统性原则

学生就业指导不同于社会上其他职业申请者进行应试选拔、改行或下岗再就业的指导，也不是毕业时才有的临时性工作，而是一个发展过程，是一项系统工程。它贯穿于大学生活的始终，并分阶段有计划地进行，这样才能使学生较早地做好就业准备。同时，就业指导不仅是就业指导者的事情，学校的教师、干部都有责任，社会、家庭等各方面也要配合学校做好此项工作。

4. 实践性原则

学生就业指导是一门应用性学科，是实践性很强的工作，它以激励、引导、测验、训练为手段，以提高学生综合素质和求职择业及社会适应能力为目标，指导和帮助学生明确奋斗目标，正确认识社会和了解自己，在社会实践中检验和锻炼自己，培养新观念，开拓新视野，并自觉调整自己的行为以适应不断变化的社会要求。而且要在实践中检验指导的成效，以进一步改进、完善就业指导的方式、内容体系。

（四）就业指导的内容

大学毕业生就业指导是帮助毕业生了解国家的就业方针政策，树立正确的择业观念，保障毕业生顺利就业的有效手段，其主要内容包括以下几个方面。

1. 理论指导

1）树立正确的就业观念

就业是大学生毕业走向社会的转折点，但就业所反映的，不仅是如何找到用人单位，而且涉及大学生本身的素质准备。因为大学生本身的素质如何，直接关系到他能否成功就业。因此，就业观念要解决的基本问题是，如何使大学生成为适应社会发展的高素质人才。也就是说，职业设计应该成为大学生从进入高校时就开始的关注点。就业的理论指导和大学生的学习目的教育是应该融为一体的，贯穿于学习的全阶段。

2）树立正确的择业标准

总的来说，当前大学毕业生的择业标准呈现多样化的趋势。指导毕业生就业的基本原则是把个人理想与国家需要结合起来，从实际出发，适应社会发展的要求。通过理论指导，避免和纠正大学生在择业中的短期行为，使其能正确处理社会需要和个人成才、事业与生活、个人与集体等各种关系，抵制眼前功利的诱惑，真正做到以事业为重，服从国家需要，勇于到西部地区、艰苦行业、基层第一线去发展成才，报效祖国。正确的择业标准，是建立在科学的世界观、人生观、价值观基础上的。就业中的思想教育是大学生思想政治教育的继续和深入，能够帮助大学生在社会主义市场经济条件下，理性地选择职业，同时做好艰苦奋斗、甘于奉献的思想准备。

3）确立高尚的求职道德

市场经济是法制经济，也是道德经济。大学生的道德修养和个人的信誉，对其成才和发展是极为重要的，在求职过程中也同样重要。通过理论指导，使大学生在就业过程中，做到实事求是、诚实守信。决不能在求职时吹嘘自己、贬低别人，也不能欺骗用人单位或不讲信誉。求职道德是大学生素质的重要展示，是在用人单位留下的第一印象。高尚的求职道德有助于培养高尚的品行，使人终身受益。求职的不道德，其后果是失去用人单位的信任。某个人的不道德，有时不仅影响到他个人，甚至也会对他人产生不利的影响，给求职者和用人单位之间带来障碍。

2. 政策指导

政策指导是就业指导的前提。大学生就业政策是国家制定的高层次人力资源配置准则的体现，是调控、约束、指导毕业生择业行为的基本依据。任何人都可以在就业政策允许的范围内自由择业。

1）指导就业政策

通过就业指导，使学生了解国家制定的全国性的就业改革、有关部门和省市制定的行业性和区域性就业政策以及所在学校制定的具体实施意见，按有关规定就业。对毕业生就业工作的方针，教育部文件明确规定：要贯彻统筹安排，合理使用，加强重点，兼顾一致和面向基层，充实生产、科研、教学第一线的方针。在保证国家需要的前提下，贯彻学以致用、人尽其才的原则。有些行业性或区域性的就业政策，会对专业要求、生源指标、学历条件等作出规定。所在学校一般会根据国家政策和地方政策提出工作意见。就业政策的指导应该在大学毕业生择业前进行。

2）指导劳动法规

《中华人民共和国劳动法》（以下简称《劳动法》）是调整劳动关系的基本法律。大学生就业的实质是与用人单位建立劳动合同关系。指导大学毕业生依法办事，用劳动法维护自身的权益，履行应尽的义务。如《劳动法》规定：妇女享有与男子平等的就业权利；又如“违反法律、行政法规的劳动合同；采取欺诈、威胁等手段订立的劳动合同为无效合同”等，都是大学生应该懂得的。

3）指导就业工作程序

毕业生就业工作程序在教育部的统一部署和要求下进行，一般从毕业生在校最后一学年开始。对大学毕业生进行就业工作程序的指导，有利于大学毕业生在规定的时间段内收集信息，参与双向选择、进行毕业鉴定、办理报到手续等，而不影响学校正常的教学秩序和学生的学习。

3. 信息指导

就业信息是求职择业的基础。获得的就业信息越广泛，求职的视野越开阔；就业的信息运用得越好，求职成功率就越高。因此，对大学生进行信息指导是就业指导不可缺少的内容。

1）对国家宏观就业形势的分析指导

国家宏观的就业形势关系到劳动力市场的供需关系，和毕业生能否充分就业有关。某一类专业人才市场的供需情况，又直接影响该类专业毕业生的就业。帮助大学生了解就业的大形势，有利于毕业生作出合理的就业定位，使其主观期望符合社会的实际，能够及时、顺利地就业。

2）对收集具体就业信息的指导

这一指导是帮助毕业生提高收集信息和利用信息的能力。信息是我们这个时代的重要特征，收集的有效信息越多，选择的余地越大；充分、准确地掌握和利用有效信息能够得到满意的就业选择，在一定程度上就直接影响到职业的选择和事业的发展。

4. 心理指导

随着就业竞争的日趋激烈，大学生的择业心理问题近年来呈上升趋势，各种心理障碍和心理疾病，影响大学生顺利走向社会。运用心理学的原理和方法，针对大学生心理发展特点和择业中暴露出来的心理问题，进行择业心理教育与指导，不仅是必要的而且是十分重要的。

1）对择业心理的指导

对大学生而言，就业是从职业理想到社会现实的转变。良好的心态，充分的心理准备是重要的。应该面对现实，一切从实际出发，处理好理想与现实的关系。一般来说，大学生择业时都有较高的心理期望值，这是正常的，但脱离现实、好高骛远的想法是不正确的。指导大学生择业心理就是要帮助大学生树立既有远大理想又要艰苦奋斗的心理准备，正视社会、适应社会。

2）增强心理承受力的指导

在择业过程中会碰到各种障碍，受到各种挫折。指导大学生正确对待挫折，增强心理承受力是重要的。在择业中很可能产生来自两个方面的心理不平衡：一是在自己的评价和社会的评价不相一致时产生的，二是在自己与同学在学校的比较和在社会的评价不相一致时产生的。要帮助大学生既有自信又能正确估计自我，保持良好的心理素质。

3）心理健康的指导

对心理健康的指导具有普遍的意义。大学生的心理和生理的成熟程度存在差异，自我心理调节能力的发展明显滞后。进行及时、有效的心理健康教育与指导，不仅有助于毕业生的择业心理准备，而且有助于心理问题的预防和解决；不仅有利于大学生正确认识自我，从个性心理特征设计择业目标，也有利于大学生尽快适应职业，完成角色转换，实现人生价值。

5. 技术指导

求职技巧的指导，具有较强的实用性。在“公平竞争，择优录用”的原则指导下，用人单位主要通过自荐、面试、笔试等方式来招聘录用人才，因此指导大学生掌握求职的方法与技巧对保证求职的成功具有重要的意义，可以帮助毕业生提前做好充分的准备。

1）自荐技巧的指导

在招聘过程中，自荐是首要的环节。指导自荐技巧的目的是帮助大学生与用人单位进行有效的沟通，使大学生能真实地介绍自己，并能使用人单位所欣赏的某些特长充分地展示，进而对自荐人的能力和潜力充满信心。

2）面试技巧的指导

一般情况下，面试是招聘录用中必过的环节。在面试过程中，掌握一定的技巧，是成功面试的策略，也是作为求职者应有的训练。作为求职的大学毕业生，需要面试技巧的指导，才能在面试时有充分的准备，有针对性地辩答和应对。指导大学生面试技巧，不仅对帮助大学生就业有利，而且能使大学生学到更多的人际交往的知识。

礼仪是给人的第一印象，求职者的礼仪是重要的。首先是衣着，应该端庄大方；其次是有礼貌，能够体现求职者的涵养；再次要表现热情，热情能给人以好感，也能反映求职者的精神状态。求职礼仪的指导可以帮助大学生充分体现出大学生应有的文明、礼貌和修养。因此，礼仪的指导不仅对求职是重要的，对体现大学生的素质也是重要的。良好的礼仪应该在大学生的日常生活中养成。

二、创业指导

近些年各地不断出台扶持大学生的优惠政策，不少大学生也加入了青年创业的大军。大学生创业需要在校期间有意识做好准备。有创业志向的大学生在校期间应在树立崇高理想的基础上，和实际学习目标结合起来，不怕困难和挫折，积极参加各种实践活动，加强意志锻炼，培养健全的体魄。大学生创业需要在创业过程中不断完善提高。大学生在锻炼和培养自己的创业才能时，要通过创业实践来增长才能，也要通过在创业过程中的竞争和自我否定增长才能，以求得创业才能的综合性提高。

（一）创业者动机

创业者强大的内在动力，并不是任何人都具有的，创业是一个异常艰苦的过程，需要付出更多的努力和汗水，强大的信念更是创业者必不可少的精神支撑。因此在决定是否创业之前，我们必须要了解自己的性格是否真的适合创业，切不可仅凭一时兴起盲目地加入到创业的潮流中。

麦可思对大学毕业生的调查结果显示，2008 届本科毕业生自主创业的主要动机是“理想就是成为创业者”，其比例占了创业者总人数的 41%，“有好的创业项目”和“未找到合适的工作”各占 15%。

（二）创业地域选择

在何处创业更容易收获成功？为了作出合理的决策，让我们首先来了解一下正在创业的大学生们的选择，看看他们的创业地域分布及特点如何。

图 1-1 所示是麦可思调查结果对大学毕业生自主创业者的家乡省所归属的地区类型分析。

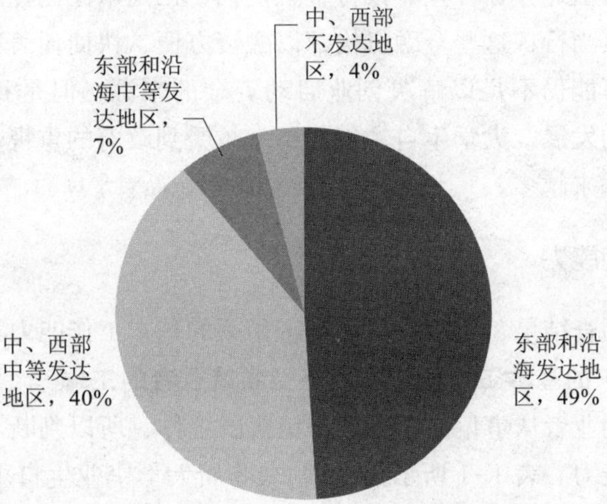

图 1-1 全国 2008 届大学毕业生自主创业的地区分布

从图 1-1 可以看到应届大学毕业生自主创业者主要分布在东部和沿海发达地区与中、西部中等发达地区。经济的成熟或是高速发展的地区更能提供自主创业所需要的新的商机与发展点。

麦可思的调查显示，在家乡创业是主要特点。应届大学毕业生在家乡省创业的占 76%，其中在外省读大学后返回家乡创业的是 38%；在家乡省以外创业的占 24%，其中留在读书所在地创业的是 5%。其原因可能是毕业生对家乡的环境更为熟悉，创业的资源更多地来自于长辈，人脉更为广泛。

（三）自主创业资金

创业的门槛不仅在于更高的个人能力，还在于它需要投入资金以启动项目。何处获得创业的启动资金呢？这里提供一些灵活的应对措施仅供参考。

1. 善用政策：小额贷款

为了支持大学生自主创业，国家制定了宽松的小额贷款优惠政策，具体措施在各地方会有所不同，可以关注和查询相关信息，或向相关部门进行咨询。

2. 善用金融工具：抵押质押

如果你不具有小额贷款的条件，也没有关系。此时，你可以采取抵押或质押的方式获得银行贷款，例如利用自己或亲友的房产、存单、有价债券或者保单来办理抵押或质押贷款。

3. 善用社会资源：合伙创业

目前，个人合伙创业比较简单的形式是两个志同道合的朋友或者家庭成员共同投资成立合伙企业，属于无限责任公司；高级一点的形式是两个或两个以上人投资成立有限责任公司，后者相对于前者，风险相对较小，是普遍的合伙投资创业形式。

4. 善用非银行金融机构

此外，目前社会上还存在一些非银行金融机构，也是市民创业融资的一个渠道。例如信托投资公司和典当行，这些金融机构都以融资方便、快捷而著称。

尽管这些手段可能仍不足以解决创业启动资金的来源，但是我们也应该乐观地看到，随着中国市场的发展，大学生自主创业越来越受到政府的重视、鼓励和支持，解决资金问题的途径也越来越多。

（四）创业者的能力

依据麦可思的调查结果，与创业活动紧密相关的基本工作能力具有如下特点。

1. 创业工作要求的基本工作能力不同于受雇就业者的工作

创业活动要求创业者从事偏向于管理和销售的工作，所以判断与决策、有效的口头沟通是最重要两项能力。表 1-1 所示为全国 2008 届大学毕业生自主创业者和受雇就业者基本工作能力水平比较。

表 1-1　全国 2008 届大学毕业生自主创业者和受雇就业者基本工作能力水平比较

序号	受雇工作要求的基本能力排序	工作要求达到的能力水平/%	离校时掌握的能力水平/%	自主创业要求的基本能力排序	工作要求达到的能力水平/%	离校时掌握的能力水平/%
1	积极学习	62%	55%	有效的口头沟通	64%	52%
2	有效的口头沟通	59%	51%	谈判技能	50%	41%
3	理解他人	60%	56%	理解他人	66%	60%
4	积极聆听	61%	54%	说服他人	63%	51%

2. 创业者掌握的各项基本工作能力高于受雇就业者

图 1–2 所示为创业者与受雇就业者关于 5 项基本工作能力的比较。

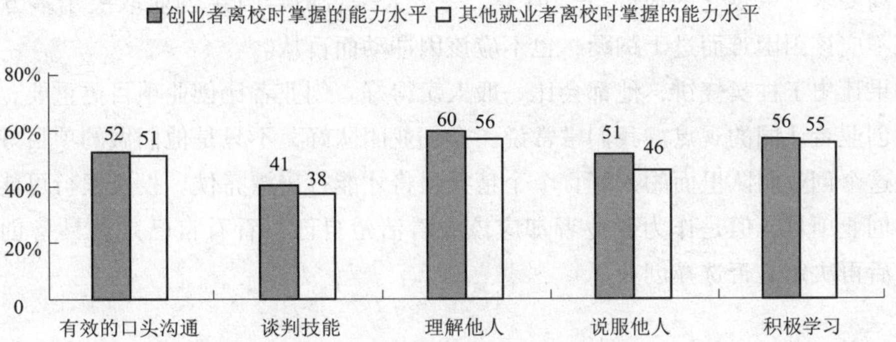

图 1–2 5 项基本工作能力比较

调查结果显示：在创业工作要求的 5 项基本工作能力（有效的口头沟通、谈判技能、理解他人、说服他人、积极学习）中，离校时创业者掌握的能力都高于受雇就业者。这说明创业者是一批基本工作能力强的大学毕业生。

3. 创业者的能力基本满足工作需要

麦可思的调查结果显示。首先，总体上创业者的能力基本满足工作需要；其次，创业者亟须提高的工作能力是企业管理、沟通和创新能力。因此，创业教育应着重于管理、沟通和创新能力。调查结果表明，“假期实习/课外兼职”对创业帮助最大，然后是“学校和政府提供的创业培训和咨询”。在大学期间，学生应该积极地参加实习、兼职工作，通过咨询、讲座等了解创业，还可以参加学校里的模拟创业活动和社团活动来锻炼自己的能力，为将来真正的创业磨砺自己。

（五）自主创业项目

进行自主创业还有一个很关键的选择，就是创业项目的方向。以下是麦可思的调查结果。

1. 创业项目与创业者专业学习的相关性不大

这是因为普遍来看，创业更需要管理、决策、沟通等基本能力以引导创业项目走向正轨，而专业能力不足则可以通过雇用拥有相关技术的员工来弥补。

2. 艺术类等专业的创业与专业密切相关

创业项目要求创业者有相关专业学习的背景，而相关的行业里创业的空间也十分广阔，如艺术类、工商管理类等。特别注意到，艺术适合于专业人员创业。

3. 应届大学毕业生自主创业者的专业类分布较集中

从专业大类上可以看出，文学、工学、管理学专业毕业生是主要的本科创业人员来源，约占 69%；而高职高专毕业生中，毕业最多的为财经大类、电子信息大类、制造大类，约占 62%。

自主创业之路既有与一般职业共通之处，例如它更依赖规划，同样需要兴趣作为指导和相关的性格分析等；也有它自身的特点，例如它有更自由宽松的选择，对资金和能力的更高要求，以及它的风险等。但是，一个人是否适合自主创业取决于多方面的原因，既不应该因困难而过于踟蹰，也不应该因冲动而盲从。

如果让史玉柱卖烧饼，他都会比一般人卖得好。创业者比创业项目更重要，这是很多成功创业者认同的观点。我们常常说一个创业团队好，不只是他们做的项目好，更重要的是这个创业团队里面的人好，个个精兵强将才能打出漂亮仗。投资银行可能会看重于你的创业项目，但是作为创业者却应该先看清楚自己。看看自己是否具备创业者素质，然后再决定是否选择创业。

第三节　当前就业形势与就业政策

一、当前就业形势

截至2013年年底，全国就业人员76 977万人，比2012年年底增加273万人，其中城镇就业人员38 240万人，比2012年年底增加1 138万人。2013年城镇新增就业稳定增长，全年实现城镇新增就业1 310万人，比2012年多增44万人。全年城镇登记失业率保持在4.1%左右的较低水平，第四季度末为4.05%。然而不可忽视的是，未来我国经济增速将有所放缓，经济拉动就业能力将下降；今后一个时期，我国每年需要就业的城镇劳动力超过2 400万人，但目前每年只能提供就业岗位1 200万个左右；重点人群就业任务繁重，2014年高校毕业生达到727万，比2013年增加28万，我国农村还有1亿多富余劳动力，每年需要转移就业800万～900万人，并且2亿多农民工中还有很多人工作岗位并不稳固。另据2015年全国普通高校毕业生就业创业工作网络视频会议公布的数字，2015年高校毕业生预计将达749万。

因此，无论是目前还是今后较长时期，就业总量压力仍然较大是一个基本特点，也将给我国的就业政策带来重大的压力。

二、就业政策

高校毕业生就业创业工作是教育领域重要的民生工程，党中央、国务院高度重视，明确要求强化就业创业服务体系建设，提升大学生就业创业比例。2015年宏观就业形势面临多重压力，高校毕业生规模进一步加大，就业创业工作任务十分艰巨。

教育部近日发布了《关于做好2015年全国普通高等学校毕业生就业创业工作的通知》，该通知要求如下。

一是全面推进创新创业教育和自主创业工作。各地各高校要把创新创业教育作为推进高等教育综合改革的重要抓手，将创新创业教育贯穿人才培养全过程，面向全体大学生开发开设创新创业教育专门课程，纳入学分管理，改进教学方法，增强实际效果。坚持理论与实践相结合，组织学生参加各类创新创业竞赛、创业模拟等实践活动，着力培养学生创新精神、创业意识和创新创业能力。

二是大力引导高校毕业生到基层就业。各地各高校要进一步健全鼓励毕业生到基层就业的服务保障机制，落实和完善学费补偿和助学贷款代偿、后续升学和就业服务等政策。要会同有关部门继续组织实施好"农村教师特岗计划""西部计划""大学生村官""三支一扶"等各类基层服务项目，通过定期走访、跟踪培养等方式关心毕业生的工作、成长和发展。

三是强化就业指导服务。各地各高校要建立健全职业发展和就业指导服务体系。加强就业指导课程和学科建设，要结合当前经济发展新业态和新常态，及时将学科专业动态和行业发展成果融入课堂教学，提高课堂教学的参与度和吸引力。深入开展个性化辅导与咨询，帮助毕业生合理确立职业目标，及时疏导毕业生求职过程中的焦虑、依赖等心理问题，增强其应对竞争及挫折的抗压能力。积极组织职业规划大赛、职业体验项目等课外活动，充分发挥就业实践活动的带动作用，进一步提高就业指导的覆盖面和实效性。

要充分发挥校园就业市场的主渠道和基础性作用，深入挖掘岗位，积极组织多种形式的校园招聘活动，确保招聘活动场次、岗位数量进一步增加，信息质量进一步提高。深入推进就业信息网建设，充分运用"全国大学生就业信息服务一体化系统"，实现招聘活动联合联动、招聘信息有效共享。结合国家新推出的"一带一路""互联互通"和亚太自由贸易区等重大战略，探索毕业生就业创业的新渠道、新形态。

四是进一步加强思想教育和政策宣传。各地各高校要把思想教育作为促进就业创业的先导性工作，积极组织毕业生深入学习领会习近平总书记系列重要讲话和给毕业生的回信精神，着力培育和践行社会主义核心价值观，引导毕业生把个人梦想融入中国梦的伟大实践，主动到国家需要的地方建功立业。要结合青年学生的特点，组织引导毕业生深入城乡基层和生产一线实习实践，促进他们知国情、接地气、转观念、长才干。要通过优秀校友讲体会、专家学者讲形势、创业典型讲经验等多种形式，帮助毕业生调整就业预期，规划职业生涯，积极主动就业创业。要充分利用微博、微信、手机报等新媒体，使用海报、图表等毕业生喜闻乐见的方式，及时宣传解读国家出台的促进就业创业的政策措施。

五是推动高等教育更好适应经济社会发展需要。各地各高校要以提高质量为核心，完善专业预警、退出和动态调整机制，及时调减就业率持续较低的专业招生计划，使学科专业结构与经济社会发展需要相适应、与就业对接。探索建立高校毕业生就业和重点产业人才供需协调机制，推进校地合作、校产联合、校企对接，构建高校与有关部门、科研院所、行业企业协同育人机制。推动大学生参加形式多样的实习实训、社会实践和志愿活动，增强就业创业能力。要进一步健全高校毕业生就业质量年度报告制度，完善报告内容和发布方式，9 月份发布高校毕业生就业状况，12 月底面向社会发布高校毕业生就业质量年度报告。加强毕业生就业创业与职业发展状况跟踪调查。

六是加强就业创业工作组织领导。各地各高校要继续把高校毕业生就业创业工作摆在突出重要位置，加强组织领导，健全责任制度，明确任务分工，统筹推进工作。要创新服务方式和手段，加强督促检查和分类指导，及时研究解决工作中出现的新情况、新问题。要结合本地本校实际，切实加大就业创业资金投入力度，制定出台更加有力的政策措施，确保完成就业工作目标任务。要把就业指导教师专业技术职务评聘工作落到实处，进一步推进就业创业指导教师专业化、专家化。进一步优化就业服务流程，简化相关环节和手续，为毕业生就业创业提供高效便捷的服务，确保毕业生文明有序离校。

三、对未来就业政策走向的预测

（一）服务好两类企业

一是服务好转型升级企业。一方面转型升级势必对员工的技能水平提出新的要求，需要同步做好职业技能培训工作，要鼓励和支持企业和社会中介参与提高职工职业技能。另一方面做好淘汰落后产能企业的职工安置工作，规范淘汰落后产能企业裁员行为，保障职工就业权益，做好职工安置工作。

二是服务好中小微企业。营造中小企业的良好发展环境，加快落实定向宽松货币政策和中小企业结构性减税政策，切实解决企业融资难和负担过重问题，改善中小企业就业环境，研究出台促进小升规和个转企的就业政策措施。

（二）关心好三类人群

一是关心好高校毕业生。大力发展适合高校毕业生的战略性新兴产业，特别是既具有较高科技含量又具有较强吸纳就业能力的智力密集型、技术密集型产业；推动教育体制改革，根据经济社会发展和产业结构调整的需要，引导高校大力培养高层次、急需紧缺和骨干专业技术人才；强化高校毕业生就业见习制度，建立以职业培训为主要内容，以提高职业技能和就业能力为目标的就业见习制度；引导高校毕业生树立正确的职业观念。

二是关心好农村转移劳动力。构建城乡统筹就业政策体系，将农村劳动力纳入就业创业的扶持政策体系，努力在就业、住房、医疗、子女入学等方面提供均等化服务；完善职业教育培训政策，特别是职业教育、职业培训以及劳动预备制培训，培养适应产业发展需求的新型产业大军；加强青年农民创业政策支持力度，着力完善小额贷款、创业培训、青年农民创业园建设、创业指导和创业服务等政策措施。

三是关心好就业困难人员。提高就业援助的管理水平，实行合理放宽准入、生存需求与能力提升兼顾、长期安置与稳妥退出相结合的工作原则；拓宽资金筹集渠道，加强失业保险促进就业的积极作用；加强政策指导和研究，实现政策统一规范和尊重地方实际相结合，努力克服政策平衡难题；加强部门协调。发挥残联、非政府组织、社区等机构的作用，多渠道帮助困难人员就业。

（三）推进好四个重点

一是推进创业促进就业。完善创业政策，根据不同的群体特点制定不同的创业促进就业政策，激发各类群体特别是高校毕业生的创业动力；强化创业平台建设，依托创业型城市创建，加强创业基地建设，充分发挥创业基地的孵化功能，开展网络创业认定，加大政策扶持力度，充分发挥网络创业门槛低、创业带动就业倍增效应强的优势；提高创业服务水平，加强制度创新，加大创业培训和创业服务力度，营造良好的创业环境。

二是推进职业教育和培训。大力发展职业教育，加大资金投入，加强中等职业教育，特别是要重视加强技工教育；加强职业培训，结合产业结构和技术进步需要，加强对新成长劳动力、城镇失业人员和农村转移就业劳动者的技能培训；探索建立政府购买培训成果的技能人才培养和引进机制。

三是推进公共就业服务体系建设。着力发展街道（乡镇）、社区（村）等基层公共就业服务平台；大力提升公共就业服务信息化水平，实现全国就业信息联网和共享；破解公共就业服务机构特别是基层公共就业服务平台的编制、人员、经费瓶颈。

四是推进就业登记和失业监测制度建设。推广和完善城乡统一的就失业登记制度，研究提高城乡失业人员登记率的措施和办法，建立登记失业率与调查失业率相结合的就失业登记制度；建立就业监测体系，建立包括人力资源市场供求分析、失业动态监测、企业用工监测和农村劳动力流动监测等在内的就业监测体系；健全就业监测信息上传和共享制度，推动形成统一的就业监测网络。

四、课程学习方法

大学生在学习就业指导课时应注意运用科学的学习方法，以期收到事半功倍的效果。常见的学习方法如下。

1. 典型案例分析

典型案例分析是就业指导课常用的教学方法，具有具体、生动的特点。运用此教法可使学生扎实掌握并灵活运用就业指导的有关知识，对学生熟悉就业技巧、规避就业陷阱、提高维权意识有很大的帮助。

2. 情景模拟训练和角色扮演

情景模拟训练是就业指导课的又一常用方法。通过模拟招聘活动，使学生不出校门便能感受到现场气氛，通过扮演不同的角色让学生养成换位思考的习惯，对学生掌握并熟练运用面试技巧具有很大的帮助。此外，经过多次模拟训练，学生的自信心会获得很大的提高。

3. 师生互动和小组讨论

师生互动是指教师和学生间经常讨论有关求职、就业的问题。这种形式有利于教师了解学生关心的问题，尤其是能及时地发现部分同学可能存在的心理问题，为他们提供有针对性的辅导和服务。对应于师生互动，小组讨论被称为生生互动，顾名思义，是指学生之间对就业问题的讨论。指导教师应调动学生的积极性，综合运用师生互动和小组讨论的方法，提高学生的能力。

本章小结

职业是指人为维持自己的生计，同时实现社会联系和自我实现而进行的持续的活动方式。职业生涯是指一个人终生职业经历的模式。职业经历包括职位、工作经验和任务，受到员工价值、需要和情感的影响。就业创业指导包括理论、政策、信息、心理、技术、创业动机、创业地域选择、创业资金、创业项目及创业者能力等内容。无论是目前还是今后较长时期，就业总量压力仍然较大是一个基本特点，也将给我国的就业政策带来重大的压力。服务好两类企业、关心好三类人、推进好四个重点是未来就业政策的基本走向。

思考题

1. 简述做好职业生涯规划的重要意义。
2. 就业创业指导的主要内容有哪些？
3. 论述当前的就业政策对就业创业的指导意义。

第二章

大学生职业生涯规划

内容提要

职业生涯规划是指个人根据对自身的主观因素和客观环境的分析，确立自己的职业发展目标，选择实现这一目标的职业，以及制订相应的工作、培训和教育计划，并按照一定的时间安排，采取必要的行动实现职业生涯目标的过程。通过对自己职业生涯的规划，大学生可以解决好职业生涯中的“四定”——定向、定点、定位、定心，尽早确定自己的职业目标，选择自己职业发展的地域范围，把握自己的职业定位，保持平稳和正常的心态，按照自己的目标和理想有条不紊、循序渐进地努力。

本章主要介绍职业生涯规划的概念、意义及步骤。

学习目标

1. 掌握职业生涯规划的概念。
2. 了解职业生涯规划的意义。
3. 做好自己未来的职业生涯规划。

案例导入

某企业有一位打工妹，她的工作是打扫卫生。虽然她的工作与那些搞设计、搞管理的人相比，有一定的差别，但这位打工妹有自己的生涯设计。她开始做清洁工，把厂区打扫得干干净净，还经常给企业提建议。后来，叫她学业务，学得又快又好。以后提升她当组长，她又领导得很出色。后来让她学财务，从事财务工作，她把账目算得清清楚楚、一丝不苟。最后，她当了这个厂的经理，并以她的管理才能入了股，成了企业的股东之一。此时，不少人对这个打工妹的发展感到惊讶，那些比她学历高的大学生还没有当上经理，她怎么会当上经理呢？论相貌，长相平平，身高不过一米五五，又黑又矮；论学历，只不过是职业中专毕业；论路子，她既没有后门，也没有关系。为什么发展如此快呢？有人就探测打工妹成功的秘密，结果发现，她成功的秘密武器就是职业生涯规划。打工妹在做清洁工时就树立了当经理的目标。因此，她每天所从事的工作，所考虑的问题，甚至她的言谈举止，都是为实现自己的目标而努力，都在为她的目标积累素材，创造条件，随着她的努力，她离目标越来越近。职业生涯规划使她获得了事业的成功。

每一个人都渴望成功的人生，从上述的案例我们可以看出成功的人生需要规划。如果人生没有一种安排、一种规划、一种长远发展的战略思考，那人生就只能率性而为、随机而动，只有到处去寻找机会，把自己的未来和命运建立在一种不可捉摸的偶然性上。你今天站在哪里并不重要，重要的是你下一步将迈向哪里。

第一节　职业生涯规划概述

职业生涯规划就是“人生职业战略设计”。针对目前大学生就业的激烈竞争形势，大学生要尽早树立危机意识，以科学的态度规划自己的职业生涯，确定自己的职业理想，化“被动就业”为“主动择业”，赢在职场起跑线。通过职业生涯规划，大学生在充分认识自己、客观分析环境的基础上科学树立职业发展目标，正确选择职业并运用适当的方法，采取有效的措施克服职业生涯中的困难和阻力，避免人生陷阱，就有可能获得事业的成功。所以，职业生涯规划是大学生的必修课，是大学生人生事业成功的起点。

一、生涯的概念与形态

（一）生涯的概念

理论界对于“生涯”一词有诸多解释，目前较为通用的是美国生涯理论指导专家萨珀的观点。

“生涯”是生活中各种事件的方向。它是个人一生中各种职业和生涯的角色，由此表现个人独特的自我发展形态；它也是人生自青春期至退休所有有报酬或无报酬职位的综合；除了职位之外还包括与工作有关的各种角色。生涯发展是以人为中心的，只有个人在寻求它的时候，它才存在。

萨珀认为，生涯是个人终其一生所扮演角色的整个过程，由三个层面构成：一是时间，即个人的年龄或生命的时程，又可细分为成长、试探、建立、维持、衰退等时期；二是广度或范围，即每个人一生所扮演的各种不同的角色；三是深度，即个人投入的程度。

（二）生涯的形态

人生在世，每个人都有独特的生涯形态，而这种形态的不同，对人的发展影响极大。好的生涯形态，能使事业获得成功；不好的生涯形态，将使事业一事无成。

日本生涯专家高桥宪行将人的生涯形态作了如下 18 种归纳与概述。

（1）超级巨星型。具体体现为知名度极高，一举一动常常在无形之中牵动许多人的利益，乃是众所周知的知名人士。

（2）卓越精英型。具体表现为品行端正，知识丰富，具有敏锐的观察力，常常适时化险为夷，扭转乾坤。

（3）劳碌奔命型。即安分守己，每日过着既定的程式化的安定生活。

（4）得过且过型。即缺乏理想、抱负，很少为工作奋斗和拼搏。凡事只求生活过得去即可。

（5）捉襟见肘型。机会来了不知把握，机会走了又怨天尤人，自暴自弃。

（6）祸从口出型。集中体现在喜欢批评，常在言语之中将过错推卸给别人，喜欢标新立异，而自己又常常提出一些根本无法实现的计划。

（7）中兴二代型。即继承可观家产，又能兢兢业业发扬光大。

（8）出外磨炼型。将第二代接班人送到外公司去工作，从基层做起，靠自己的能力、关系发展自己，磨炼成长。

（9）家道中落型。具体表现为面对困境时，常常束手无策，欲振乏力。

（10）游龙翻身型。能充分运用人生的蛰伏期，深刻思考自己的未来，并重新规划自己，终至飞跃。

（11）转业成功型。面对生涯困境，能迈开步伐，解脱束缚，另谋出路，闯出一番天地。

（12）一飞冲天型。其智能与经营才华出众，又有冲劲，遇有赏识者提供必要的资源，就能一跃而起。

（13）强力搭档型。在人生旅途中幸遇知音，知趣相投，能力互补的强力搭档配合下，开创成功的生涯。

（14）福星高照型。相当幸运，往往随着时势的推移，在风云际会中成就美好的事业前程。

（15）暴起暴落型。人生多舛，起伏不定，崛起、衰败往往均在一夕之间。

（16）随波逐流型。常见的是目标不够明确，策略不够坚定，行动也常三心二意，因此只有随波逐流，难有创进。

（17）强者落日型。能够呼风唤雨，才能出众，但常因人生的际遇，虎落平阳，以致了度残生。

（18）一技在身型。专精于某一领域，专心钻研，始终不懈，显得特别踏实。

二、关于职业生涯规划

（一）职业生涯及职业生涯规划的含义

职业生涯是指个体职业发展的里程，是一个人终生经历的所有职位的整个历程。

职业生涯规划，是指个人发展与组织发展相结合，对决定一个人职业生涯的主客观因素进行分析、总结和测定，确定一个人的事业奋斗目标，并选择实现这一事业目标的职业，编制相应的工作、教育和培训的行动计划，对每一步骤的时间、顺序和方向作出合理的科学的安排。

概括地讲，职业生涯规划是指个人根据社会的需要和自己的个性特征，结合自己人生不同的发展阶段，而自行设计带有个性化色彩的个人职业生涯的一种中长期发展计划和设想。它包括如何在一个职业领域中得到发展，打算取得什么样的成就等问题。

合理规划自己的职业生涯，是迈向成功的第一步。职业生涯规划不仅能帮助个人实现目标，更重要的是有助于真正了解自己，从而规划出合理、可行的职业生涯发展方向。尤其是在市场竞争激烈和人才济济的今天，只有掌握个人的竞争优势，才能把握稍纵即逝的机会，充分发挥个人的潜能，实现预定的目标。

（二）职业发展过程的五个阶段

萨帕（Donald E . Super）把人的职业发展过程分为以下五个阶段：

（1）成长阶段（出生—14 岁），是一个以幻想、兴趣为中心，对自己所理解的职业进行选择与评价。

（2）探索阶段（15—24 岁），逐步对自身的兴趣、能力以及职业的社会价值、就业机会进行考虑，开始进入劳动力市场或从事某种职业。

（3）确立阶段（25—44 岁），对选定的职业进行尝试，变换工作，到逐步稳定。

（4）维持阶段（45—60 岁），劳动者在工作中已经取得了一定的成绩，维持现状，提升自己的社会地位。

（5）衰退阶段（60 岁以后），职业生涯接近尾声或退出工作领域。

我国专家也提出与之相似的划分方法，即萌发期、继承期、创造期、成熟期和老年期。

（三）良好的职业生涯规划应当具备的基本特性

判断职业生涯规划是否科学、合理，要看其是否具备以下几个特性：

（1）可行性。职业生涯规划要依据事实，并非是美好的幻想或不着边际的梦想，否则将会延误生涯良机。

（2）适时性。职业生涯规划是预测未来的行动、确定将来的目标，因此各项主要活动何时实施、何时完成，都应该有时间和时序上的妥善安排，以作为检查行动的依据。

（3）适应性。职业生涯规划是在规划未来的职业生涯目标时，牵涉到多种可变因素，因此规划应有弹性，以增加其适应性。

（4）持续性。良好的职业生涯规划要求人生职业的每个发展阶段都应该能持续、连贯、衔接，融为一体。

第二节　大学生职业生涯规划的意义

一、职业生涯规划是事业成功的起点

毕业在即，如果有人问你，你毕业五年之后的工作会在哪里？你会摇头？茫然？还是会自信地告诉别人：我早就定下了毕业后的五年计划，相信自己一定能做到某个位置。如果你的回答是后者，那么应该恭喜你，因为你已经懂得了作职业规划的重要性，说明你离成功已经不远了。但是，在现实生活中，我们发现，更多的人只是在抱怨："五年已经过去了，可我还是老样子。"如果你还在抱怨，如果你希望改变这种现状，那么你真的需要对自己进行职业生涯规划了。

（一）职业生涯规划在国内悄然兴起

职业生涯规划的兴起，在我国还是改革开放后伴随着市场经济的发展而出现的。就在以前，我国的职业市场还是以毕业生国家包分配为主，在工作单位分配上还是以捧"铁饭碗"为主，上大学选专业也是"服从分配"。一个大学毕业生，毕业后被国家分配到某一个单位工作，一干就是几十年。在当时的这种环境下，根本谈不上个人的"职业生涯规划"，而更多的是国家、社会或者是命运的安排。

随着改革开放后市场化的加快，人才由固定变为流动，个人开始自主选择职业、选择工作地点，开始享受择业的自由和自主，但也开始尝到了职场竞争的压力。这时候，职业生涯规划提上了日程，得到了人们前所未有的关注。

如何充分发挥自己的优势，提升核心竞争力成了职场中人想得最多的事情。但要想在竞争激烈的职场中脱颖而出，就需要对自己的优势、兴趣爱好、职业市场的行情及未来职业发展状况等有一个充分的了解，当然还免不了适当地给自己加点"包装"。而职业生涯规划正随着人才的需求而不断丰满，从"我将要做什么？"到"我将要怎么做？""我的下一个工作将要做什么？"，以及"当我做现在的工作时，我将为我的下一个工作做什么准备？"等。现在，社会上越来越多的专业机构开始介入职业生涯规划方面的服务。在北京、上海、广州、深圳、青岛等经济发达城市，很多猎头公司或者职业指导中

心都有针对性地为求职者提供此类服务。他们引进了欧美职业生涯规划系统，成立“职业生涯规划中心”，希望通过开展这项业务，让更多的职场人士接受系统的、专业的指导，帮助职场中人设立正确的职业目标，有步骤地成就自己理想的职业生涯。

（二）职业生涯规划创造非凡人生

毫无疑问，人生需要规划。或许有人会说，不搞职业生涯规划也能成功。你看那些处长、局长、名人、厂长、经理、专家，他们有的不也不明白职业生涯规划为何物吗？这实在是一个认识误区。设计职业生涯规划不一定都成功，但没有设计很难成功。如果你作了职业生涯规划，你的事业会取得更快的发展，取得更大的成就。举一个通俗的例子，假如一个人现在住的是平房，他想在院子里盖间小厨房。当他确定了盖厨房这个目标后，他就会注意收集砖块、瓦片等材料，只要走在街上，他就会留意哪里有砖块、哪里有瓦片，碰见砖头捡块砖头，碰见瓦片捡块瓦片，经过一段时间，他就能把原料备全，最终就能把小厨房盖起来。可如果连盖厨房这个目标都没有，那么他走在街上就不会注意是否有砖块，也不会注意是否有瓦片，即使这些材料都摆在他的面前，他也会认为是没有用的东西。可见，如果有两个人，一个是有目标意识的人，一个是无目标意识的人，那么在同一条街上走过，其收获也会大不相同。所以，一个有职业生涯规划、定位和目标的人，和一个没有职业生涯规划、定位和目标的人，走过同样的人生，成就的事业也绝对不会相同。人生如同盖房，也需要有目标。现实中，有太多的事例可以证明，真正在职场生涯中能够取得成功的人，往往是那些有着清晰的科学的职业生涯规划的人。

（三）职业生涯规划是人生事业成功的起点

随着经济的发展、社会的进步，每个人都渴望实现自己人生价值的最大化。职场中，残酷的竞争现实，复杂而多变的工作环境，每时每刻都在提醒我们，要想取得事业的成功，要想不被淘汰出局，必须设计好自己的职业生涯规划。

1. 职业竞争的残酷性

职业竞争的残酷性可以用这样一则管理寓言故事来说明：

狮子和羚羊的家教

每天，当太阳升起来的时候，非洲大草原上的动物们就开始奔跑了。狮子妈妈在教育自己的孩子：“孩子，你必须跑得再快一点，再快一点，你要是跑不过最慢的羚羊，你就会活活地饿死。”在另外一个场地上，羚羊妈妈也在教育自己的孩子：“孩子，你必须跑得再快一点，再快一点，如果你不能比跑得最快的狮子还要快，那你就肯定会被他们吃掉。”

这个故事告诉人们：你跑得快，别人跑得更快。羚羊要不被狮子吃掉，唯一的办法，就是比狮子跑得更快。当今社会职业的残酷竞争要求我们，要保证在竞争中赢得胜利，唯一的办法就是不断超越别人。要达到这一目的，首先就要不断地超越自己，每天淘汰自己。否则，你就会被别人淘汰。

2. 人员流动的频繁——个人选择组织

计划经济时代，人们一般没有太强的择业观念，更多的是服从的观念，党叫干啥就干啥："我是革命一块砖，哪里需要哪里搬；盖了大楼不骄傲，盖了厕所不悲观。"因此，大多数人的工作往往是从一而终，在一个单位一干就是一辈子。今天，随着经济的快速发展，人们在转变就业观念的同时，职业和岗位的改变也越来越频繁。经常会遇到这种情况，在刚刚毕业的一年内，有的同学竟然调换了六个单位，这其中还横跨三个行业。社会中的每一个人，都试图在寻找自己最佳的市场定位，都渴望寻找实现自己人生价值的最佳平台。尽管许多专家反对过于频繁地跳槽，但是从这个角度来看，这种频繁跳槽的现象就可以理解了。当今社会，环境的不确定性是客观存在的、在这种条件下，我们就要通过设计职业生涯规划努力给自己寻找一个确定性。

3. 组织结构的调整——组织选择个人

社会在发展，历史在前进。大浪淘沙，组织结构也在重新整合。随着组织的发展，注定一部分原有的员工不再适合现在的工作要求，要离开组织，新的血液要补充进来。这种现状，无疑对每一位职场中人提出挑战。常言说，人无远虑，必有近忧。职业竞争不相信眼泪，只相信能力。唯一的办法，就是好好规划自己，每天超越自己，以"己变"应"万变"。

4. 人生中多种层次的需要

人生在世，需要是多种层次的，人生所有层次需要的实现，都要借助工作这个平台。"工作"的含义很多。人本主义心理学家马斯洛提出了著名的需求层次理论，他认为人的需求分为五个层次：第一层，生理需要。人们为了生存的目的而对所需的衣、食、住、行、医等方面的生理需要。第二层，安全需要。指人们保护自己身体和情感安全的需求，是对稳定感、安全感、一种有秩序的生活的追求。第三层，社会需求。是指被接纳和归属感、友谊、爱情及交流等方面的需求，突出表现在谋求使自己成为某一团队的成员以得到的一种归属感。第四层，尊重的需求。包括内部尊重和外部尊重，内部尊重是指自尊、自主和成就感，外部尊重是指社会地位、认可和关注等。第五层，自我实现需求。指一个人需要从事对自己适合的工作，发挥自己最大的潜能，实现自己的事业理想，并能够不断地创造和发展。马斯洛称之为"越来越希望成为原来的自己，即成为自己有能力成为的人"。

人生最大的喜悦莫过于自己被社会接纳、欢迎和认可。所以，如何通过自己的努力，为社会创造价值，就成为人生努力的一个方向、一个目标。所有的这一切，都要借助工作这个平台来实现。

二、大学时代，职业生涯规划正当时

（一）加强对大学生职业生涯规划的教育和指导

西方经济发达国家一直比较重视职业生涯的设计，许多国家的学校教育中早就有“职业设计辅导”这一类课程。在美国，在孩子们上高中时就要请专家给孩子们作职业兴趣分析。当然，十几岁孩子的职业兴趣并没有定型，但通过一系列的职业实践活动，可以根据其暴露出来的特征进行有效引导，达到以兴趣定职业的目的。此外，职业生涯规划也是许多大公司的领导及人事干部为培训员工所做的一项主要工作内容。

相比之下，我国的职业生涯教育起步较晚。我们在高中以前，一直在父母呵护下生活，一般很难有自己的想法和意愿。我们的思想往往被父母、老师强迫灌输。对于这些，我们当时只能无奈地接受，未来在我们心目中也只是一种虚无缥缈的概念。

离开父母后，我们开始独立。这种独立，不仅仅是生活上的独立，更重要的是思想上我们脱离了父母的约束，拥有了自己可以任意驰骋的天空，命运把握在我们自己手中。

“两耳不闻窗外事，一心只读圣贤书。”高中时代，我们只知道学习，对于自己的志趣、方向并没有一个明确的把握。懵懂之间我们进了大学，也许父母替我们选择的大学和专业，起初我们觉得根本不适合自己，提不起学习的兴趣，可是学着学着，我们发现了其中的乐趣所在，并迷恋其中；或许原本自己感兴趣的专业，在自己进入其中之后才发现一切并不是想象中的那般美好。这时，脱离父母羽翼呵护的我们需要规划属于我们自己的那一片天空。

大学期间，有许多学生放任自己、虚度光阴，还有许多学生始终也找不到正确的学习方向。当他们被第一次补考通知唤醒时，当他们四处投放的个人简历和求职信石沉大海时，我们的大学生才惊讶地发现，自己的前途是那么渺茫，一切努力似乎都为时已晚……

此时的我们不妨问一问自己：踏进大学之前，我们清楚地了解自己的兴趣和爱好吗？我们知道自己的缺点和优点吗？我们仔细思考过自己所学的专业和自己未来要从事的职业吗？我们能给自己一个恰当的定位吗？我们能合理地安排自己的大学生活吗？答案基本上是否定的。人生中，大学时光是美好的而又短暂的。时光在不知不觉中就过去了，等到我们走上社会的时候，才发现我们错失了许多大学的美好时光，回味起来，那是一件多么遗憾的事。我们的大学生涯需要规划，我们的人生更需要规划，我们不能每天就生活在茫然而又没有目标的生活中。我们应该对大学生活和人生生涯有一个全面而又详尽的规划，只有这样才能将自己的志趣和要从事的工作很好地结合起来，我们才会在将来的工作中得到一种满足感，而不是把工作作为一个沉重的负担。

有人对北京人文经济类综合重点大学的在校大学生进行了一次调查。调查表明：

62%的大学生对自己将来发展、工作、职业生涯没有规划，33%的大学生不明确，只有5%的大学生有明确的设计。俗话说，脱了线的风筝不会飞得高。同样，没有规划的人生不会走得很远。做好大学生的职业生涯规划，最重要的就是合理地安排好时间的分配，在学习、专业、人际关系、情感、健康、休闲、自我成长、社会工作等方面的精力应有一个具体而又科学的分配。这样你才会清楚地了解自己的短处和长处所在，并根据自己的规划有目的地拾遗补缺，才能有更加良好的心态和精神面貌去度过我们大学生活精彩的每一天。

当今社会业已进入信息时代，使相对稳定的外部环境变得有些不可捉摸，经济变革与生产要素的分化组合进一步加剧。面对纷繁复杂的社会经济生活，大学生作为承载知识较多的一类社会群体，如何在将来职场中体现其竞争性与适应性？如何使自己在将来职场中有较好的适应性？只有不断地学习，管理好自己的职业生涯，才能更好地应对外部世界的变革。如何使自己在职业竞技场中能保持竞争优势，保证“东边不亮西边亮”，最好的办法也是管好自己的职业生涯。为使大学毕业生更好地体现人力资本价值，更大程度地挖掘自身的潜能，实现其在职业的变换与流动中的持续增值，更好地适应当今社会的竞争，并在竞争中立于不败之地，唯一的办法同样也是管理好自己的职业生涯。

我国普通高校1999年开始大规模扩招，至今已有16年。随着大学生就业数量的急剧增加，我国高校毕业生的就业工作遇到了巨大的挑战，解决大学毕业生就业问题，成了社会舆论的热点和高校及相关部门工作的焦点。许多高校在学生毕业前夕，纷纷通过各种途径（如组织各种就业洽谈会、见面会，建立就业网，开展了网上求职等多种新形式），可谓“十八般武艺”全上场，千方百计地提高学生就业率。同样，各级政府和社会各界也对高校毕业生的就业问题，给予了高度的重视，并不断在政策扶持、信息服务、观念引导、市场拓展等方面做了大量的工作。同时，大学生的就业观念也逐步发生着深刻的变化，各种在以往观念中被认为是“非正式”的就业岗位，也已经渐渐进入大学生求职的视野。自主创业、合作创业也成为部分大学毕业生的选择。国家更是以一系列优惠措施，鼓励大学毕业生自主创业。尽管有政府的高度重视和一系列措施的相继出台，但大学毕业生的就业困难，依然是客观存在的现实。各方的努力虽然可以部分缓解矛盾，却难以在短时间内予以根本解决。同时，大学生毕业后无目的、无规划的盲目就业，也必将影响大学生的长远发展。职业生涯规划设计作为大学生进入社会前应做好的关键一环，理应得到我们的高度重视。

对此我们以为，就业不应只是在大学生毕业前夕才大呼“狼来了”的一项工作，而应当把对学生的就业指导工作视为一个完整的系统工程，跳出单纯从事就业指导服务的局限，应从培养社会所需要的高素质人才的高度出发，把职业指导贯穿在整个大学教育的始终，帮助大学生进行切合实际的职业生涯规划，从而让学生能“水到渠成”式地面对市场。

另外，大学生的职业选择不是个人面临就业时的某个单独事件，而是贯穿于整个大学教育的全过程。许多大学生在当初高考填报志愿时，混淆职业与专业的区别，选择专业时带有一定的盲目性，因此在学生进入大学时，高校应该指导大学生树立正确的就业观，指导他们逐步完成对自己职业生涯的规划。在大学期间，如果大学生对自己的发展规划不明确，不能正确运用职业设计理论，规划未来的工作与人生发展方向，就会严重影响学生对就业的提前准备和准确定位，甚至影响对工作的适应性。

作为一项系统工程，职业生涯规划虽受社会发展需求的制约，但更多的是受大学生个人自身素质影响，因为职业生涯规划不是社会或学校强加在个人身上的实施方案，而是当事人在内心动力的驱使下，结合社会职业的要求和社会发展的利益，依据现实条件和机会所制定的个性化的职业实施方案。但由于我国长期受“包分配”思想的影响，高校对大学生的就业指导手段落后，更谈不上对大学生进行个性化的职业生涯规划和设计。随着社会的发展变化、生活方式、就业方式、利益主体等方面的多样化，高校不仅应当建立相应的职业生涯规划咨询机构，按照职业生涯规划理论，从多方面对大学生将来的职业规划提供科学的指导，更重要的是应当开设就业指导方面的相关专业课程，并将其纳入统一的、常规的教学计划之中。

（二）职业生涯规划应贯穿于大学阶段教育的全过程

在现实的高校教学中，由于对学生缺乏科学的指导，许多毕业生在择业的时候存在很强的盲目性、随机性和从众性。虽然许多学生在毕业前拥有许多“证书”，但却得不到用人单位的青睐。原因固然很多，但其中一项重要原因是用人单位认为应届毕业的大学生们只学到书本知识而没有掌握学习方法，实际解决问题的能力弱、缺乏团队精神、人际沟通能力和自我认识差，而且对未来的发展盲目，没有规划。因此，我们认为，大学阶段作为大学生职业生涯规划的第一站，职业生涯规划应贯穿于大学阶段教育的全过程。

既然是贯穿于整个大学教育的全过程中，高校除了要建立相应完善的就业指导体系外，还应该由教学部门具体负责，从大学生一年级开始，对他们进行职业生涯规划教育和指导。当然，由于各个年级的学生的特点不一样，需要采取的方式和途径也不尽相同。

1. 大学一年级

在这个阶段，主要是使学生加深对本专业的培养目标和就业方向的认识，增强大学生学习专业的自觉性，培养学生的专业学习目标并让学生初步了解将来所从事的职业，为将来制定的职业目标打下基础。由于用人单位对毕业生的需求，一般首先选择的是大学生某专业方面的特长，大学生迈入社会后的贡献，主要靠运用所学的专业知识来实现。如果职业生涯设计离开了所学专业，无形当中增加了许多“补课”负担，个人的价值就难以实现。因此，大学生对所学的专业知识要精深、广博，除了要掌握宽厚的基础知识和精深的专业知识外，还要拓宽专业知识面，掌握或了解与本专业相关、相近的若干专业知识和技术。同时要结合实际，尽可能地进行学生的个性化培养，为每一位学生建立“人才库”档案，记录学生的特点、兴趣、职业能力倾向等内容。

2. 大学二年级

在这个阶段，要让大学生了解应具备的各种素质，鼓励学生通过参加各项活动，锻炼自己的各种能力，如鼓励学生参加兼职工作、社会实践活动，并要求具有坚持性，最好能在课余时间长时间从事与自己未来职业或本专业有关的工作，如参与学生科研工作，提高自己的责任感、主动性和受挫能力；增强英语口语能力和计算机应用能力，通过英语和计算机的相关证书考试；开始有选择地辅修其他专业的知识充实自己；检验自己的知识技能，并要根据个人兴趣与能力修订个人的职业生涯规划设计。

3. 大学三年级

作为高职院校的学生，这是确立大学生职业生涯规划的关键时期。由于临近毕业，高校在指导学生加强专业学习的同时，要指导学生开始把目标锁定在提高求职技能上，培养学生独立创业能力。如高校可以通过大学生素质拓展活动来锻炼学生独立解决问题的能力和创造性；鼓励学生参加和专业有关的暑期实践工作；加强和已毕业校友的联系，交流求职、工作的心得体会，学习写简历、求职信，加大了解搜集工作信息的渠道等。

4. 大学四年级

这个时期，大部分学生对自己的出路应该都有了规划，可指导学生对前三年的准备作一个总结。首先，检验已确立的职业目标是否明确，前三年的准备是否已充分。然后，有针对性地对学生进行专项指导，除了常规的就业指导课外，还可以聘请人力资源方面的专业人士为学生介绍各行业人才要求，让学生接受择业技巧培训、组织参加招聘活动，让学生在实践中检验自己的积累和准备等。最后，指导学生充分利用学校提供的条件，了解就业指导中心提供的用人公司资料信息、强化求职技巧、进行模拟面试等训练，尽可能地让学生在作出较为充分准备的情况下进行实战演练。

应当强调的是，对大学生进行职业生涯规划的教育和指导，并非只是高校就业指导部门一个部门的职责和任务，而是高校各个部门、所有教学单位共同的责任和义务。学生的就业工作是学校的出口，出口畅则进口顺。据我们所知，目前国内的许多高校，尤其是内陆经济欠发达地区的普通高校开始重视学生的就业指导工作，开始着手为学生开设相关的就业指导课程。许多高校在指导大学生进行职业生涯规划设计时，充分发动各种有效力量，如系部、班主任（辅导员）、老师等人员的力量；发挥学生宣传工作的有效阵地，如素质拓展实施中心、各类就业导报、校园网的就业网站等，加强就业信息的交流。这一切，尽管是大学生严峻的就业形势使然，但的确是一个可喜的变化。

总体来说，职业生涯规划是一项长期的工程。大学阶段的职业生涯规划虽然只是一个起步，但却是非常重要的一环。高校应把此项工作作为高校教育的重要内容和手段，在各职能部门的配合下共同探索，以提升大学生就业的科学性和实效性，促进大学生全面、健康、持久地发展。

第三节　大学生职业生涯规划指导

一、职业生涯规划应当遵循的基本原则

据统计，在选错职业的人当中，有80%以上的人在事业上是失败者。因此，职业选择的正确与否，直接关系到人生事业的成功与失败。所以，在选择职业的过程中要考虑性格与职业的匹配，兴趣与职业的匹配，特长与职业的匹配，内外环境与职业的适应性。良好的职业选择是以自己的最佳才能、最优性格、最大兴趣、最有利的环境等信息为依据进行的。职业的选择一般有短期目标、中期目标、长期目标之分。适合自身特点是毕业生就业的着眼点。社会上的职业多种多样，不同的职业对从业人员的知识、技能、素质等要求大不相同，而毕业生的自身条件也不一样，不同的个体所具有的素质也是有差异的。所以，大学生对职业的选择，一方面要从社会需要出发，同时也要考虑自身的实际情况，扬长避短，只有这样才能做到人尽其才、才尽其用。建议大学生在设计自己的职业生涯规划时遵循以下16字黄金原则：择世所需、择己所利、择己所长、择己所爱。

（一）择世所需：根据当今社会需求设计职业生涯规划

第一，根据当今社会需求设计职业生涯规划，不仅符合党和国家对当代青年大学生一贯的基本要求，同时也是我们每一位大学生成才的主导方向。

我们每一个人都是当今社会中的一分子，每个人都渴望在自己有限的生命中使自己的人生价值得以最大化的体现，都希望为社会作出最大的贡献。但是，个人价值的实现，从主导方向上来讲，一定要符合当代社会的主导价值趋向。大学生职业的选择也不例外。选择职业作为一种社会活动必然受到一定的社会制约，任何人选择职业的自由都是相对的，有条件的。如果一个人的择业脱离社会需要，他将很难被社会接纳。我们强调大学生求职时注重社会利益与个人利益的统一，社会需要与个人愿望的统一。所以，大学生在设计职业生涯时，应积极把握社会主导价值的发展趋向，把握当今社会人才需求的动向，把社会需要作为自己职业生涯设计的出发点和归宿，以社会对个人的要求为准绳，既要看到眼前的利益，又要考虑长远的发展，既要考虑个人的因素，也要自觉服从社会的需要。在此，我们建议大学生朋友要志存高远，立足基层，加强锻炼，通过在将来岗位上兢兢业业的工作，通过为社会的服务、为社会作贡献来实现和体现自己的人生价值。

诚然，“人往高处走，水往低处流”，这句话本身并不错。但万丈高楼平地起，要爬上高楼，必须从脚下起步。在就业形势竞争激烈的今天，大学毕业生就业选择的眼光

不要仅仅局限于“北上广”（北京、上海、广州）之类的大城市。其实，广大农村和农村的乡镇企业有很多适合我们发展的机会。如果翻阅一下当今国家领导人的履历，你会发现这些当年从名校毕业的高才生，大学毕业后几乎都有几年乃至十几年在工厂当技术员的基层工作经历。而且他们中有很多人最初的工作地点也并不在北京、上海、青岛这样的经济中心城市。这一点应当对我们设计自己的职业生涯规划有所启示。

第二，根据当今社会需求设计职业生涯规划，将使大学生更容易获得成功的机会。

从另一个角度来分析，长期以来，社会中的某些行业由于待遇、传统地位等原因受到人们的青睐，因此高学历、高层次的人才云集。这种现状势必造成人员的高才低配现象。常见的某些单位把专科生当作一线生产工人使用，就是这种情况。相反，那些人才缺乏的地区和岗位，尽管大学生的个人待遇、生活条件远远比不上沿海开放城市和内陆地区的中心城市，但可能给人才提供更多的锻炼机会，更多的脱颖而出的机会，更大的自我发展空间，更多的实现自我人生价值的机会。譬如，我国广大农村非常需要有知识、能吃苦的知识分子来建设。那里是一个广阔的天地，在那里是可以大有作为的。大学生经过接受系统的高等教育，掌握了一定的专业知识，成为某一方面的专业人才。更主要的是大学生接受了先进的思想和经营管理的理念，完全可以而且也应当把自己的才能和智慧运用到祖国最需要的地方去，带领当地的乡亲们脱贫致富，以报效祖国、回馈社会，从而实现自己的人生价值。

所以说，到艰苦的地方锻炼自己，到基层的岗位去磨炼自己，不仅是党和国家对当代青年大学生一贯的基本要求，同时也是每一位大学生成才的主导方向。目前，党和国家号召大学毕业生到农村建功立业，为建设社会主义新农村贡献自己的聪明才智。希望每一位大学毕业生响应祖国的召唤，顺应时代的潮流，在设计自己的职业生涯规划时予以考虑。

（二）择己所利：根据所学专业设计职业生涯规划

根据所学专业设计职业生涯，这几乎是每一名毕业生最原始的打算。大学生在校期间对本专业学习了3~4年，对自己的专业方面相对较为熟悉，自然期望工作专业对口，学有所用，都希望能谋到一个待遇、条件最好的职业和岗位，都希望在由收入、社会地位、成就感和工作付出等变量组成的函数中找出一个最大值，从而使自己职业生涯中的收益最大化。应当说，这是一种非常正常的心态。

其实，工作专业对口，无论对毕业生还是对用人单位来讲，都是最合理的。对毕业生而言，可以缩短工作的适应期；对用人单位而言，可以减少对新进员工的培训，从而降低用人成本。

（三）择己所长：根据自己的能力特长设计职业生涯规划

扬长避短就是指在职业定位时要考虑到自己的特长，最大限度地发挥自己的独特价值，这是我们每一个人在设计自己的职业生涯规划时应当遵循的基本原则。尽管总体来讲，人与人之间没有多少本质的差别，但是就适应于工作的潜能和个性特点来说，不同的人有很大的不同。每个人各有所长，亦各有所短。在职业定位时，正确的选择是扬其长、避其短。只有这样，才能充分发挥自己的独特作用。现实中，这样的例子举不胜举。

案例

亚科卡是20世纪末美国家喻户晓的知名人物，他的人生职业经历非常好地说明了这一点。亚科卡，1924年10月15日生于美国的一个意大利移民家庭。他受父亲的影响，从小就很喜欢汽车，10岁时曾替人载送物品而获一些小费。后来，他从父亲的好朋友那里意识到销售汽车的奇妙，便立志到汽车行业工作。他在大学学习期间，曾自己研修了四年的一般心理学和变态心理学。当他以优异的成绩硕士毕业后，应聘到福特公司当了一名见习工程师。

一年后，他发现自己更适合做汽车的销售、推广工作，更适合与人打交道。于是他主动放弃了待遇优厚的技术岗位，而成为福特公司一名职位较低的汽车销售员。他全身心地扑在工作上面，经营有方，业绩卓著，因而受到了福特公司的重用，1970年最终成为该公司的总裁。由于他的经营思想超前并肯冒风险，常与原福特公司董事长发生冲突，不过最后总是证明他是对的。

1978年10月15日，在亚科卡54岁生日那天，他被福特公司解雇，因此失去了工作。54岁，对一个成功的男人来说，是一个两难选择的年龄。就此退休，为时尚早；重新开始，为时已晚。经过短暂的休整，当美国三大汽车公司之一——著名的克莱斯勒汽车公司濒临倒闭前夕，亚科卡踏入了它的门槛，并用6年的时间把该公司所欠政府的15亿美元贷款还清，使该公司起死回生。

在亚科卡的经营下，克莱斯勒1994年的利润比1984年24亿的最高纪录猛增54%。克莱斯勒还居安思危，从长计议，积累了76亿美元的备用金，以迎接下一回合的汽车业衰退。亚科卡因良好业绩和丰富坎坷的一生而被美国人民视为“民族英雄”，并被里根总统邀请出席纽约自由女神像落成百年庆典，这是他的莫大荣誉。

倘若李·亚科卡在刚进福特公司之后，不考虑自己的特点和特长，继续做他的技术工作，那么估计就不会有今天成功的亚科卡。

无独有偶，爱因斯坦的经历也同样是扬长避短的典型说明。

爱因斯坦是世界著名的科学家，以色列国会曾邀请他回国当总统，被他婉言谢绝。爱因斯坦认为：自己的性格适合当科学家搞研究，不适合当总统搞政治。如果一定要让他当总统，那可能不仅总统当不好，而且科学研究也搞不出，因为谁也做不到又当总统又搞科研，两边都能干出成绩来。爱因斯坦是伟人，伟人与常人的不同地方就在于他们比常人看得远、看得深，绝不随波逐流，绝不为尘世间的一点名利轻易地改变自己，去干对别人来说也许是梦寐以求的但却是不适合自己的事。

我们设想一下，如果爱因斯坦真的去当总统，结果会怎样？极有可能是以色列多了一位无足轻重的总统，而人类却少了一个伟大的科学家。

（四）择己所爱：根据自己的兴趣、爱好特长设计职业生涯规划

兴趣是指人们对某些工作或专业所保持的积极态度和倾向，具有稳定、主动、持久等特征。如果一个人对某种工作产生兴趣，他在工作中就会具有高度的自觉性和积极性，在工作中做出成就。反之，一个人对工作没有兴趣，就不可能将自己的精力投入到工作中去，也就不可能取得工作中的成功。但兴趣爱好也并不总起着正向的驱动作用，有时它也是一种耗散力。

需要注意的是，现实中有的大学生对什么都感兴趣，但却没有形成自我特色，有的大学生兴趣面太窄，不能形成优势，有的大学生兴趣与所学专业不一致等，这就给职业生涯设计的大学生带来困惑。这就要求大学生在设计职业生涯时，对自己的兴趣有一个客观的分析，对自己的兴趣爱好进行重新培养和调整。能力特长是人们成功地完成某种活动所必须具备的个性心理特征，是人们在社会实践中所表现出来的身心力量。按照自己的能力特长进行职业生涯设计是大学生应特别注意的问题，因为任何一种职业都需要一定的能力，不同职业有不同的能力要求。能力特长对职业的选择起着筛选作用，是求职择业以及事业成功的重要保证。需要提醒的是，知识多、学历高不一定能力强，大学生切不可以学习成绩作为评价能力高低的唯一尺度。大学生应在对自己的能力特长有一个正确的自我认知和评价的基础上，根据自己的真才实学和能力特长进行职业生涯设计。

二、影响大学生职业生涯规划的因素

大学生在进行职业生涯规划设计时需要考虑的因素很多，这些因素的形成原因又是多种多样的。总体来说，考虑的因素越周全，决策的难度就越大。因此，排除一些不良因素对大学生职业生涯设计决策的影响，就显得非常必要了。概括地讲，影响职业生涯设计的因素主要包括价值观、个人因素、环境因素和薪酬因素。

（一）价值观因素

价值观是确定职业人生目标的前提，每个人价值观的不同，直接影响到其职业的选择，影响到其职业生涯的设计是否科学、合理。曾经听过这样一则故事：

渔夫与商人的对话

一个美国商人坐在墨西哥海边一个小渔村的码头上，看着一个墨西哥渔夫划着一艘小船靠岸，小船上有好几尾大黄鳍鱼。这个美国商人问渔夫要多少时间才能抓这么多。墨西哥渔夫说，才一会儿工夫就抓到了。美国人接着问道：“你为什么不待久一点，好

多抓一些鱼？”墨西哥渔夫不以为然：“这些鱼已经足够我一家人生活所需啦！”美国人又问：“那么你一天剩下那么多时间都在干什么？”墨西哥渔夫解释：“我呀？我每天睡到自然醒，出海抓几条鱼，回来后跟孩子们玩一玩，再跟老婆睡个午觉，黄昏时晃到村子里喝点小酒，跟哥儿们玩玩吉他，我的日子可过得充满又忙碌呢！”美国人也不以为然，帮他出主意，他说：“我是美国哈佛大学企管硕士，我倒是可以帮你忙！你应该每天多花一些时间去抓鱼，到时候你就有钱去买条大一点的船，再买更多渔船。然后你就可以拥有一个渔船队。然后你可以自己开一家罐头工厂。如此你就可以控制整个生产、加工处理和行销。然后你可以离开这个小渔村，搬到墨西哥城，再搬到洛杉矶，最后到纽约。在那里经营你不断扩充的企业。”墨西哥渔夫问：“这又花多少时间呢？”美国人回答：“十五到二十年。”墨西哥渔夫问：“然后呢？”美国人大笑着说：“然后你就可以在家当‘皇帝’啦！时机一到，你就可以宣布股票上市，把你的公司股份卖给投资大众。到时候你就发啦！你可以几亿几亿地赚！”墨西哥渔夫问：“然后呢？”美国人说：“到那个时候你就可以退休啦！你可以搬到海边的小渔村去住。每天睡到自然醒，出海随便抓几条鱼，跟孩子们玩一玩，再跟老婆睡个午觉，黄昏时晃到村子里喝点小酒，跟哥儿们玩玩吉他喽！”墨西哥渔夫疑惑地说：“我现在不就是这样了吗？”

现实中，每个人人生观的不同，导致其人生价值观的不同，从而导致对其职业选择的区别。我们提倡积极、向上、健康的人生态度，倡导奋发努力、孜孜以求、兢兢业业的工作作风。

（二）个人目标因素

每个人都有自己的奋斗目标，不同的目标影响到职业的选择。当然，可能有些人的目标不够明确、清晰，那不妨问一下自己：“我想成为一个什么样的人？”“什么东西最值得我去追求？”——这样，你就会“发现”自己的目标之所在。当然，你也许会说：“我没有什么人生目标，只想多挣些钱。”或者：“我只想安安稳稳地生活。”这实际上也是一种人生目标，只是对人生的理解、对生活的理解不同而已。这样的人生目标同样会影响到你的职业选择。

1. 个性特点和能力特征因素

首先要对自己有一个正确的评价、准确的“市场定位”，然后结合这个定位来考虑自己的职业选择。例如，一个没有什么管理能力的人，不适合去做职业经理的岗位；一个不善与人打交道的人不宜去选择诸如市场营销、公关之类的工作。

2. 年龄因素

职业初期，年龄较轻，充满冲动性和好奇性；人到中年，随着阅历和经验的丰富，脑子更加冷静，目标更加明确，职业选择更加有针对性、稳定性。接近老年，不容易接受新的、多变的职业环境，更趋向选择稳定的职业。世界卫生组织对人的年龄段划分：16~30 岁为青年；30~60 岁为中年；60 岁以上为老年。

3. 教育文化因素

良好的教育会使人在择业上占有极大的优势，就业机会是他人的两倍以上；在等级管理制度下，教育是提高人的社会地位的最佳途径。学历和受教育的经历是取得较高职位的一个重要条件，有利于就职后的纵深发展，如职称评定、加薪提职。在个人的职业发展上，具有较高文化程度的人拥有更多的机会和更大的优势。

（三）环境因素

环境因素通过影响择业者的心态来影响其择业。

1. 社会因素

主要体现在三方面：社会习俗和职业传统的影响。常见的有："女孩子安稳些好""男孩子当老师没有出息"，等等。社会舆论和当前社会上流行的价值观的影响。例如："学习酒店管理是吃青春饭"，大学生自主创业是"没人要、找不到工作"，等等。社会上一些特定的人际交往、人际关系也会影响大学生选择职业、设计职业生涯规划时的心态和行为。有时形成一种环境的压力，使大学生被迫作出某种选择。

2. 家庭因素

主要体现在两方面：家庭成员的影响和干预；家庭经济状况和社会地位状况的影响。例如：毕业生的自主择业；因家庭经济拮据而放弃在校专升本。

3. 信息因素

信息社会，就业信息对于大学生职业生涯设计实在是太重要了。就业信息是职业选择的前提和依据，求职者掌握的信息量越大、越新，职业选择的主动性就越大，职业生涯设计的合理性、科学性就越高。

4. 用人单位的发展前景和内部环境因素

人们所说的"好单位"是怎样的呢？在前景方面，规模大，领导知人善任，重视人才作用的充分发挥，单位发展势头良好，等等；在内部环境方面，员工有良好的培训机会，单位内部人际关系和谐，等等。

（四）工资报酬因素

主要指员工的物质待遇，含工资、奖金及各种福利待遇。因为薪酬不仅直接影响到员工本人的家庭生活，而且也是其社会地位高低的重要表征。但是，我们也要辩证地看待这一因素，不能一味追求实惠而荒废了自己的专业，忽视了自己的个人发展。大学实行缴费上学以后，接受高等教育要付出高昂的成本和巨大的代价，作为学生和家长，对这种"投资"急切地渴望回报。所以，大城市、大单位，高工资、好待遇，成为多数大学生及其家长的必然选择。大学生教育正由昔日的精英教育向今天的大众教育发展，使"精英就业"转为"大众化就业"，这是社会发展的必然。因此，大学生就业观念如果仍停留在"精英就业"的观念上，显然也会制约自己的就业。

三、大学生职业生涯规划的步骤

职业生涯设计的目的不只是协助个人按照自己的资历条件找一份工作，达到和实现个人目标，更重要的是帮助个人真正了解自己，为自己定下事业大计，筹划未来，拟定一生的方向，进一步详细估量内、外环境的优势和限制，在“衡外情，量己力”的情形下设计出各自合理且可行的职业生涯发展方向。职业生涯设计基本上可以分为充分认知自我、充分了解职业、确定职业发展目标、确定职业生涯策略、评估与反馈五个阶段。

通常，一份好的职业生涯规划应包括以下五方面内容：

（1）确定职业目标；

（2）确定成功标准；

（3）制订职业发展通路计划；

（4）明确需要进行的培训和准备；

（5）列出你的时间安排。

针对以上五方面内容，职业生涯规划可以从以下几个步骤进行。

（一）充分认知自我

每位设计者，都无法避免对自我和外在环境的了解，认知自我的目的是认识自己、了解自己。只有认识了自己，才能对自己的职业作出正确的选择，才能选定适合自己发展的职业生涯路线，才能对自己的职业生涯目标作出最佳选择。认知自我包括自己的性格、兴趣、特长、学识、技能、思维、道德水准以及社会中的自我等。环境评估主要是评估各种环境因素对自己职业生涯发展的影响，每一个人都处在一定的环境之中，离开这一环境便无法生存与成长。所以，在制定个人的职业生涯规划时，要分析环境条件的特点，环境的发展变化情况、自己在这个环境中的地位、环境对自己提出的要求以及环境对自己有利的条件和不利因素等。只有对这些环境因素充分了解，才能做到在复杂的环境中趋利避害，使你的职业生涯设计具有实际意义。

只有真正充分认知自我，才能找到自己的准确定位。认知自我是设计职业生涯规划的基础，因此一定要全面、客观、深刻，决不回避自己的缺点和短处。在认知自我方面，往往“当局者迷、旁观者清”，我们可以参考家庭、同学、师长和其他专家的意见，力争对自己真正全面地认识。首先，问问自己的优势和弱势。

1. 你的优势

（1）你学习了什么？在校期间，你从专业学习中获取了什么收益？社会实践活动提高和升华了哪方面的知识和能力？努力学好专业课程是职业设计的重要前提。要注意学习、善于学习，同时要善于归纳、总结，把单纯的知识真正内化为自己的智慧，为自己多准备点后备能源。

（2）你曾经做过什么？例如在校期间担任的学生职务、社会实践活动取得的成就及工作经验的积累等。要提高自己经历的丰富性和突出性，你应该有针对性地选择尽量与职业目标相一致的工作项目，坚持不懈地努力工作，这样才会使自己的经历有说服力。

（3）你最成功的是什么？你做过的事情中最成功的是什么？如何成功的？通过分析，可以发现自己的长处，如坚强、智慧超群，以此作为个人深层次挖掘的动力之源和魅力闪光点，形成职业规划的有力支撑。

2. 你的弱势

也就是你目前的不足或能力的欠缺。

（1）性格的弱点。人无法避免与生俱来的弱点，这就意味着，你在某些方面存在着先天不足，是你力不能及的。多安下心来，跟别人好好聊聊，看看别人眼中的你是什么样子，与你的预想是否一致，找出其中的偏差并弥补，这将有助于自我提高。

（2）你的经历中所欠缺的方面。欠缺并不可怕，怕的是自己还没有认识到。正确的态度：认真对待，善于发现，努力克服和提高。

通过以上自我分析与认识，可以解决“我选择干什么”的问题。职业方向直接决定着一个人的职业发展，因而需倍加慎重，正所谓“男怕选错行，女怕嫁错郎”。选错了行业，可能会毁掉自己本该有所作为的人生。其次，再问问自己，你对职业了解多少？

（二）充分了解职业

在认知自我的基础上，进一步认识职业，解决其存在的理想与现实、价值观与兴趣、能力与兴趣、喜好与家庭经济状况之间的冲突。因而认识职业本身是即将步入职场的大学生作出职业选择的重要前提。认识职业首先应了解某种职业的工作性质和工作内容，工作的主要职责，以及所需的知识和技能等方面的要求。

只有对某种职业有了清晰的认识，在择业时就会考虑将职业与个性匹配。通常情况下，适合自己所从事的职业可能不止一个，在有多个职业可供选择时，则应对比了解职业的就业机会和前景，所在单位的行业性质等，辅助其作出职业选择。

在我国，许多较为专业的人才网站及报刊等媒体，都会定期发布一些职位空缺信息。一般来说，有些职业类别空缺较多，如网络工程师、股票经纪人、风险投资评估人、计算机软件人员、人力资源管理等职位。另外，一些迅速发展的资金密集型和技术密集型行业，如房地产、汽车、保险等领域对人力的需求也存在较大的缺口。从我国的经济发展趋势看，第三产业是发展潜力很大的一个领域，因而从业人员由制造业领域向服务业领域转移是世界性的趋势，大学生只有对职业及职业发展前景有一个正确的认识，才能作出正确的职业决策。当你完成上述两项之后，你就可以确定职业发展目标。

（三）确定职业发展目标

在充分、正确地认知自我、了解职业的前提下，就可以进一步确立自己的职业发展目标。那么，如何确定职业发展目标呢？通常，在自我调查、评估、定位之后，根据社会的需要和环境的许可程度，将自我动机和需要以奋斗目标的形式与社会需要相结合，来制定职业发展目标。

概括来讲，职业发展目标的确定有六个步骤，建议大学生分期规划、分段实施，并注意根据环境和条件的变化，进行适时的调整。

大学生应当根据个人不同的情况，制订一个整体生涯规划，作为一个纲领性长期规划；或者制订一个3～5年的生涯规划，作为一种发展的中期规划；或者制订一个1年的生涯规划，作为一个可操作性强、变化较小的短期规划。有了规划，生活就有了目标，不会迷失前进的方向。尤其要注意的是，职业生涯规划是人生规划的主体部分，是同个人、家庭和社会生活结合在一起的，是和个人追求幸福生活密不可分的。所以，制订职业生涯规划，要和个人人生目标结合起来，要把职业生涯和家庭、社会生活结合起来。

（1）你要在心里确定你希望达到的目标（用目标值量化）。

（2）确确实实地决定，你将付出什么努力和代价去换取你所要达到的目标。

（3）确定一个固定的日期，一定要在这一日之前达到你的目标。

（4）拟订一个实现目标的计划，并马上行动。

（5）将以上四点清楚地写成“成功目标誓词”。

（6）每天早晚各一次，大声地朗读你的“成功目标誓词”。

在设计职业发展规划时，必须关注职业生涯策略。这将有助于你事业的成功。

（四）确定职业生涯策略

1. 制订职业发展通路计划

把职业生涯中的重要方面：发展、调动、晋升等结合在一起，它的第一个步骤是确定组织内部（企业）的职业生涯通路。职业生涯通路实际上包括一个个职业阶梯，个人由低至高拾阶而上。例如财务分析员—主管会计—财务部主任—公司财务副总裁。可以按照职业生涯通路来安排个人的工作变动，从而训练与发展担任各级职务和从事不同职业的广泛能力。

职业生涯通路计划应该包括以下内容：

（1）描述各种流动的可能性。

（2）反映工作内容、组织需要的变化。

（3）详细说明职业生涯通路的每一职位的学历、工作经历、技能和知识。

2. 明确需要进行的培训和准备

你可以列一目录：在你的职业生涯与生活中，什么做得好？什么做得不好？你还需要什么（学习或者增加经验）？另外，怎样应用你的培训成果？你拥有什么资源？那么，你现在应该停止做什么？开始干什么？培训和准备的时间如何安排？

3. 确定职业生涯运行方案

这是为实现职业目标而制定的行动方案，需要具有较强的可行性。在制定自己生涯规划时，要确定自己未来职业发展的领域，确定自己何时在企业内部发展，何时重新选择，以及其发展通路是怎样的。职业发展的领域大体有以下两种形态。

1）技术型

典型特征：性格内向，喜欢独立思考，做事谨慎细致。职业选择时，主要注意力是工作的实际技术。即使提升，也不愿到全面管理的位置，而只愿在技术职能区域内提升。

成功标准：在本技术区达到最高管理位置，保持自己的技术优势。

主要职业领域：财务分析、计划。

典型职业通路：财务分析员—主管会计—财务部主任—公司财务副总裁。在承担主管会计两年后，如果本企业发展不佳，则到大中型企业发展。

培训和准备：两年内取得注册会计师资格，在业余时间进修管理学知识。需要提高处理信息的能力，保持积极的心态。

2）管理型

典型特征：考虑问题比较理智，善于从宏观角度考虑问题。能在信息不全的情况下，分析解决问题，善于影响、监督、率领、操纵、控制组织成员，善于使用权力。

成功标准：管理越来越多的下级，承担的责任越来越大，独立性越来越大。

主要职业领域：企业组织或部门的主要负责人。

典型职业通路：工人—生产组组长—生产线经理—部门经理—行政副总裁—总裁。在公司内部发展。

培训和准备：不断接受先进的专业理论、系统接受人力资源管理的培训。需要在人际交往上作些努力。

以上是制定职业生涯规划的几个步骤。其实，根据未来职业方向选择一个对自己有利的职业和得以实现自我价值的组织，应该是每个人的良好愿望，也是实现自我的基础，但这一步的迈出要相当慎重。尤其需要提醒的是，就人生第一个职业而言，它往往不仅是一份单纯的工作，更重要的是它会初步使你了解职业、认识社会，从一定意义上讲，它是你的职业启蒙老师。例如，你欲从事技术工程师工作并想有所作为，你可以设定自我发展计划：选择一个什么样的组织，预测自己在组织内的职务提升步骤，个人如何从低到高拾阶而上；从技术员做起，在此基础上努力熟悉业务领域、提高能力，最终达到技术工程师的理想生涯目标；预测工作范围的变化情况，不同工作对自己的要求及应对措施；预测可能出现的竞争，如何相处与应对，分析自我提高的可靠途径；如果发展过程中出现偏差，如果工作不适应或被解聘，如何改变职业方向。

在事业发展的过程中，随时会遇到诸多改变你职业生涯设计的因素。因此，良好的职业生涯规划一定要随时关注社会和环境的改变对你已有规划的影响，这就需要下一环节。

（五）评估与反馈

俗话说："计划赶不上变化。"尤其在现代职业领域，只有变化是永恒的主题。影响职业生涯设计的因素诸多，有的变化因素是可以预测的，而有些则难以预料。人是善变的，环境也是多变的。成功的职业生涯设计需要时时审视内外环境的变化，不断对自己的设计进行评估和修订并调整前进的方向和步伐。

通过以上的简单步骤和原则，个人就可以设计职业生涯规划了。根据个人职业生涯规划的实施情况，根据周边环境的变化，可以进行适时的调整。最后，要提醒的是，人生成功的秘密在于当机会来临时你已经充分地准备好了。机遇只留给有准备的人。

四、有识、有志、有恒

案例

有个叫布罗迪的英国老师，在整理阁楼上的旧物时，发现了一叠练习册，它们是50年前皮特金幼儿园B（2）班31位孩子的春季作文，题目叫“未来我是——”。布罗迪顺便翻了几本，很快被孩子们千奇百怪的自我设计迷住了。例如：有个叫彼得的小家伙说，未来的他是海军大臣，因为有一次他在海中游泳，喝了3升水，都没有被淹死；还有一个说，自己将来必定是法国总统，因为他能背出25个法国城市的名字，而其他同学最多的只能背出7个；最让人称奇的是一个叫戴维的小盲童，他认为，将来他必定是英国的一个内阁大臣，因为在英国还没有一个盲人进入过内阁。总之，31个孩子都在作文中描述了自己的未来。有当驯狗师的，有当领航员的，有做王妃的……五花八门，应有尽有。布罗迪读着这些作文，突然有一种冲动——何不把这些本子重新发到同学们手中，让他们看看现在的自己是否实现了50年前的梦想。

当地一家报纸得知他的这一想法，为他发了一则启事。没几天，书信向布罗迪飞来。他们中间有商人、学者及政府官员，更多的是没有身份的人。他们表示，很想知道儿时的梦想，并且很想得到那本作文簿。布罗迪按地址一一给他们寄去。

一年后，布罗迪身边仅剩下一个作文簿没有被索要。他想，这个叫戴维的人也许死了。毕竟50年了，50年间是什么事都有可能发生的。就在布罗迪准备把这个本子送给一家私人收藏馆时，他收到内阁教育大臣布伦科特的一封信。他在信中说：“那个叫戴维的就是我，感谢您还保存着我们儿时的梦想。不过我已经不需要那个本子了，因为从那时起，我的梦想就一直在我的脑子里，我没有一天放弃过；50年过去了，可以说我已经实现了那个梦想。今天，我还想通过这封信告诉我其他的30位同学，只要不让年轻时的梦想随岁月飘逝，成功总有一天会出现在你面前。”布伦科特的这封信后来被发表在《太阳报》上，因为他作为英国第一位盲人大臣，用自己的行动证明了一个真理。

国外的一个科研机构对100名大学毕业生进行了几十年的追踪、调查。当这些大学毕业生刚刚大学毕业时，对他们的人生目标进行了询问，发现只有十几个人有模糊的目标，其中四人有明确的目标。在跟踪了20年以后，他们发现，在这100名毕业生中，绝大多数都默默无闻，只有那四位毕业生在事业上取得了巨大的成功——这四人财富的总和远远超过了其余 96 名毕业生的财富总和。所以，定准一个方向，持之以恒，不懈地努力，这是取得成功的关键。

在每年进入就业市场的庞大的年轻人群中，其中 10% 是大学毕业生，他们是其中的佼佼者。在昔日的高考中，已表明他们曾是优秀的一群。在激烈的就业竞争中，他们也不会久居人后的。对于绝大多数大学毕业生来说，只要了解自己面临的处境，找准了努力方向，将自己的职业生涯进行科学的设计和规划，并持之以恒地坚持下去，用不了多久，高等教育所培养的潜在素质和优势就会迸发出来，他们很快就会后来居上，用实力证明自己确实很优秀。

西方有句谚语："鹰有时飞得比鸡还要低，但鸡永远也飞不了鹰那么高。"有识、有志、有恒，我们每一位大学毕业生均应当有这个信念。

附：设计个人职业生涯规划实例（仅供参考）

刘一丹的个人生涯规划

1. 职业生涯规划——我的基本资料

姓名：刘一丹。性别：女。血型：AB 型。

出生地：山东青岛。出生年月：1995 年 7 月 19 日。

学历：目前在大学读二年级。年龄：20 岁（2015 年）。

死亡预测：70 岁（2055 年）。尚余年限：50 年。

优势：

（1）学习基础较好，尤其是英语口语较好（但仍要进一步努力）。

（2）假期有在校外公司打工的经历，受到领导和同事的好评。

（3）团结同学，善于沟通，适应能力较强。

（4）家庭经济条件相对较好，有能力资助我进一步深造。

弱势：

* 工作方法有待进一步改善。

* 知识结构还不合理。我是文科生，有必要加强科学技术方面知识的学习。

* 目前所就读的学校是一般院校，学校知名度不高。

2. 整体生涯规划

整体职业生涯目标——希望成为国内一家中型国有企业的财务总监。

（1）阶段目标：20—25 岁，圆满完成本科学业后，考入上海财经大学或东北财经大学一类的硕士研究生，完成学业；26—30 岁，到国内一家企业工作，根据我的专业情况，最好是国有大型企业，主要从事财务工作，同时在职攻读博士学位；30—35 岁，在企业中竞争中层干部职位；35 岁以后视具体情况竞争企业财务副总监；40 岁左右，若有可能，竞争企业财务总监。

（2）家庭目标：尽可能完成硕士学业后再结婚。30岁时育一子女。

（3）健康目标：目前身体健康。工作以后，个人人身保险不低于50万元。

（4）收入目标：25—30岁，年收入8万元～10万元；30—40岁，年收入15万元～20万元；40岁以后，年收入在30万元～50万元。

（5）学习目标：决不放松学习。工作以后，平均每月读书5本。

（6）理念：世上没有免费的午餐。再难的事也决不灰心丧气，哪怕天崩地裂。坚持，就是胜利！

本章小结

本章主要讲述了职业生涯规划的兴起发展、职业生涯规划的概念及形态；阐述了影响职业生涯规划制订的因素以及应该遵循的基本原则和具体步骤。通过学习能结合自身的实际条件制订切实可行的职业生涯规划，一定会收获精彩的人生。

思考题

1. 试述生涯的概念及形态。
2. 试述职业生涯及职业生涯规划的含义。
3. 良好的职业生涯规划应当具备的基本特性是什么？
4. 职业生涯规划应当遵循的基本原则是什么？
5. 大学生进行职业生涯规划的步骤有哪些？
6. 请结合自己的实际，根据职业生涯规划的相关理论，设计自己的职业生涯规划。

第三章

大学生素质与竞争力

内容提要

自1999年我国高校进行扩招以来，我国高校年毕业人数呈逐年递增的趋势，数据显示我国2014年应届毕业生人数已达到727万，就业压力增大。在严峻的就业形势下，要想在日益激烈的竞争中有一席之地，当代大学生要了解职业对自身素质都有哪些要求，并要明白如何提高自身素质；洞悉不同的用人单位对人才的评价标准，根据自身实际情况，确立自己的职业理想，制定适合自身的职业生涯规划，不断地提高自身的素质，才能保持较强的竞争力，实现自己的职业理想，从而达到自己的生活目标。

学习目标

1. 了解大学生应该具备的职业素质。
2. 了解职业理想定位应该坚持的原则。
3. 了解企业的用人标准及如何转变为出色的职业人。

案例导入

在一次招聘会上，北京某外企人事经理说，他们本想招一个有丰富工作经验的资深会计人员，结果却破例招了一位刚毕业的女大学生，让他们改变主意的起因只是一个小小的细节：这个学生当场拿出了两块钱。

人事经理说，当时，女大学生因为没有工作经验，在面试一关即遭到了拒绝，但她并没有气馁，一再坚持。她对主考官说："请再给我一次机会，让我参加完笔试。"主考官拗不过她，就答应了她的请求。结果，她通过了笔试，由人事经理亲自复试。人事经理对她颇有好感，因为她的笔试成绩最好。不过，女大学生的话让经理有些失望。她说自己没工作过，唯一的经验是在学校掌管过学生会财务。找一个没有工作经验的人做财务会计不是他们的预期，经理决定收兵："今天就到这里，如有消息我会打电话通知你。"女大学生从座位上站起来，向经理点点头，从口袋里掏出两块钱双手递给经理：

“不管是否录取，请都给我打个电话。”经理从未见过这种情况，问：“你怎么知道我不给没有录用的人打电话?”“您刚才说有消息就打，那言下之意就是没录取就不打了。”

经理对这个女大学生产生了浓厚的兴趣，问：“如果你没被录取，我打电话，你想知道些什么呢?”“请告诉我，在什么地方我不能达到你们的要求，在哪方面不够好，我好改进。”“那两块钱……”女大学生微笑道：“给没有被录用的人打电话不属于公司的正常开支，所以由我付电话费，请您一定打。”经理也笑了：“请你把两块钱收回，我不会打电话了，我现在就通知你，你被录用了。”

这些面试细节反映了她作为财务人员具有良好的职业素质和品格，人品和职业素质有时比资历和经验更重要。作为一名大学生应该思考，将来作为一名职业人应该具备哪些职业素质。

第一节　当代大学生应具备的职业素质

一、素质概述

（一）素质的概念

素质首先是心理学的一个术语。对于“素质”这个概念，不同的人对它有不同的理解。有些人把它理解为能力，这有些偏颇。越来越多的专家学者认为，素质应该包括两个基本的方面：它既包括一个人先天的固有特点，也包括在后天社会实践中逐步形成的各种品质和特征。

简单地说，素质是指人先天遗传的禀赋与后天受环境影响和培养教育而形成的相对稳定的基本品质。

（二）素质的结构

根据素质的概念和人体发展的内在规律，我们可以把素质的基本结构划分为三部分。

第一部分是自然素质，即遗传性、生理性素质，它是人的素质的物质基础和自然条件。它是指一个人与生俱来的感觉器官、运动器官、神经系统和大脑在结构和机能上的一系列特点。

自然素质属于先天的素质。它主要包括身体形态、生理机能、运动能力、对环境和外部刺激的适应能力等诸多方面。

第二部分是心理素质，它是指一个人的心理发展水平和心理特征，是以先天禀赋为基础，在环境和教育的影响下形成并发展起来的稳定的心理品质。

心理素质既有先天也有生后两个方面的因素，即智力因素和非智力因素。智力因素包含感觉、知觉、记忆力、注意力、观察力、思维能力和想象能力等。非智力因素包含情感、动机、兴趣、意志和性格等。二者之间互相融合，互相依存，共同形成人的心理素质水平。

第三部分是社会文化素质，它是指一个人从社会中获得的特质，包括语言、思想、政治、道德、科学知识、劳动技能、行为、习惯、审美等各个方面。

社会文化素质属于后天的素质。它是人的素质结构中非常重要的方面，决定着一个人素质的性质和总体质量水平。

自然、心理、社会文化这三个要素由低到高地构成了人的素质。它们之间有机地联系着，共同存在于人的机体中。它们之间既互相联系、互相渗透，又互相制约、互相促进，形成一个统一体。其中，自然素质是基础和载体，社会文化素质是主要内容，而心理素质则在人的社会实践活动和人体生命活动的交互运作中起着纽带与协调作用。

（三）素质的特点

素质的结构决定了它的特点。作为人的一种内在特质，素质具有下述特性。

（1）内在性。它为一个人所有，存在于人的肌体内，肌体外表虽然可以呈现身体素质的部分特性，但绝大部分素质是不能被他人直接观察到的。只有通过生活和社会行为，一个人的素质才能表现出来。

（2）可塑性。人的心理素质和社会文化素质可以通过教育进行塑造。缺乏的素质可以通过教育获得；不良的素质可以通过教育改造；一般的素质可以通过教育、训练来提高，变成优良素质。这里所说的教育包括家庭教育、学校教育和社会教育。

（3）差异性。人们可以根据素质的不同特征加以分割，以便进行评判研究和设法提高。因为每个人都存在有先天禀赋、生活环境、受教育条件、性别、年龄等差别，所以对于一个人来说，其各种不同素质的形成、发展和水平是有差异的；对于不同的人来说，他们的素质差别可能比较明显，表现在做同一件事情时，行为方式和行为结果会有差异。事实上，人的素质存在着差异性，具有不同的层次。

（4）整体性。一个人的素质是多侧面、多层次的协调的整体。所有的结构要素都不是孤立存在的，它们之间互相依存、互相渗透，互相制约、互相促进。这些要素的水平及其之间结构的合理性决定着一个人的整体素质水平。

（5）相对稳定性。一个人素质的形成要经过个体反复多次的内、外化活动的长期训练，还要在本身塑造起一定的心理结构，即由知识、情感、意志、行为构成的比较健全的品质。品质越优秀，其结构越完善，它的存在与表现就越稳定持久。一个大学毕业生，其素质基本形成，这种素质在较长时间内，在各种不同的环境下，都会比较稳定地表现和反映出来，具有比较一致的品质。

但是，素质绝不是固定不变的。它是可以塑造的，是随着职业生涯的磨炼和再教育而不断发展和完善的。

（四）素质的功能

人的素质包括思想道德、科学知识、专业能力、身心健康、人文等许多方面。它对人的成长和发展往往起着决定性作用。

用人单位招聘人才，毫无疑问，都想选录素质较高的毕业生。一般来说，具有较高素质的人，其潜能较大，不但能在通常情况下胜任岗位工作，而且无论遇到什么情况和变动，面临任何危难和压力，都会形成自我适应的心理结构，迅速适应环境条件，施展才华，克服困难，圆满地完成任务。

素质较高的人，都能坚持正确的政治方向，有远大的理想和抱负，会把自己的毕生精力贡献给为祖国、为人民谋利益的事业；会兢兢业业、孜孜不倦地在工作岗位上勤恳劳动，成为一个对人民有益的人。他决不会走错方向，误入歧途。

素质较高的人，都有坚定的信念，有很强的自我克制能力和坚韧不拔的毅力，在人生道路上能够抵御各种诱惑，经受任何考验，迎难而上，胜不骄，败不馁，尽心竭力地实现自己的目标，不达目的决不罢休。

素质较高的人，都有良好的心理素质，又有出众的社会文化素质，在客观形势需要或机遇面前，就能够发挥出其潜在能动性，脱颖而出，做出一番事业。

二、职业素质概述

（一）职业素质的概念

一般来说，劳动者能否顺利就业并取得成就，在很大程度上取决于本人的职业素质，职业素质越高的人，获得成功的机会就越多。

职业素质是劳动者对社会职业了解与适应能力的一种综合体现，其主要表现在职业兴趣、职业能力、职业个性及职业情况等方面。

（二）职业素质的特征

1. 职业性

对于不同的职业，职业素质是不同的。对建筑工人的素质要求，不同于对护士职业的素质要求；对商业服务人员的素质要求，不同于对教师职业的素质要求。李素丽的职业素质始终是和她作为一名优秀的售票员联系在一起的，正如她自己所说：“如果我能把10米车厢、三尺票台当成为人民服务的岗位，实实在在去为社会作贡献，就能在服务中融入真情，为社会增添一份美好。即便有时自己有点烦心事，只要一上车，一见到乘客，就不烦了。”

2. 稳定性

一个人的职业素质是在长期执业过程中日积月累形成的。它一旦形成，便产生相对的稳定性。例如，一位教师，经过三年五载的教学生涯，就逐渐形成了怎样备课、怎样讲课、怎样热爱自己的学生、怎样为人师表等一系列教师职业素质，于是便保持相对的稳定性。

当然，随着继续学习、工作和环境的影响，这种素质还可继续提高。

3. 内在性

职业从业人员在长期的职业活动中，经过学习、认识和亲身体验，会区分怎样做是对的，怎样做是不对的。这样，有意识地内化、积淀和升华的这一心理品质，就是职业素质的内在性。例如，有人说："把这件事交给小张师傅去做，有把握，放心！"人们之所以放心他，就是因为他的内在素质好。

4. 整体性

一个从业人员的职业素质是和他整体素质有关的。我们说某某同志职业素质好，不仅指他的思想政治素质、职业道德素质好，而且还包括他的科学文化素质、专业技能素质好，甚至还包括身体心理素质好。如果一个从业人员，虽然思想道德素质好，但科学文化素质、专业技能素质差，就不能说这个人整体素质好。相反，如果一个从业人员科学文化素质、专业技能素质都不错，但思想道德素质较差，同样，我们也不能说这个人整体素质好。所以，职业素质的一个很重要的特点就是整体性。

5. 发展性

一个人的素质是通过教育、自身社会实践和社会影响逐步形成的，它具有相对性和稳定性。但是，随着社会发展对人们不断提出的要求，人们为了更好地适应、满足、促进社会发展的需要，总是不断地提高自己的素质，所以素质具有发展性。

三、当代大学生应具备的基本素质

具备一定的素质是一个人生存和发展的基本依据和条件。各类学校都把培养出德、智、体、美全面发展的、具有良好素质的社会主义事业建设者和接班人，作为教书育人的基本目标。作为即将走向社会、自主择业的大学毕业生，应当努力学习，积极参加各种实践活动，锻炼和提高在德、智、体、美诸方面的素质，从而保持较高的竞争力。

具体来说，当代大学生应具备以下基本素质。

（一）身体心理素质

具备良好的身体心理素质是一个人身体和心理健康的保证。身体、心理素质是相互联系、相互影响和相互促进的。人体健康是生理健康与心理健康的统一。

1. 身体素质

身体就是人的生理存在的物质实体。根据现代科学对人体发育的深入研究，已经了解了人的身体发展的基本因素，了解到子女通过遗传信息继承父母的生理特点，良好的环境与营养可以增强身体健康，除了劳动之外，体育锻炼能够更好地促进人体的全面发展。

健康优美的体魄、充沛旺盛的精力、坚强不屈的意志都是身体健康的表现。健康的身体是独立生活和为社会作贡献的物质基础。虚弱的身体不仅影响个人的生存和幸福，而且还可能成为别人的负担，难于实现自己的理想和抱负。

身体素质一般是指人体肌肉活动的基本能力，是人体各个系统、器官技能在肌肉工作过程中的综合反映。因此，信息、生活环境（包括物质环境和精神环境）和体育锻炼等因素对于人的身体素质具有重大影响。

身体素质可以生动具体而又综合全面地表明一个人的生理肌体状况。它主要包括感觉、力量、速度、耐力、柔韧、灵敏和协调等方面。感觉素质包括形态知觉能力（对物体或图像的有关细节的认知能力）、颜色分辨能力和空间判断能力；力量素质是指人身的肌肉在紧张或收缩时所表现出来的基本能力，它是人体运动的首要素质；速度素质是在最短时间内完成一定运动的活动能力，主要表现为反应速度、动作速度和周期性运动中的位移速度等；耐力素质是指人体对抗疲劳的能力，主要包括肌肉耐力和心血管耐力；柔韧素质是指人体运动时加大动作幅度的能力；灵敏素质是指人体在比较复杂的条件下灵活、快速、准确地完成某种动作的能力，是身体多项素质和心理素质的综合表现；协调素质是指人体运动的协调性和完美性，包括眼睛、双手和双足之间的配合与协调，手掌与手指的灵巧程度等。

身体是一个人所有素质的载体。健康的体魄、良好的身体是坚持工作、发挥聪明才智的物质条件。在职业岗位上，无论脑力劳动或体力劳动，都需要有良好的身体素质。

身体的虚弱、疾病或缺陷，对于择业是很不利的。一些感觉器官的功能不良往往会被某些用人单位拒之门外。

2. 心理素质

心理是指一个人的心理过程和个性心理特征。它包括感觉、知觉、记忆、思维、情感、意志、兴趣、性格、能力等心理现象。

科学证明，心理是脑的机能，脑是心理的器官，是产生心理活动的物质基础。人脑是具有特殊组织形态、高度完善的物质结构的器官。它有反映客观现实的特殊机能，并由此产生了人的心理。也只有客观事物的作用，才能使人脑产生相应的心理。因此，心理是客观事物的主观映像。社会实践活动是人的心理产生和发展的基础。

人的心理是在自身高度发达的生理基础上，在社会实践活动中通过劳动和语言的影响而形成的。人的心理过程，即心理活动的发生和发展过程，可以分成认识、情感和意志既有区别又有联系的过程。认识过程即人脑反映客观实际的过程，包括感觉、知觉、记忆、思维、想象等。情感过程是自我对客观事物的态度和体验。人们不仅认识事物，产生情感，而且还要为实现某种目标采取作用于现实的行动。从确定目标，下定决心，选择行动方法，到执行计划实现既定目标的整个心理过程，就是意志过程。认识、情感和意志这三种过程是密切联系和相互影响的。

心理的发展是随着年龄的增长而发生变化的。它是一个由量的不断积累到质的变化的演变过程，是从低级到高级、从简单到复杂、从旧质到新质的不断变化和完善的过程。

人的心理发展具有不平衡性和个体差异性。各种心理过程、个性特点的发展进度和到达成熟的时期各人都不相同，有慢有快，有长有短。人的各种心理活动的发展也不是齐头并进的，其间还存在着相互联系和制约。

由个性差异而表现出性格、气质和能力等方面的特征，就是个性心理特征。心理过程是个性心理形成的条件和表现的形式；个性心理是影响和制约心理过程的品质和效果的最重要的主观因素。

影响心理发展的因素有哪些呢？

（1）遗传因素。它是心理发展的物质前提。它一方面通过中枢神经系统的特征、感觉器官的灵敏程度、运动器官的结构等渠道影响智力的发展，另一方面通过气质影响人的性格。如果没有正常人的遗传因素，就不可能有正常人的心理。无脑畸形儿和受过专门训练的动物都没有正常人的心理。

（2）生理成熟因素。生理成熟是指生理机能和构造上的变化和发展，它有一定的程序和规律。人的生理成熟也是心理发展的物质前提，它在一定程度上限制着心理发展的顺序和规律。脑的成熟与否对智力发展有很大影响。

（3）社会生活条件。这是心理发展的决定性因素。遗传因素及其差异可使人的心理发展到一定水准，且具有某种差别，但这也不是绝对的。心理是人脑对社会实践中客观现实的反映，因此社会生活条件决定了人的心理发展。

（4）教育因素。家庭、学校、社会教育对人的心理发展起着重要作用。学校教育的目的性、计划性、系统性和专职性，决定了它是按照心理发展规律和特点进行教育的，所以它对人的心理发展起着主导作用。

人的任何活动都是在一定的心理活动参与下进行的，活动越复杂，心理活动的参与程度就越大。

人的心理活动有多种多样的方式。就心理过程而言，有认识过程、情感过程、意志过程。就个性心理特征而言，包括需要、动机、理想等个性追求，还有能力、气质、性格等心理特点。

心理素质是以先天的禀赋为基础，在环境和教育影响下形成和发展起来的稳定的心理品质，主要指心理发展水平和心理特征。心理素质是心理活动长期积累的升华和结晶，是社会实践的产物。

人的心理素质包括下列七个方面：

（1）认知素质。认知素质是指人在认识活动方面形成的稳定倾斜和独特风貌。它包括感受性、敏捷性、准确性、独立性、系统性和稳定性等。要求在认识心理过程中，既有锐敏的感知、灵巧的思维和集中的精力，又善于使各种认知心理活动互相补偿，使发散、收敛思维交互作用，抓住本领，推陈出新。

（2）情感素质。情感是人们对客观事物能否满足人的需要而产生的一种带特殊色彩的态度体验。这个心理过程包括情绪、感情和情操三种发展水平。情感的取向应与祖国和人们的利益以及社会发展方向相一致。情感的深度与广度应在现代化建设的现实社会领域发展，要有理想、有道德，追求高尚美好，脱离低级趣味。情感要有相对稳定性，不可变化无常。情感的效能要有积极性，能够鼓舞人，激励人，催人奋发前进。

（3）意志素质。意志是指人们为了确定的目标，自觉地调控自己的行为，克服困难，坚毅顽强地达到目标的心理过程。意志素质体现在人的自觉性、自制性、果断性和坚定性等方面。意志素质良好的人，他的生活、学习和工作都有明确的目标，能够自觉地鞭策自己，为了实现目标而艰苦奋斗；他善于控制感情，约束言行，不骄不馁，理智行事；他在紧急重要时刻能够审时度势、当机立断，积极行动；他一旦下定决心，便会不屈不挠，锲而不舍，矢志不渝，以“愚公移山”的精神排除万难、争取成功。相反，那种意志薄弱的人，面对成就或顺利环境会盲目乐观、忘乎所以，不思进取；在危难或逆境压力下又可能灰心丧气、承受不住，无所作为乃至成为逃兵。意志薄弱是成就一番事业的大敌，任何用人单位都很重视应聘者的意志素质。

（4）兴趣素质。兴趣是积极主动地探究某种事物的认识倾向。良好的兴趣素质体现在一个人的兴趣范围不过于狭窄，而使其智能在多方面得到发展；体现在有一个较有深度的兴趣核心，在此核心方面获得高深的知识，形成富有创造性的智能优势；体现在其兴趣核心的稳定性和持久性，使之在个人成才之路上产生持久的动力，创造显著的成果。

（5）动机素质。在追求某一目标、获取某种需要的过程中，人们会产生推动个人行动的内在理论，这就是动机。良好的动机素质体现在一个人的动机要有正确的倾向性，使个人的各种动机建立在合法、合理的需要上；体现在他有一个远近、轻重搭配合理的动机体系，能够自行调节动机矛盾，坚持主导动机，协调有序地实现其他动机；体现在其动机的科学性，具有较大的可实现性；体现在其动机的持续性，保持主导动机的长期性；体现在其动机的明晰性，目标清晰明确，便于集中精力，全力以赴。

（6）性格素质。性格是指人对客观事物的稳定态度和习惯的行为方式。性格是个性心理的核心因素，触及心理活动的全部领域。良好的性格素质，首先体现在一个人有良好的社会适应性，要正直诚信、礼貌友善、勤俭耐劳、乐于助人，善于与人和环境建立起和谐共处的关系。其次是能够正确地把握性格倾向，热情开朗的外倾性和冷静多虑的内倾性各有所长和所短，要善于扬长避短。此外，还要有一定的独立性，能够独立思考问题，不观望或盲目从众，敢于坚持原则，敢于竞争和开拓。

（7）创新素质。创新素质是各种心理素质在最高层次上综合而成的创造能力，核心是创造性思维。它是在已有知识和经验的基础上进行想象、加工、构思，以开辟新的途径（如新构思、新技术、新工艺、新材料等）解决前人未曾解决的问题。创新素质对于成就一番事业、推动各种工作的蓬勃发展、开创新局面是极为重要的。

良好的心理素质是人才成长过程中不可缺少的条件，也是真正自立自强、建功立业的保证。古今中外，凡是大有作为的名人专家，无不具有优良的心理素质。他们大多具有身处逆境而顽强拼搏、百折不挠、坚韧不拔、不达目的誓不罢休、宽容大度、与人为善、助人为乐、勇于奉献等优秀品质。美国心理学家曾对1 500名学生进行了50年的跟踪研究，对其中150名最成功者和150名最不成功者进行分析，发现他们的智力水平差别并不大，但在情感、自信心、毅力、社会适应能力、实现追求目标的内驱力等心理素质方面确有巨大差别。实践证明，正是由于一个人的心理素质对其成就有很大影响，所以许多用人单位都特别重视新招职工的心理素质。这是许多用人单位进行面试的考核重点。

（二）智能素质

智能素质即智力、能力素质，它主要包括科学技术素质和思维素质两个基本方面。

1. 科学技术素质

科学技术素质是人们通过接受科学技术教育而获得的一种素质。它包含人所具备的科学技术基本知识、基本技能训练、理论分析和实验操作能力以及运用信息和高新技术的能力等成分。

科学技术素质由知识结构和智能结构两部分组成。

（1）知识结构。它是指一个人的知识体系由哪些因素构成和这些因素之间如何联系。一个人的知识体系的构成因素包括工具性知识、自然科学知识、技术科学知识、专业基础知识和专业知识等。工具性知识有外语、计算机应用、方法论、文献检索、制图、仪表测试等。自然科学知识有数学、物理学、化学、生物学、生命科学、环境科学等。技术科学知识有机械学、电工学、计算机原理、电子线路、工程原理等。专业基础知识是根据专业需要所确定的一些基础科目和技术知识。专业知识是本专业应用的工程科学理论和技术。

知识应有合理的数据和结构。知识犹如无边无际的海洋，人的生命有限，只能掌握有限的知识。一个人应在某一方面有深厚的专业知识，同时具有较为广泛的与专业、政治、生活有关的知识。A形结构被普遍认为是一种合理完善的知识结构。A的左右两斜画表示自然科学与社会科学，中间一横杠表示文理兼通；A如同一座金字塔，表示知识基础宽厚、高低相宜、结构合理。具体来说，择业者应建立一种理工文管等领域交叉的复合型知识结构。

（2）智能结构。它是指一个人的智力和能力所组成的动态智能系统。它分许多层次，包含有内在的心智因素和外在的活动表现等相互依存、相互影响的多种要素。这些要素主要是智力水平、获取知识能力、应用知识能力和创造知识能力。智力水平包括记忆力、思维能力、注意力、悟性、观察力和想象力。获取知识能力包括自学能力、接受教育的主观能动性、表达能力、社交能力、计算机与网络应用能力等。应用知识能力包括实践能力、运用知识分析和解决问题的能力、实验和检测的设计与实践能力等。创造知识能力包括课题研究能力、科技开发能力、创新思维能力和创新设计能力等。

在智能结构中，智力和能力这两个部分互相联系、互相作用、互相促进。智力属于认识活动范畴，是人们从事各种活动所必需的基本功能。能力属于实践活动范畴，是人们运用智力和知识参与社会实践的本领，是智力在不同条件下的综合表现。一个人的认识与活动是统一的，所以智力和能力是紧密联系的，能力反映和体现智力，智力可转化为能力，二者之有机结合便是智能。

知识经济时代的最明显特征是知识创新。时代召唤具有创新能力的人才，为此就需要有不断创新的智能结构。有了不断创新的智能结构，就能根据既定的目标任务，通过对已有知识和经验的加工，产生创造新知识、新思想、新设计、新成果和新产品的能力。

应当看到，一专多能、广博交叉的知识结构，卓越的知识创新能力，高层次的综合能力都是21世纪高素质人才的重要特征。

一个人的科学技术素质的高低取决于其知识结构和智能结构。作为择业者，大学生应有较高的科学技术素质，具有丰富的基础知识、较高的获取知识的能力与效率，较强的创新能力。这样的人一旦走上工作岗位，就可能如鱼得水，在业务实践中创造业绩，并从中促进本身科学技术素质进一步提高。

2. 思维素质

思维是人类反映、认识和改造世界的一种高级心理活动。思维是人脑输入、存储、加工和输出信息的全部活动过程。实践活动是思维的基础，而思维则是对客观事物间接的、概括的反映。

1) *思维活动*

人的思维活动有两个重要特性，即间接性和概括性。

所谓思维活动的间接性，是指人们依据已有的知识、经验或其他事物做媒介，理解、把握那些没有直接感知过的或根本不可能感知到的事物，以推测事物过去的进程，认识事物现实的本质，推知事物未来的发展。人们常说的推断、预测、“由此及彼，由表及里”，就是思维活动间接性的体现。

所谓思维活动的概括性，包含有以下两层意思。第一，把同一类事物的共同特征和本质抽取出来加以概括。例如，人们把高低、大小、形状不同而能结出桃子的树称为“桃树”；把桃树、梨树、杏树、枣树、苹果树等树木，依据其根、干、茎、叶、花、果等共性统称为“果树”。第二，把多次感知到的事物之间的联系和关系加以整理和概括，得出有关事物之间内在联系、规律的结论。例如，前人看到“月晕”之后，预测有大风伴随而来；发现地砖潮湿时，不久就要下雨；看到早晨天空有云霞，当天就会下雨，而如果夕阳带彩霞，则次日必为晴天。于是，得出了“月晕而风”“础润而雨”和“朝霞不出门，晚霞行千里”的结论，作为谚语广泛流传。这一类概括，使人们对客观事物的认识从感性提高到了理性，从表面现象深入到了内在规律，它对于人们适应、控制、改造客观环境是很有帮助的。

思维的间接性是以对思维概括性的认识为前提的，二者密切联系，共同揭示了思维活动的本质属性。

2）思维品质

思维能力是指人脑接受、加工、存储和输出信息的能力。思维品质是思维能力发展程度的外在表现。思维品质主要包括下述几个方面。

（1）思维的敏捷性。它是指思维过程中发现问题和解决问题的敏捷程度。一个人的思维能力越强，他的思维敏捷性就越高。

（2）思维的灵活性。它是指思维活动的灵活程度。良好的思维灵活性能够使人根据客观情况的变化机智地解决问题，在思维中灵活应变，突破陈规陋习，别开生面，出奇制胜。

（3）思维的深刻性。它是指思维活动的深刻程度、抽象程度和逻辑水平。一个思维深刻的人，在思考问题时，往往能够透过现象抓住本质，能够理解事物的前因后果，能够预见事物的发展过程。思维的深刻性是检验思维能力的主要标准。

（4）思维的创造性。它是指思维活动产生的有价值的独创见解和新颖观点。一个人思维创造性的优劣就表现在他的思维能否产生对社会、生产、工作、生活有益的创新见解和能产生多少这种有价值的创新见解。

（5）思维的批评性。它是指思维活动中对思维素材（信息）的筛选、评估和对思维活动的检查的精细程度，给予有观点的批判程度。一个思维批判性较高的人，他对要解决的问题所依据的条件就会反复推敲，对假定的计划、方案会持审视态度，认真考虑，坚持原则，追求正确和切实可行。

（6）思维的独立性。它是指思维活动中独立地发现问题、分析问题和解决问题的程度。良好的思维独立性表现在思维主体能够积极开动脑筋，独立思考，不受别人的影响和暗示，不盲从他人，不排斥异己观点，不敷衍塞责，依靠自己的分析得出结论。

3）思维方式

思维方式是人们获取、加工、输出信息的方式。在一定的历史条件下，思维主体在获取、加工、输出信息的过程中，通过多次重复，形成了某种相对固定的思维程序、方法和结构模式，这就成为该时代特定的思维方式，社会上大多数人都会自觉或不自觉地按照这种思维方式进行思维活动。

按照同一种思维方式，不同的人一般会得出大致相同的结论。因此，思维方式具有规范性和指向性。思维方式包括知识、观念、智力、方法、情感、意志、语言和习惯八个要素。这些要素各以一定的构成形态存在于思维方式中。各种各样的思维方式正是因这些要素的不同特质及其在思维活动中的不同作用而形成的。

4）思维素质

思维素质是指思维主体的思维方式所具有的基本特征和发展程度。狭义而言，思维素质是指思维主体的思维品质，即思维能力发展程度的外在表现。思维素质含义的外延甚广，可以泛指人类精神文明生产方式的特点和发展水平。但是，我们谈到思维素质时，通常为狭义所指，即思维的敏捷性、灵活性、深刻性、创造性、批评性和独立性。

参加社会实践对于思维素质的提高具有重要意义。大学生在参加诸如军训、义务劳动、生产实习、科研活动、专题调查、技术咨询、勤工俭学、社会服务活动中，已经在不同程度上发现了课堂教学与自身能力的不足，从而改变个人的思维方式，注重能力的培养，进一步开发思维能力，提高思维素质。

马克思主义哲学是人类历史上迄今为止最科学、最完善的世界观的方法论，是强大的认识工具。大学生应当认真学习马克思主义哲学，学习唯物辩证法，增强自己的理论思维能力，提高思想方法论水平，掌握符合社会实践发展的科学思维方式。

恩格斯指出："一个民族要想站在科学的最高峰，就一刻也不能没有理论思维。"较高的社会经济文化水平总是对应着较强的民族思维能力。择业者的思维素质，大而言之，关系到一个民族发展的兴衰；小而言之，关系到个人就业后能否胜任岗位工作、创建业绩，对社会作出更大贡献。

（三）创新素质

人类总是在不断地追求新的理想，开拓新的生活，实现新的价值。人类生活的本质是创造，人类文明的源泉也是创造。创造力的萌芽、成熟和跃进正是现代文明不断发展的动力。

什么是创新？古今中外有许多说法。在《韦氏字典》里，"创新"被解释为创造的能力，如：创造或有能力去创造；产生新的前所未有之物；表现出有非凡想象力或发明的能力；对发明或想象的原动力的刺激。在我国《辞海》里：创新即创造，是指首创前所未有的事物，如发明创造，创造新技术，设计新产品。俄罗斯许多学者认为，创新是人类为创造有意义的物质价值和精神价值所进行的有目的的活动。

国内学者有关创新的观点也很多。一种有代表性的定义：创新是指能够提供新的、首次创造的、新颖而具有社会意义的产物的一切活动。另一种有代表性的定义：根据一定的目的，运用所有的一致信息，产生某种新颖、独特、具有社会价值或个人价值的智力品质。

综合各种关于创新的定义可以看出，每一种说法都从不同侧面、在不同程度上反映了创新的本质，即包含有新的因素和成分；创新活动的关键在于创造性思维；创新活动的产品或结果新颖、独特、有价值。

1. 创新素质

众所周知，任一事物内部诸要素之间都是互相联系而构成一个统一体的。其整体性是该事物的基本特征。这种整体性是由内部诸要素以特定的连接方式而形成的，并通过与其他事物联系来表现其性质的状态和过程。整体性的变化只能有两个原因，一是有新的要素加入或旧的要素离弃；二是原有诸要素的连接方式发生了改变。我们利用这种系统论的观点来考察创新成果的新颖、独特、价值。可以认为，创新的本质在于一定的要素提取或要素间连接方式的重组。

在创新过程中，要想赋予某个系统新的功能，一种途径是选取新要素加入其中，或者丢弃某些旧要素；另一种途径是改变要素间的原有连接方式。例如，经济体制改革，企业重组，技术革新，新材料研制，新产品开放等，都是这样的过程。

因此，可以认为，创新素质是指产生某种新颖、独特、具有社会价值或个人价值的产品的综合而系统的智能因素。

根据创造学家们的研究，创新素质是以创造性思维为核心的智能综合系统。它包括创造性思维、智力、知识、个性品质和环境因素。

创造性思维是该系统的“中央处理器”的核心。从心理学观点看，人脑平时根据各种信息的输入已经形成了许多连接方式不同的系统（事物）。当出现有关某种需要的强烈兴奋中心时，原有一些系统就可能解体，并按照兴奋的需求重新组合成新的系统。由此得到前所未有的新的表象。这种产生新表象的心理过程就是创造性思维过程。

在创造性思维过程中，所参与的观念可以是具体形象，可以是抽象概念，也可以是二者兼而有之。就是说，创造性思维包含有形思维和抽象思维。

创造性思维还包含有灵性思维。由于潜意识里存有许多与需求或新信息有关的因素，这些因素一旦被某种需求或新信息激活，灵感的火花闪光，便会重组为新的连接方式，产生心理表象。

促成某种新观念，个性品质加入或观念间的重新组合的动力是需要与现实的差距。

智力是该系统的“中央处理器”，包括观察力、注意力、记忆力、思维力和想象力。知识即创造性思维加工的信息，包括知识结构、经验和体验。个性品质是创新素质的内部环境，包括动机、意志、气质、个性特征和进取精神等。个性品质在很大程度上决定着创新素质的水平。

2. 创新素质的特征

创新素质是多种心理机能的综合系统，是人类智能的高级表现形式。创新素质的基础是一般思维，其核心是创造性思维。在一定的环境下，创新思维是感觉（视、听、嗅、触、味）、知觉（空间、时间、运动）、记忆、想象、思维、情绪、意志、气质等多种心理机能的综合系统。

创新素质依存于客观现实。无数客观事物以各种不同的方式作用于人们的感官，引起大脑的反射活动，产生了心理现象。创新素质是一种复杂的、特殊形式的心理现象。在创新运行过程中，大脑就像一个“加工厂”，它把客观现实在头脑里的反映当作原材料进行加工，从而制造出新产品。没有客观现实在头脑里的反映，创新就成了“无米之炊”。

创新素质具有能动性。创新素质依存于客观现实，但对其反映并不是简单和被动的，而是具有自主性和能动性。当客观事物在头脑中映像时，头脑中的观念对象和新的映像未必一致，它是根据自身的价值趋向和需求来对客观事物形成观念的。在受到自身需求的影响下，思维因素积极、主动地组成连接方式。多种心理机能共同参与，促成了新思想或新事物的产生。

创新结果具有新颖性、独特性和社会价值、个人价值。创新的产品是以某种形式存在的思维成果，它可能是一种新概念、新设想、新理论、新学说，也可能是一种新材料、新工艺、新技术、新产品。这些成果必然具有新颖性、独特性，但更重要的是具有社会价值和个人价值，有利于改善人们的物质文化生活，有利于人类认识世界和改造世界。

创新素质是可以培养的。客观事物及其变化是无穷无尽的，它在人们头脑中反映出的观念化思维因素也呈现出无穷性。人们可以选取任一思维对象，从该对象无穷多的属性中任选某种属性；可以在思维因素构建连接模式时，任选无穷多中的一种形式。只要这种选择恰当，能够组成适合主体的目的、需求和价值的连接方式，就能取得成功的创新。由此可以看出，人人皆具有创新潜力，这种潜力是取之不尽、用之不竭的。

实验研究证明，创新思维是可以被激发和培养的，创新素质同样也是可以被激发、培养和提高的。

3. 创新素质是现代人才的特征

现在的世界是一个竞争的世界。竞争，归根结底是人才的竞争。现代人才的需求多种多样，不仅需要自然科学的专业技术人才，而且需要社会科学，包括政治、经济、军事、历史、文学等类型的各种人才。人才的竞争实际上是人才综合素质的竞争，包括思想道德素质、科学技术素质、创新素质、身体心理素质等。其中，创新素质是人才综合素质的决定性因素，越是竞争激烈，其决定性意义就越显得重要。

人才的价值是通过其劳动成果来评价的。其劳动成果是否具有创造性，创造性是大是小，能产生多大的经济价值或社会效益，就决定了这个人才的价值高低。如果没有创造性，即使知识广博，也很难取得创造成果，不能独辟蹊径、别开生面地推动事业发展。哈佛大学的原校长普西认为：有无创造性是一流人才和三流人才的分水岭。著名的经济学家雄彼德也把企业家的工作简洁地描述为“创新性的破坏”。处在当今充满竞争的新经济时代，知识、创新、理性成为至关重要的生存法则。当年26岁的程序设计员丁磊，在我国网络公司此消彼长的浪潮中，创立了“网易”，率先推出免费个人邮件服务和国内第一个虚拟社区，以其鲜明的个性和无偿化的创新服务，在网络行业中快速崭露头角并站稳脚跟。因此，创新素质是现代人才的主要特征。

良好的创新素质能使一个人内在潜能得到充分发挥，更好地实现人生价值。专题研究表明，人类自身能量目前被挖掘出来的只是其中一小部分。专家认为，一般人只用了自身能量的10%，甚至还更小；个人的大脑中储存知识的容量相当于美国国会图书馆（藏书约1 800万册）的50多倍。这就是说，我们自身能量的开发潜力还非常大。提高创新素质，就能够把自身蕴藏的巨大潜能更多地发挥出来，解决现实社会中出现的困难和问题，推动事业的发展，实现自己的人生价值。良好的创新素质能使一个人顺利地融入知识经济时代，在竞争激烈的各类用人单位中找到立足之地发挥创新才干，大显身手，建功立业。在人类历史上，曾有许多人依靠其卓越的创新素质取得了理论和技术的重大突破，对文明的发展作出了重大贡献，甚至加快了历史发展进程。热力学的创立和蒸汽机的发明推动了资本主义大工业生产；量子力学和相对论的创立使人类进入了原子时代；计算机的发明和互联网的出现使人类走上了信息高速公路，带来了科学技术和经济的迅猛发展。这些事例充分说明了具有创新素质的人才对于社会的巨大作用。

任何用人单位，不管它处于什么状态——濒临破产、惨淡经营、效益良好、势头正旺、如日中天，只要他们决心奋发图强，保持“一流”，都会同样渴望创新型人才。只有创新型人才，才有能力打破僵局，力挽狂澜；才有能力独辟蹊径，开创新局面；才有能力居安思危，强占新的“制高点”，永不停顿，与时俱进。

（四）职业道德

1. 职业道德的含义

职业道德是指人们在职业生活中应遵循的基本道德，即一般社会道德在职业生活中的具体体现。它是职业品德、职业纪律、专业胜任能力及职业责任等的总称，属于自律范围，它通过公约、守则等对职业生活中的某些方面加以规范。

职业道德既是本行业人员在职业活动中的行为规范，又是行业对社会所负的道德责任和义务。

2. 职业道德的内容

概括而言，职业道德主要应包括以下几方面的内容：忠于职守，乐于奉献；实事求是，不弄虚作假；依法行事，严守秘密；公正透明，服务社会。

1）忠于职守，乐于奉献

尊职敬业是从业人员应该具备的一种崇高精神，是做到求真务实、优质服务、勤奋奉献的前提和基础。从业人员，首先要安心工作、热爱工作、献身所从事的行业，把自己远大的理想和追求落到工作实处，在平凡的工作岗位上作出非凡的贡献。从业人员有了尊职敬业的精神，就能在实际工作中积极进取，忘我工作，把好工作质量关。对工作认真负责和核实，把工作中所得出的成果，作为自己的天职和莫大的荣幸；同时认真分析工作的不足和积累经验。

敬业奉献是从业人员的职业道德的内在要求。随着市场经济市场的发展，对从业人员的职业观念、态度、技能、纪律和作风都提出了新的更高的要求。

职业作为认识和管理社会的基础性工作，可谓默默无闻、枯燥烦琐。没有名利可图，只有“不唯上、不唯书、只为实”的求实精神，是很难出色地完成任务的。为此，我们要求广大从业人员具有高度的责任感和使命感，热爱工作，献身事业，树立崇高的职业荣誉感。要克服任务繁重、条件艰苦、生活清苦等困难，勤勤恳恳，任劳任怨，甘于寂寞，乐于奉献。要适应新形势的变化，刻苦钻研。加强个人的道德修养，处理好个人、集体、国家三者关系，树立正确的世界观、人生观和价值观；把继承中华民族传统美德与弘扬时代精神结合起来，坚持解放思想、实事求是，与时俱进、勇于创新，淡泊名利、无私奉献。

2）实事求是，不弄虚作假

实事求是，不仅是思想路线和认识路线的问题，也是一个道德问题。如果夹杂着个人私心杂念，为了满足自己的私利或迎合某些人的私欲需要，弄虚作假、虚报浮夸就在所难免，也就会背离实事求是原则这一基本的职业道德。

3）依法行事，严守秘密

坚持依法行事，在平时工作过程中必须严格按照法律规定进行社会活动，不能有任何投机取巧的想法，以免出现“一失足成千古恨”的结果。另一方面，提高自身的道德自觉性，把职业道德渗透到工作的各个环节，融于工作的全过程，增强自身法律意识，面对外部干扰，坚决保守单位机密。在国家层面，更要严格维护国家利益，不受诱惑，不做外部势力的“炮灰”。

4）公正透明，服务社会

优质服务是职业道德所追求的最终目标，是职业生命力的延伸。

3. 职业道德的作用

职业道德是社会道德体系的重要组成部分，它一方面具有社会道德的一般作用，另一方面它又具有自身的特殊作用，具体表现在以下几个方面。

（1）调节职业交往中从业人员内部以及从业人员与服务对象间的关系。

职业道德的基本职能是调节职能。一方面它可以调节从业人员内部的关系，即运用职业道德规范约束职业内部人员的行为，促进职业内部人员的团结与合作。如职业道德规范要求各行各业的从业人员，都要团结、互助、爱岗、敬业、齐心协力地为发展本行业、本职业服务。另一方面，职业道德又可以调节从业人员和服务对象之间的关系。如职业道德规定了制造产品的工人要怎样对用户负责；营销人员怎样对顾客负责；医生怎样对病人负责；教师怎样对学生负责等。

（2）有助于维护和提高本行业的信誉。

一个行业、一个企业的信誉，也就是它们的形象、信用和声誉，是指企业及其产品与服务在社会公众中的信任程度。企业的信誉主要靠产品质量和服务质量，而从业人员职业道德水平高是产品质量和服务质量的有效保证。若从业人员职业道德水平不高，很难生产出优质的产品和提供优质的服务。

（3）促进本行业的发展。

行业、企业的发展有赖于高的经济效益，而高的经济效益源于高的员工素质。员工素质主要包含知识、能力、责任心三个方面，其中责任心是最重要的。而职业道德水平高的从业人员其责任心是极强的，因此职业道德能促进本行业的发展。

（4）有助于提高全社会的道德水平。

职业道德是整个社会道德的主要内容。一方面，职业道德涉及每个从业者如何对待职业，如何对待工作，同时也是一个从业人员的生活态度、价值观念的表现；它是一个人的道德意识、道德行为发展的成熟阶段，具有较强的稳定性和连续性。另一方面，职业道德也是一个职业集体，甚至一个行业全体人员的行为表现，如果每个行业，每个职业集体都具备优良的道德，对整个社会道德水平的提高肯定会发挥重要的作用。

（五）人际沟通能力

1. 人际沟通能力的概念

一般来说，沟通能力是指沟通者所具备的能胜任沟通工作的优良主观条件。简言之，人际沟通能力是指一个人与他人有效地进行沟通的能力，包括外在技巧和内在动因。其中，恰如其分和沟通效益是人们判断沟通能力的基本尺度。恰如其分，是指沟通行为符合沟通情境和彼此相互关系的标准或期望；沟通效益，是指沟通能力上达到了预期的目标，或者满足了沟通者的需要。

表面上来看，沟通能力似乎就是一种能说会道的能力，实际上它包罗了一个人穿衣打扮到言谈举止等一切行为的能力；一个具有良好沟通能力的人，他可以将自己所拥有的专业知识和专业能力进行充分的发挥，并能给对方留下“我最棒”“我能行”的深刻印象。

2. 人际沟通的必要性

人是社会的动物，社会是人与人相互作用的产物。马克思指出：“人是一切社会关系的总和。”“一个人的发展取决于和他直接或间接进行交往的其他一切人的发展。”因此，沟通能力是一个人生存与发展的必备能力，也是决定一个人成功的必要条件。

（1）职业工作需要沟通能力。各行各业，无论是会计、社会工作者、工程师，还是医生、护士、教师、推销员，沟通的技能都是非常重要的。例如，护理活动的实践表明：护士需要 70% 的时间用于与他人沟通，剩下 30% 左右的时间用于分析问题和处理相关事务。很显然，如同其他职业一样，护理不但需要专业知识和技能，而且越来越需要与他人沟通的能力。

（2）社会活动需要沟通能力。人们在生活中每时每刻都离不开实践活动，总不免要与他人沟通。但是，沟通本身也不是非常容易的事。要向他人表达一个意思，可能始终说不清楚；要为他人办一件好事，但有可能弄巧成拙；本来想与他人解除原有的隔阂，但可能弄得更僵。所以说，现实的实践活动需要有一定的沟通能力。

（3）沟通也是个人身心健康的保证。与家人沟通，能使你享受天伦之乐；与恋人沟通，能使你品尝到爱情的甘甜；在孤独时，沟通会使你得到安慰；在忧愁时，沟通会使你得到快乐。英国著名文学家、哲学家培根有句名言：如果把快乐告诉朋友，你将获得两份快乐；如果你把忧愁向朋友倾吐，你将被分担一半忧愁。

3. 如何提高沟通能力

提高沟通能力，可以从以下五个方面着手。

（1）开列沟通情境和沟通对象清单。

这一步非常简单。闭上眼睛想一想，你都在哪些情境中与人沟通，如学校、家庭、工作单位、聚会以及日常的各种与人打交道的情境。再想一想，你都需要与哪些人沟通，如朋友、父母、同学、配偶、亲戚、领导、邻居、陌生人等。开列清单的目的是使自己清楚自己的沟通范围和对象，以便全面地提高自己的沟通能力。

（2）评价自己的沟通状况。

在这一步里，问自己如下问题：① 对哪些情境的沟通感到愉快？② 对哪些情境的沟通感到有心理压力？③ 最愿意与谁保持沟通？④ 最不喜欢与谁沟通？⑤ 是否经常与多数人保持愉快的沟通？⑥ 是否常感到自己的意思没有说清楚？⑦ 是否常误解别人，事后才发觉自己错了？⑧ 是否与朋友保持经常性联系？客观、认真地回答上述问题，有助于了解自己在哪些情境中、与哪些人的沟通状况较为理想，在哪些情境中、与哪些人的沟通需要着力改善。

（3）评价自己的沟通方式。

在这一步中，主要问自己如下三个问题：① 通常情况下，自己是主动与别人沟通还是被动沟通？② 在与别人沟通时，自己的注意力是否集中？③ 在表达自己的意图时，信息是否充分？

主动沟通者与被动沟通者的沟通状况往往有明显差异。研究表明，主动沟通者更容易与别人建立并维持广泛的人际关系，更可能在人际交往中获得成功。

沟通时保持高度的注意力，有助于了解对方的心理状态，并能够较好地根据反馈来调节自己的沟通过程。没有人喜欢自己的谈话对象总是左顾右盼、心不在焉。在表达自己的意图时，一定要注意使自己被人充分理解。沟通时的言语、动作等信息如果不充分，则不能明确地表达自己的意思；如果信息过多，出现冗余，也会引起信息接收方的不舒服。常见的例子就是，你一不小心踩了别人的脚，那么一句“对不起”就足以表达你的歉意，如果你还继续说：“我实在不是有意的，别人挤了我一下，我又不知怎地就站不稳了……”这样罗嗦反倒令人反感。因此，信息充分而又无冗余是最佳的沟通方式。

（4）制订、执行沟通计划。

通过前几个步骤，你一定能够发现自己在哪些方面存在不足，从而确定在哪些方面重点改进。例如，沟通范围狭窄，则需要扩大沟通范围；忽略了与友人的联系，则需写信、打电话；沟通主动性不够，则需要积极主动地与人沟通等。把这些制成一个循序渐进的沟通计划，然后把自己的计划付诸行动，体现在具体的生活小事中。例如，觉得自己的沟通主动性不够，你可以规定自己每周与两个素不相识的人打招呼，具体如问路、说说天气等。不必害羞，没有人会取笑你的主动，相反，对方可能还会在欣赏你的勇气呢！在制订和执行计划时，要注意小步子的原则，即不要对自己提出太高的要求，以免实现不了，反而挫伤自己的积极性。小要求实现并巩固之后，再对自己提出更高的要求。

（5）对计划进行监督。

这一步至关重要。一旦监督不力，可能就会功亏一篑。最好是自己对自己进行监督，如用日记、图表记载自己的发展状况，并评价与分析自己的感受。当你完成了某一个计划，如跟一直不敢说话的异性打了招呼，你可以奖励自己一顿美餐，或是看场电影轻松轻松。这样有助于巩固阶段性成果。如果没有完成计划，就要采取一些惩罚措施，如做俯卧撑或是做一些懒得做的体力活。

总之，计划的执行需要信心，要坚信自己能够成功。记住：一个人能够做的，比他已经做的和相信自己能够做的要多得多。

（六）团队合作能力

1. 团队合作能力的概念

1994 年，斯蒂芬·罗宾斯首次提出了“团队”的概念：为了实现某一目标而由相互协作的个体所组成的正式群体。在随后的十年里，关于“团队合作”的理念风靡全球。

团队合作指的是一群有能力、有信念的人在特定的团队中，为了一个共同的目标相互支持、合作奋斗的过程。它可以调动团队成员的所有资源和才智，并且会自动地驱除所有不和谐和不公正现象，同时会给予那些诚心、大公无私的奉献者适当的回报。如果团队合作是出于自觉自愿，它必将会产生一股强大且持久的力量。

其表现：成员密切合作，配合默契，共同决策和与他人协商；决策之前听取相关意见，把手头的任务和别人的意见联系起来；在变化的环境中担任各种角色；经常评估团队的有效性和本人在团队中的长处和短处。

案例

1+1 一定大于等于 2?

2004 年 6 月，拥有 NBA 历史上最豪华阵容的湖人队在总决赛中的对手是 14 年来第一次闯入总决赛的东部球队活塞。赛前，很少有人会相信活塞队能够坚持到第七场。从球队的人员结构来看，科比、奥尼尔、马龙、佩顿，湖人队是一个由巨星组成的“超级团队”，每一个位置上的成员几乎都是全联盟最优秀的，再加上由传奇教练菲尔·杰克逊对其的整合，在许多人眼中，这是 20 年来 NBA 历史上最强大的一支球队，要在总决赛中将其战胜只存在理论上的可能性，更何况对手是一支缺乏大牌明星的平民球队。

然而，最终的结果却出乎所有人的意料，湖人几乎没有作多少抵抗便以 1∶4 败下阵来。湖人的失败有其理由：OK 组合相互争风吃醋，都觉得自己才是球队的领袖，在比赛中单打独斗，全然没有配合；而马龙和佩顿只是冲着总冠军戒指而来的，根本就无法融入整个团队，也无法完全发挥其作用，缺乏凝聚力的团队如同一盘散沙，其战斗力自然也就会大打折扣。

明星员工的内耗和冲突往往会使整个团队变得平庸。在这种情况下，1+1 不仅不会大于或等于 2，甚至还会小于 2。在工作团队的组建过程中，管理层往往竭力在每一个工作岗位上都安排最优秀的员工，期望能够通过团队的整合使其实现个人能力简单叠加所无法达到的成就。然而，在实际的操作过程中，众多的精英分子共处一个团队之中反而会产生太多的冲突和内耗，最终的效果还不如个人的单打独斗。

在通常情况下，团队工作的绩效往往大于个人的绩效，但也不是那么绝对，这取决于团队工作的性质。如果团队的任务是要搬运一件重物，单凭其中一个成员的力量绝对搬不动，必须要两个以上的成员才能够搬动，这时团队的绩效要大于个人绩效，1+1 的结果会大于或等于2。但如果换成是体操比赛中的团体项目，最后的成绩往往会因为某位成员的失误而名落孙山，这时团队的绩效还不如其中优秀成员的个人成绩，1+1 的结果反而会小于2。

2. 团队合作的原则

在团队合作中，每一个团队成员还需要遵循以下 6 个原则。

1）平等友善

与同事相处的第一步便是平等。不管你是资深的老员工，还是新进的员工，都需要丢掉不平等的关系，无论是心存自大或心存自卑都是同事相处的大忌。同事之间相处具有相近性、长期性、固定性，彼此都有较全面深刻的了解。要特别注意的是真诚相待，才可以赢得同事的信任。信任是连接同事间友谊的纽带，真诚是同事间相处共事的基础。即使你各方面都很优秀，即使你认为自己以一个人的力量就能解决眼前的工作，也不要显得太张狂。要知道还有以后，以后你并不一定能完成一切，还是平等友善地对待对方吧。

2）善于交流

同在一个公司、办公室里工作，你与同事之间会存在某些差异，知识、能力、经历造成你们在对待和处理工作时，会产生不同的想法。交流是协调的开始，把自己的想法说出来，听对方的想法，你要经常说这样一句话："你看这事该怎么办，我想听听你的看法。"

3）谦虚谨慎

法国哲学家罗西法古曾说过："如果你要得到仇人，就表现得比你的仇人优越；如果你要得到朋友，就要让你的朋友表现得比你优越。"当我们让朋友表现得比我们还优越时，他们就会有一种被肯定的感觉；但是当我们表现得比他们还优越时，他们就会产生一种自卑感，甚至对我们产生敌视情绪。因为谁都在自觉、不自觉地强烈维护着自己的形象和尊严。

所以，对自己要轻描淡写，要学会谦虚谨慎。只有这样，我们才会永远受到别人的欢迎。为此，卡耐基曾有过一番妙论："你有什么可以值得炫耀的吗？你知道是什么原因使你成为白痴？其实不是什么了不起的东西，只不过是你甲状腺中的碘而已，价值并不高，才五分钱。如果别人割开你颈部的甲状腺，取出一点点的碘，你就变成一个白痴了。在药房中五分钱就可以买到这些碘，这就是使你没有住在疯人院的东西——价值五分钱的东西，有什么好谈的呢？"

4）化解矛盾

一般而言，与同事有点小想法、小摩擦、小隔阂，是很正常的事。但千万不要把这种“小不快”演变成“大对立”，甚至成为敌对关系。对别人的行动和成就表示真正的关心，是一种表达尊重与欣赏的方式，也是化敌为友的纽带。

5）接受批评

从批评中寻找积极成分。如果同事对你的错误大加抨击，即使带有强烈的感情色彩，也不要与之争论不休，而是从积极方面来理解他的抨击。这样，不但对你改正错误有帮助，也避免了语言敌对场面的出现。

6）创造能力

一加一大于二就已经是创新，但你应该让它大得更多。培养自己的创造能力，不要安于现状，试着发掘自己的潜力。一个有不凡表现的人，除了能保持与人合作以外，还需要所有人乐意与你合作。

总之，作为一名员工应该以你的思想感情、学识修养、道德品质、处世态度、举止风度，做到坦诚而不轻率，谨慎而不拘泥，活泼而不轻浮，豪爽而不粗俗，一定可以和其他同事融洽相处，提高自己团队作战的能力。

以上对当代大学生应具备的职业素质作了比较详尽的论述，希望大学生能够根据以上的论述得到一些启示，并自觉提高自身素质。其实，专业技能素质也是非常重要的素质，在这里就不再作专门的论述。大学生要在平时日积月累，打好扎实的专业基础，将来才能在行业里立于不败之地。

四、职业素质在就业过程中的作用

自1999年我国高校扩招以来，我国的就业形势发生了天翻地覆的变化。2000年大多数高校毕业生能够比较容易地找到自己满意的工作。可2005、2006这两年，就业形势相当严峻。2013年应届毕业生人数为699万，2014年应届毕业生人数更是达到破纪录的727万人。当前，面对各种类型的毕业生就业市场，有的人举步维艰，有的人挑花了眼，有的人一筹莫展。其中原因很多，如专业的“冷”与“热”，个人素质的差异，学历层次的不同，工作地点、条件、工资额的局限等。但是，要根据本人条件，求得合适的职业，关键要具备良好的个人素质。

2005年北京的某外企要在中国招聘20名员工，因为该企业是世界500强之一，本身实力雄厚，所以门槛也很高。在投递简历的1 600多人当中，有一半的应聘者就在第一轮思想品德的情景模拟面试当中落选；在第二轮的审美能力测试当中，仅有200多人通过本轮考试；在最后的专业技能测试中也仅有16人达到用人企业的要求。最后的这16位优胜者可以说是在德、智、体、美等多方面综合素质最高的应聘者，真可谓是百里挑一。

素质高低，是衡量一个人认识、适应和改造客观世界的潜在能动作用大小的重要依据。良好的个人素质，有助于本人更好地进行自我设计、自我调节、自我改进，加快自己全面发展的步伐，从而更有效地认识环境和适应环境，提高自己的就业机会。

用人单位总是希望招录本单位需要的人才，并且通过调查、笔试和面试等多种方式，尽可能地从众多求职者中选取优秀人才。用人单位不同，其职业类型不同，它们对求职人员的专业素质要求也不同。这是用人单位招聘员工时考虑的首要因素。但是，他们对应聘者的非专业素质，如思想品德、人文修养、生理和心理素质也都有既定的基本要求。只有符合他们要求的毕业生，专业素质和非专业素质皆优秀者，才更有被录用的把握。

因此，毕业生某些方面的素质较好，他就可能会符合某些用人单位的招聘要求而被录用；毕业生若在许多方面都有较好的素质，他对各种用人单位就会有较多的选择性，相对而言，找工作也比较容易。相反，如果本人素质不佳，要想谋求职业，单纯依靠父母，依靠他们的社会关系，依靠用钱买路等不正当手段，都是比较困难的；即使找到工作，如果力不从心，不能胜任，还是难免被淘汰的，因为没有任何一个用人单位愿意收留那种滥竽充数的“南郭先生”。许多外资公司，对新任职的员工，都要作相应的训练和培训，其中不仅包括理念和技能的训练和培训，更注重的是素质的培养和提高。据说，深圳蛇口有一家公司，专门设有公共关系部。凡新进公司的员工或不称职者，均在这里上班，处理一些杂事，从中考察每个人的表现和能力，以便决定新的任用或去留。实际上，各个用人单位均规定有新进员工的试用期，少则三个月，多则半年。在试用期里，用人单位将全面考察每个人的表现，从本单位的利益出发决定人才的去留。没有真才实学的人，不能给单位带来效益，那他就难以立足。

现在用人单位对人才的学历要求越来越高，学历层次高的博士、硕士研究生就业还相对容易一些。同时，职业资格证书也被看作获准在相应职业岗位就业的通行证。这是因为，一般来说，持有较高层次的学历或较高“含金量”的职业资格证就意味着知识渊博、能力强，意味着素质高，有真才实学，人才价值高，潜能较大。

一个班的几十名同学，毕业后，有些同学找到了自己理想的工作，而一些同学则没有找到自己满意的工作，甚至有些同学根本就没有找到工作。造成不同结局的原因固然很多，但有一点是肯定的，职业素质较高的同学，找的工作相对就好一些。总之，就业的成功与否，择业者的自身职业素质是最重要的因素。

五、大学生提高自身职业素质的途径

刚才已经论述过，职业素质在大学生的求职择业过程中是最重要的因素，那么作为即将走出校门，走向社会的大学生来说，就应想方设法地提高自身的素质。

提高自身素质，除了要求大学生在学校里努力学习专业知识和技能，锻炼自己的综合素养以外，还应该做到以下两个方面。

（一）积极参加各种就业培训

所谓就业培训，就是通过提高求职人员职业技能水平促进就业而开展的培养和训练活动。它与许多发达国家为了降低失业率，实现充分就业的做法一样，把积极开展就业训练作为调节劳动力供求平衡的重要政策和措施。我国的就业训练，是在20世纪80年代伴随着劳动就业制度改革而发展起来的一项新兴事业。十几年来，它与就业形势紧密结合，形成了一套为劳动者提高职业技能的服务网络。无论何种层次的人群通过就业训练，都可以提高技能，增强就业能力。

通过就业训练，培训对象不仅可以获得专业知识和岗位技能，还可受到职业道德、开拓精神、竞争意识的教育，为实现就业或再就业做好心理准备。对于即将自主择业的大学生来说，自己还需要学什么？如何学？社会上哪些行业、职业、岗位需要人？有何要求？怎样才能顺利就业？都可能获得全新的认识，而就业训练机构，也会进行相应的指导或咨询。因此，大学生应积极主动参加就业训练。

当然，目前社会上各种培训机构鱼目混珠，培训水准差异极大，大学生在选择培训机构的时候，一定要慎重，以防上当受骗。

（二）全面提高科学文化水平

在现代科学技术突飞猛进、生产发展越来越多地依靠人的智力和知识的今天，劳动者科学文化素质的高低，对生产发展、社会进步有着决定性的影响。社会的更新步伐逐步加快，一次性受教育的时代已经一去不复返，新时代的大学生必须学会终身学习，不能再有一劳永逸不再学习的思想。随着整个社会的产业结构在不断地演变、调整，产品和服务的科学技术含量在不断提高，信息技术、新产品、新技术、新材料、新设备正以前所未有的速度出现在社会的经济生活中，一个庞大的劳动力需求与供应的社会关系便在特定的时代产生了，并将长期延续下去。因此，作为劳动者，要想成为职业的主人，就不能有丝毫的懈怠，而应当不断地审视自身技能和未来职业的演变、发展方向，结合自身特点，以及职业生涯规划，通过各种方式为自己“充电”，重新塑造自我，以提高自身素质，增强职业竞争力，使得自己能在激烈的竞争中始终处于优势地位。

作为新时代的大学生，要提高自身的科学文化水平，可以从以下几方面入手。

（1）广泛学习，有广博精深的知识储备。现代社会对从业人员的文化素质、知识结构、知识技能共性的要求愈来愈多，不仅要具备宽厚扎实的基础知识，还必须具有广博精深的专业知识和大容量的新知识储备，要求从业者的知识程度高、内容新、实用性强。

（2）建立合理的知识结构。围绕自己的就业目标，对自己所掌握的知识进行系统性的整理、组合，形成系统知识，提高应对职场问题的能力。

（3）提高自身身体、心理素质。健康的体魄、良好的身体素质已成为人才竞争的物质资本。人们普遍认为德、才、学、识、体是人才的内在因素，而体是最基本的东西，是成长、成才的物质基础。同时，在社会急剧变革的今天，多种思想文化的激荡，新旧价值观念的冲突、激烈的竞争、物质生活的悬殊，社会生活和经济生活不协调等，无不冲击着大学生的心灵，引起了部分学生认知失调、心理失衡和行为失范。这都影响了毕业生的学习、生活和工作，也不利于就业求职。因而大学生必须加强心性修养，提高心理素质，要能正确评价自我，胸襟开阔、豁达大度、积极乐观；要正确对待挫折，克服期望值过高的心理，培养坚韧不拔的毅力；要克服自卑感，增强自信心，培养心理调试能力，以良好的心理素质去迎接挑战。

第二节 当代大学生要树立职业理想

案例

2013届毕业生小王来自云南罗平，直到当年3月份他还未落实工作单位。笔者去参加国家医药管理局的供需见面协调会，顺便将他的应聘材料带去帮他落实单位。刚好罗平有一家制药厂要他，专业对口，又是家乡，然而他本人的择业意向却是：单位地点必须在昆明市，至于到昆明的什么单位、具体做什么工作都无关紧要，除此以外，什么单位都不考虑。在这种心态下，结果自然难以如愿。

小王的思想在当前毕业生的择业过程中具有一定的代表性。不少毕业生过于向往经济发达地区，尤其是沿海地区的中心城市，最低的期望也是回自己家乡所在地的中心城市。他们只注重经济文化发达、工作环境优越的一面，而忽视了人才济济而相对过剩的一面，择业期望值居高不下，甚至还有逐年上升的趋势，从而导致主观愿望与现实需求之间的巨大落差。

像小王这样过分看重单位所在地的毕业生不在少数。在衡量单位是否符合自己的标准时，绝大多数毕业生选择效益好、工资高的单位，更多的毕业生要求单位地处大中城市，愿意到急需人才的边远地区和艰苦行业的毕业生少之又少。

通过这个案例，要提醒毕业生必须有一个合理的职业理想，不要自视甚高，当然也不要妄自菲薄。

一、职业理想的形成过程

理想是人们在实践中形成的具有可能实现的对美好未来的追求和向往。理想是人生的精神支柱，是鼓舞人们奋发向上、成就事业的强大动力。

一个人理想的形成，是随着他对社会认识的不断深化，以及他所参加的社会实践的发展而逐步形成和巩固起来的。人的本质的社会性，人类社会生活的多样性，人们对现实的认识和对未来想象的多层次性，决定了人们的理想是多方面的和多种类型的。从内容上看，理想可以概括为四个类型：生活理想、职业理想、道德理想和社会理想。

职业理想是指一个人对自己未来的工作部门、工作种类、职业类型、生活目标和事业前途所作的设计和规划。

职业理想不是与生俱来的，而是随着人的发育、成长逐渐形成的。一般来说，职业理想从产生、形成到发展、稳定，要经过以下这几个阶段。

（1）萌芽阶段（从5岁到10岁）的儿童，主要以感性思维模式来认识周围世界。当别人问及他（她）长大后想干什么时，总会立即得到一些明白的回答，如“当兵”“当厂长”“当歌星”等。儿童萌发的这些职业愿望是在家长、幼儿园和小学教师、广播电视的影响下形成的，属于一种天真烂漫的幻想或想象。

这种想象只凭一时的兴趣，没有考虑、也不可能考虑自身条件和社会需求，具有明显的模仿性、随意性和不稳定性。这虽然只是朦胧的职业愿望，还不能算是职业理想，但却表现了儿童对职业的幼稚构想。

（2）雏形阶段（从8岁到17岁），是少年到青年的过渡时期。随着身体的发育，生理和心理的变化，文化知识的增长，思维能力的增强，价值观念的形成，人对社会的复杂性逐渐有所认识，开始自己思考职业问题。这时，对职业的社会意义有所了解，既有自己的职业兴趣，又能审视个人的能力，从而产生了自己的职业理想。这种理想可能是单一的，也可能是多个目标并存的。这种职业理想的雏形具有相对的稳定性。但是，由于没有考虑到社会上的就业环境，加上个人知识和阅历的不断积累，这种雏形阶段的职业理想仍具有较大的可塑性。

（3）确立阶段（在18岁以后，大学时期），人的知识结构、专业技能等自身条件大体已经确定，对社会现实也有了切实的认识，能够以主观条件与社会需要相协调的观点来审视自己的职业理想，从而确立了某种职业理想。进而连就业地区、工作部门、具体单位、个人追求的目标和发展设想都作了具体考虑。

但是，由于个人知识能力的日益增长，对客观社会认识的逐步深化，人们头脑中的职业理想也会有所变化和调整。这在就业前后会表现得更加突出。通过就业后的客观实践，将帮助自己修正、肯定或调整、否定原来的职业理想。

（4）稳定阶段在大学生就业后，职业理想已被一种具体的职业岗位所代替。这个职业岗位与原来的职业理想未必能很好地吻合，多多少少要发生理想与现实的冲突。就业者要在这种冲突中磨合，逐渐适应，从而一天天成熟起来。这时，开始在理性的基础上进行思考，不再局限于用个人兴趣和愿望去看待职业理想，而更多的是考虑社会的需求，主动适应社会需求，确定比较稳定的职业理想。

当然，这种稳定仍是具有相对意义的稳定。它只能在一定时期内或长时间内保持不变。随着社会发展的需要和职业岗位的变迁，随着个人对职业生活的再认识，职业理想还可能有所调整和变动。

二、职业理想的功能

（一）职业理想是实现自我价值的精神支柱，是事业有成的推动力

一个人活着，总要干一番事业。要想在事业上建功立业，大多数情况下都需要在职

业理想推动下才能取得。无线电报的发明是马克尼梦想的结果；大西洋海底电缆是菲尔特青年理想的成功；斯蒂芬发明的蒸汽机是他早年做矿工时的梦想；罗杰斯则实现了他乘坐飞机飞上蓝天的理想。古今中外，有许多专家名人的卓越成就都是源于早先的职业理想。在力所能及的范围内，一个人追求的目标越高，潜能发挥得就越大。卓越的才华必然能产生辉煌的成就和业绩，而事业有成又体现了个人价值，直接提高了个人及家庭的经济收入、社会声誉、生活质量和交际层次等。

（二）职业理想对择业起着调控作用

人们一旦确立了职业理想，就会围绕这个目标去规划自己的学习和实践，去做各种有关的准备，创造就业条件。从开始接触大学生就业市场起，就是用个人职业理想去和各种用人单位所招聘的职业岗位“对号入座”的过程。由于客观上就业形势严峻，择业竞争激烈，许多人并不能一步到位地实现理想的职业选择。在根据实际的招聘信息择业时，总是围绕个人的职业理想去对招聘职位决定取舍。

三、职业理想的定位

人活着总要有一定的理想。在周围社会环境的影响下，大学生也都希望在事业上有所建树，开辟出一片天地。为此，作为未来的职业人，大学生必须依据自身情况，合理地定位自己的职业理想。

（一）大学生职业理想的一般倾向

就整个大学生群体而言，大学生的职业理想都具有某些共性。

（1）既追求专业对口，又关注经济待遇。大多数大学生都把专业对口、发挥个人特长、实现自我价值作为择业的第一要素。同时，面对现实，考虑到不同单位、不同职业之间的工资待遇差别很大，又不能不关注与具体职业相联系的经济收入。甚至，有的人把经济待遇作为择业的首要因素，并不把专业对口看得那么重要。下述事实可以说明这种职业理想的倾向性。

从对用人单位的选择上看，一种情况是偏爱大企业、跨国公司、三资企业，其目的在于按现代化经济模式就业，既有利于实现自我价值，又能获得丰厚的经济收入。另一种情况是总想找个比较安稳的、待遇较好的“铁饭碗”单位，选择国家机关、国有企业、科研单位等，这种情况内地人居多。至于经济发达地区的大学生，则更加重视用人单位的效益、待遇和前景。

从对就业地域的选择上看，集中于某些大城市和经济发达的沿海地区。许多大学生希望能进直辖市和一些省会城市就业。这虽然有利于个人取得良好的工作和生活条件，但由于和国家劳动力配置的需求不协调，因而实现起来难道较大。大城市的人才需要毕竟是有限的，而经济欠发达的中小城市、边远地区则急需大量各种人才。希望到经济特区、沿海地区的大学生比例也很高。这是由于改革开放后，这些地区经济的高速发展拉大了与内地的差距，这些地区的竞争环境、人才紧缺和经济待遇优越，强烈吸引着内地大批人才和毕业生的涌入，形成了“孔雀东南飞”现象。

（2）追求社会地位较高、安全而稳定的职业。从事一份社会地位较高、有安全感和比较稳定的工作，是相当一部分大学生的职业追求。这些人选择的工作单位集中于国家机关、金融机构、科研部门、高等院校、新闻媒体、大型企业等。相对而言，这些单位的工作，收入不是很高，但十分稳定，基本上可以说是手中捧着的“铁饭碗”，“旱涝保丰收”。如果手里再有些权力，它可能变成“摇钱树”，获得不少灰色收入，甚至是本人工资收入的几倍、几十倍。

（3）用人单位的所有制性质不再是关注的重要目标。随着多种所有制经济成分的共同存在与发展，人们头脑里那种传统的热衷于公有制单位、鄙薄非公有制单位的观念逐渐被淡化。越来越多的毕业生在择业时，主要关心的不是用人单位的所有制性质，不再是干部编制或户口指标，而是它的发展趋势以及给自己的发展空间和个人经济收入。一些毕业生认为，在严峻的择业形势下，关键问题是先就业，不拘泥于是什么单位；先取得经济独立，然后再考虑进一步发展，甚至等有了经济基础以后，可以另立山头自主创业。有一些毕业生甚至为了留在大城市三资企业工作，不惜放弃自己的档案和户籍。

合理地给自己的职业理想定位，不但有利于择业的成功，而且能促进就业后的个人发展，建功立业。要做到这一点，并非一朝一夕之事，它贯穿于一个人的多半职业生涯中，需要长期的摸索。

（二）职业理想的定位

大学生在给自己的职业理想定位时，应坚持以下原则。

（1）职业理想的定位要符合社会需求。职业理想是一个人对职业的向往和追求，只有在现实社会有相应的需求而个人条件又符合标准时，它才能够实现。职业理想一旦实现，个人的才华就能得到充分发挥，为社会作出贡献，同时展现了自我价值。但是，如果一个人的职业理想与社会现实之间存在有这样或那样的矛盾，他的职业理想就难于实现，就需要自我修正。因此，确立职业理想，必须和我国经济建设的实际需要结合起来。

（2）职业理想的定位要从自身实际条件出发。任何人对未来都充满希望，都有远大理想。远大理想是通过从事某种职业而实现的。职业理想的定位要从个人素质、个性、特长等自身条件出发，不可过高，也不可过低。如果过高，脱离了自己的实际能力，将成为难于实现的美好幻想，会给自己带来失望和痛苦；如果过低，“大材小用”，自己的潜能得不到发挥，限制了自己有更大作为，失去本可获得的更好前程。这就需要对自身有一个全面、准确的了解。

（3）职业理想的定位要与正确的就业观念相结合。在社会主义市场经济体制下，大学生就业走向社会化。对于未来若干年国内就业的严峻形势，必须要有足够的认识。

绝不可能把自己的职业理想作为择业的唯一标尺，不可等待就业安排。要根据客观需要的条件来调整自己的职业取向，向实际需要的职业岗位靠近，要跑市场寻求职业。应当树立“先就业后择业”“哪里有事业，就到哪里立业”的务实观念。

（4）职业理想需要在发展中调整。随着我国工业化和现代化进程的高速推进，产业结构调整和经济增长方式的巨大转变，原有的职业内涵不断发生变化，新增的职业岗位陆续出现。因此，职业理想的策划并非可以“毕其功于一役”，而是要与时俱进的。刚就业时认为基本上实现了的职业理想，经过几年的实践，可能会觉得不再理想了。也许，通过学习和钻研掌握了新技术岗位的技能，自己发现在职位上还有再上一个台阶的潜能。这种调整职业理想的冲动，将促使个人认真思考、重新确立更高的职业目标。也许相反，岁月的磨炼使自己意识到原先选定的职业理想实现起来太困难，在工作岗位上感到力不从心或疲于奔命。由此产生的降低职业目标的念头，也会促使自己作出相应的调整。不论调整的方向是高是低，都是根据个人的真实能力来为职业理想定位的。其目的都是要找准最适合自己的职业岗位，以便做到人尽其才，实现自我价值，为社会作出贡献。

第三节　企业对人才的评价标准

案例

2012 年，对于即将大学毕业的小刘来说，是一个幸运年，因为他是全班同学中第一个成功找到工作的人。

小刘是市场营销专业大四学生。新年伊始，已进入大学最后实习阶段的他，和众多学友一样开始寻找工作。在 2 月 3 日举行的市人才市场新春大型招聘会上，他选择了市内某大型商场品牌家电的销售岗位。为了应聘成功，他利用招聘会前的一周时间，对该品牌的家电产品作了细致的市场调查，从市场份额、产品性能到竞争对手等各方面的情况都作了详细的了解，并拿出了一份翔实的市场调研报告。最后，他击败了众多高学历的竞聘者而被录用。

小刘针对目标公司和岗位，结合自己的专业知识，提供了可行性调研报告。用人单位最希望的就是招聘到的人能实实在在干工作，能给单位创造价值。

一、当今社会人力资源结构

当今社会，由于社会结构、社会阶层的变化，社会的人才标准、人才结构也随之发生了相应的变化。现在社会的人力资源结构呈现出橄榄型人才结构：两头小中间大，高级人才与平庸人物不多，中间一般层次的人才占大多数。总体来说，当今社会的人力资源结构主要包含以下几方面。

1. 干才群体

干才在社会人才结构中占有大部分群体，他们通常比较务实，非常精干，工作踏实，有一定工作经验和实务操作能力。他们具有一定的指挥能力，能熟练示范操作，并带领下属很好地完成任务。

2. 将才群体

将才在社会人才结构中占的比例较小，他们通常在企业里担任一个部门（或项目）的领导、管理工作。他们具有专业知识，能制订业务计划，组织、指挥、激励、监督下属，执行坚决、修正及时。

3. 帅才群体

帅才在社会人才结构中的比例就更小，他们是领袖型、统帅型人才，如企业的职业经理人等。他们有全面管理企业的能力，熟悉企业的宏观控制和微观运作。他们对组织以外的事物也能产生兴趣，他们的敏感性、判断力、决策力、精力、韧性都很强，有卓越的创新意识，执行坚决、修正及时，有很强的人格魅力。

4. 通才群体

通才又称复合型人才。这种人才在社会人才结构中也相对稀少，他们具备丰富的知识，有较全面的工作经验，在企业中至少能担任或从事三种以上不同的相关工作。

二、企业评价人才的标准

企业的竞争，归根结底是人才的竞争，人才是企业的根本，是企业最宝贵的资源。因此，如何选择优秀的员工为公司工作，已经成为企业生存与发展的决定因素。换言之，从业人员的素质高低极大地影响着企业的成败。

一般来说，企业所需要的人才都要具备以下各项条件。

（一）有良好的工作态度和敬业精神

近来，对企业用人需求的调查结果表明，工作态度和敬业精神是企业遴选人才时应优先考虑的条件。对企业忠诚和工作积极主动是企业最欢迎的人，而那些动辄想跳槽，耐心不足、不虚心、办事不踏实的人，则是私营企业最不欢迎的人。

一般来说，人的智力相差不大，高的工作成效往往取决于良好的工作态度，以及勇于承担任务及责任的精神。在工作中遇到挫折而仍不屈不挠、坚持到底的员工，其成效必然较高，并因此而受到公司老板和同事们的器重和信赖。

（二）有较高的专业能力和学习潜力

现代社会分工越来越细，各行各业所需专业知识愈来愈专、愈精。因此，专业知识和工作能力已成为企业招聘人才时重点考虑的问题。但在越来越多的企业重视教育培训、自行培养人才的趋势下，新进人员是否具备专业知识和工作经验已不是企业选择人才所必须具备的条件，取而代之的是该人接受训诫的可能性，即学习潜力如何。

所谓具有学习潜力，是指素质不错，有极高的追求成功的动机、学习欲望和学习能力强的人。现在有越来越多的企业在选择人员时，倾向于选用有学习潜力的人，而不是已有那么一点专业知识的人。近来，企业更流行的做法是在招聘人员时加考其志向及智力方面的试题，其目的在于测验应聘者的潜力如何。

（三）道德品行好

道德品质是一个人为人处事的根本，也是公司对人才的基本要求。一个再有学问、再有能力的人，如果道德品质不好，将会对企业造成极大的损害。

但丁曾说过，一个人知识的缺乏，可以用勤奋来弥补，但是一个人道德的缺乏是无法弥补的。现在，越来越多的企业在招聘员工的时候，非常重视应聘者的人品，在这方面表现很差的员工很容易被淘汰。

（四）反应能力强

对问题分析缜密，判断正确而且能够迅速作出反应的人，在企业很受欢迎。他们在处理问题时比较容易成功，尤其是私营企业的经营管理面临诸多变化，几乎每天都处在危机管理之中，只有抢先发现机遇，准确掌握时机，妥善应对各种局面，才能立于不败之地。

一个分析能力很强，反应敏捷并且能迅速而有效地解决问题的员工将是企业十分重视而大有发展前途的人才。

（五）善于感知新事物

现代社会，科学技术的发展日新月异，市场竞争瞬息万变，企业如要想持续进步，只有不断创新，否则，保持现状即意味着落后。企业所开展的一切工作都是以人为主体的，因此拥有学习意愿强、善于感知新事物、能够接受创新思想的员工，企业的发展必然比较迅速。

（六）具有较强的沟通能力

随着社会日趋开放和多元化，沟通能力已成为现代人们生活必备的能力。对一个企业的员工而言，必然要面对老板、同事、客户等对象，甚至还需要处理企业与股东、同行、政府、社区居民的关系，平时经常会有与其他单位或个人进行协调、解说、宣传等工作，沟通能力的重要性由此可以窥见一斑。

（七）具有合作精神

在当今的社会里，一个人再优秀、再杰出，如果仅凭自己的力量也难以取得事业上的成功，凡是能够顺利完成工作的人，必定要具有集体主义精神。

员工在个性特点上要具有集体主义精神或合群性，几乎已成为各种企业的普遍要求。个人英雄主义色彩太浓的人在企业里不太容易立足，因此想要做好一件事情，绝不能仅凭个人爱好独断专行。只有通过不断沟通、协调、讨论，优先从整体利益考虑，集合众人的智慧和力量，才能作出为大家接受和支持的决定，才能把事情办好。

（八）良好的身体状况

一个能够胜任工作的员工，除了品德、能力、个性等因素外，健康的身体也是重要因素。所以，成功的事业寓于健康的身体，一个身体健康的员工，做起事来精力充沛，干劲十足，并能担负较繁重的工作，不致因体力不支而无法完成任务。

（九）能够清晰地认识自我

对人生进行规划或设计的思想近来逐渐受到人们的重视。所谓人生设计，是指通过对自我的了解，清晰地认识自我，才能选择合适的工作或事业，投身其中并为之奋斗，对财富、家庭、社交、休闲等进行切实可行的规划，以满足自己的期望。

人生目的明确、自我能力强的员工不会人云亦云、随波逐流。他们即使面临挫折，也能努力坚持，不会轻易退却，因而能在生产或其他工作中发挥主观能动性。

（十）对周围环境有很强的适应能力

企业在遴选人才时，必然注重所选人员适应环境的能力，避免提拔个性极端或太富理想的人，因为这样的人较难与人和谐相处，或是做事不够踏实，这些都会影响同事的工作情绪和士气。

新人初到一个公司工作，开始时必然感到陌生，但若能在最短的时间内熟悉工作环境，并且能与同事和睦相处，取得大家的认同和信任，企业必定重视这名员工的发展潜力。反之，如果过于坚持己见，处处与人格格不入，即使满腹才学，也难以施展。

三、由优秀的大学生转变为出色的职业人

十年寒窗，终于要走出校园，走上一直向往的工作岗位。但是，当许多同学怀着美好的憧憬，希望把自己多年来学到的本领去充分施展的时候，却发现自己的想象和现实有很大的差距，遇到了许多自己不曾遇到甚至不曾想过的问题，给自己的工作和生活带来了诸多烦恼。对于一个即将毕业的大学生来说，如何才能适应新环境，有所作为呢？

首先，大学生要树立积极正确的观念。刚走出校园的大学生们，大都自视较高，有着“天高任鸟飞，海阔凭鱼跃”要创造一番宏伟业绩的抱负。然而，随着高校教育的逐步大众化，大学生的就业已然从精英化走向大众化。这一点在服务行业表现得尤为明显，到酒店就业的大学生就往往被要求从基层的服务接待工作做起。对此，大学生们往

往或多或少地感到自己受到了不公正的待遇，许多人甚至说自己是“吃的是杂粮，干的是杂活，做的是杂人”。他们似乎觉得自己大学毕业，当然就应该直接从事管理工作，要不，有什么必要上大学呢？应该说，大学生做服务员，确有“人才高消费”之嫌，但这是由酒店行业的特殊性决定的。正如广州一家五星级酒店的人事总监所说，每年酒店招聘的应届毕业生必须到基层去锻炼，目的只有一个，在两到三年的时间内，熟悉酒店服务的每一个环节，为将来走上管理岗位奠定基础。因此，大学生们不能牢骚满腹，而应该调整心态正视现实，接纳现实，正确地了解、认识自己，恰当地评价自己，将主观愿望与客观实际结合起来，提醒自己一切归零，从头开始，确立健康、坚定的择业心态：没有最好的工作，只有最合适的工作；没有一劳永逸的工作，只有不断接受挑战的工作。这样才能找到自己的就业之路，实现自己的人生价值。

其次，大学生要尽快地实现角色转变。人在社会上的角色是变化的，大学生毕业也就意味着要承担新的社会角色。大学生角色与职业角色的不同点主要表现为：前者是作为受教育者，接受经济供给和资助，逐步掌握本领，完善自己的过程；而后者是用自己已经掌握的本领，通过工作为社会作贡献，以自己的行为承担社会责任的过程。大学毕业生往往迷恋大学生那种无忧无虑的自由角色，而一时不能适应新的社会角色。其实，大学生们只要能做好以下几方面，就能尽快地实现角色转变。

（1）安心本职工作，甘于吃苦。常言道：“老老实实地做人，踏踏实实地做事。”我们有理由相信，成功必将属于有这样的信念并能付诸实践的人们。实践过程中的坎坷和磨难虽然会给事业的成功带来阻力，但它能激发人们的进取心，磨炼人的意志。

（2）放下架子，虚心学习。许多事实证明，大学生只有放下架子，甘当“小学生”，一切从头学起，才能与你周围的人打成一片，才能学会为人处事，并在业务上有长进，成为真正有用的人才。

（3）善于观察，勤于思考。经验证明，只有善于观察、勤于思考，才能发现问题并用自己的知识和能力来解决实际问题，这样才能培养自己的独立工作能力。

（4）勇于承担重任，乐于奉献。大学生奔赴工作岗位后，应当从一开始就严格要求自己，树立高度的主人翁责任感和积极的奉献精神，不计较个人的得失，努力承担岗位责任。

（5）注意调整生活方式。首先，作息时间的变化要适应。有些企业里的许多岗位都是三班倒，其中的规律需要适应。其次，由于南北方的生活习性、饮食结构、风土人情等差别，大学生们要学会调整自己，培养新的生活习惯，顺利渡过异地生活关。

（6）学会安排自己的业余生活。在学校里，课余有作业，晚间有自习，周末有丰富的文化活动。参加工作以后，业余时间的学习和文化生活，主要靠自己来支配、安排，不善于支配自己的业余生活，将很难适应新环境。

（7）收支要有计划。在学校的时候，吃饭、住宿都不用自己操心，花钱也都是父母给，工作了就完全不一样了，如果对自己的收支没有计划，不能协调好工作与生活的关系，即使没有被工作累垮，也会被生活中的琐事拖垮。

本章小结

对于即将走向职场的大学毕业生，都有自己的理想与目标，理想与目标之间总是存在着巨大的差距，我们只有不断提高自身的素质，勇敢地面对困难，尽快完成从“学校人”到“职业人”的转变，逐步提炼自己的职业含金量和竞争优势，才能更好地实现自己的就业目标，实现自己的人生理想。了解当前企业用工需求，了解社会发展需要，有的放矢地提升自身素质。我们相信，只要大家作了充分的准备，好的工作岗位和心中的理想就会离大家越来越近。

思考题

1. 小于在接到一家用人单位的面试通知后，整整一夜思前想后地没有睡好觉，总是考虑见到面试考官后应该说些什么。第二天当小于见到考官的时候，立刻脸红并感觉心跳加快。回答考官的问题时，嘴唇都有些颤抖。从招聘单位出来，小于感觉很颓丧，觉得自己好像只适应校园的生活，校外的世界很陌生。试分析他的问题出在哪。

2. 大学生应如何提高自身的职业素质?

3. 大学生在给自己的职业理想定位时，应坚持哪些原则?

4. 企业欢迎哪些人才？谈谈你的看法。

5. 小赵携带几十份简历去参加招聘会。他想应聘一家贸易公司的业务员一职，可该企业半小时就收到100多份求职表。小赵觉得机会渺茫，便又去应聘一家经贸公司的文秘岗位，这个岗位同样应聘者如云。一天下来，小赵的简历虽都发出去了，但工作连个影儿也没有。小赵情绪很低落。试分析一下他求职过程中的问题是什么。

第四章

大学生择业心理问题及调适

内容提要

近年来，大学生在严峻的就业形势以及择业的观念影响下产生了一系列择业心理问题及各种不适宜的行为表现。择业心理问题已成为大学毕业生常见的问题之一。由于择业问题的复杂性和当前大学生就业竞争日趋激烈，刚刚走向社会的大学生面对择业不可避免地遇到了各种困难、挫折和冲突。对这些问题如果不及时克服和消除，将会使大学毕业生产生不正确的择业过程和结果。本章全面分析了大学生择业过程中出现的心理矛盾、心理误区和心理障碍，系统提出了常用的心理调适方法，引导大学生走出择业心理误区，排除心理障碍，以积极的心态科学择业。

学习目标

1. 了解大学生在择业过程中容易产生的心理问题。
2. 掌握大学生在择业过程中的心理调适方法。
3. 树立正确的择业观念，学会以积极的心态择业。

案例导入

蓉蓉（化名）是个漂亮的女孩，因为气质好，有人说她长得像新闻女主播。在学校里，她是校学生会副主席、学校广播站的播音员。谁也想不到，就是这么一个优秀的女孩，在就业的压力中却患上了精神分裂症，三次试图自杀。家人已将她送住市精神卫生中心。

在市精神卫生中心，记者对病情已经稳定的蓉蓉进行了采访，蓉蓉讲述了令她心酸的求职经历。

“2 月 26 日，我把自己打扮得很漂亮，爬到宿舍楼的顶楼，站在楼顶，想从最高处跳下去。”蓉蓉就那样站着，没有人注意她。楼下路右边不远处有一个很漂亮的湖，湖边有一棵柳树，几个学生围坐在一起看书，听着扩音器里放送的歌曲。看着楼下来来往往的同学和老师，蓉蓉很羡慕，她们都很快乐地生活着，而为什么快乐离她就那么远呢？

就在蓉蓉准备跳下的一瞬间，她突然改变了主意，她不想这样死：我生前是一个没有太多人关注的人，死后也不想太多人关注。我这么跳下去，一定会有很多人来围观。哪怕死了，他们这样围过来，我也会觉得很不自在。蓉蓉觉得应该换一个死法，让自己死得漂亮点、安静点。于是，她将跨出去的那只脚悄悄地收了回来。

回到宿舍，蓉蓉又开始发呆。面对竞争的压力，面对复杂的人际关系，蓉蓉感到迷茫、恐惧。“郁闷的大四时光”成为她的口头禅。

3 月 1 日，蓉蓉已经两天未进食，这一天她选择了割腕自杀。当老师们赶到宿舍时，她“眼中充满恐惧，手里仍紧紧攥着一块刀片”。

就在自杀的前一周，蓉蓉报考省城一所中学的图书馆管理员，没想到竟有 1 300 多名大学生参加考试。她觉得自己没戏了，因为一点儿音讯都没有。而这样的经历，她在半年内已有 52 次。

之前她并不悲观，作为本地生源，找份工作应该没有问题。单单是她那一沓厚厚的奖学金证书和做学生干部的优越经历，都能使她迅速脱颖而出。但她突然发现，自己并不像大家所说的那么有优势，很多时候，甚至根本轮不到自己充分表达就被招聘单位礼貌地打发走了。

为了得到一份不太坏的工作，她甚至专门挑一些冷门单位应聘，如与所学的历史专业相关的研究院、博物馆之类，“对此感兴趣的人很少，薪水也不高，竞争应该不激烈”。但出乎意料的是，投了几个月的简历，她一次次被拒绝。打击最大的一次是去年 12 月，她得知心仪的博物馆招人，却“不要女生”。蓉蓉苦苦哀求，“至少收下简历吧”，但招聘人员称，“我们现在不招女生，哪怕你再优秀”。这样的遭遇让她的自信心大大受挫。

当初有同学认为，凭着优良的学习成绩，不错的外在形象，以及做过学生会主席的经历，蓉蓉肯定是最早签约的一个，“但现在看来，我让大家都很失望”。

整整半年，面试 52 次，参加 25 场招聘会，简历递出不计其数，结局还是空手而归。

在蓉蓉母亲王莉（化名）的回忆中，女儿的改变始于今年春节。有时一个人坐着发呆，眼睛看人时一动不动。王莉记得女儿曾好几次说，“压力大，不好找工作”。聊天中，王莉感觉出女儿的浮躁和茫然，但却没有回应，她认为这是人生必经的一个历程，女儿只是在向她表达困惑而已。

此前，蓉蓉在宿舍割脉自杀幸被救起。然而回家一周后，蓉蓉第二次割脉自杀，这次多亏父亲发现及时。经过两次自杀后，家人对她的一举一动都十分注意，生怕她再做傻事。

2007 年 3 月 27 日上午，蓉蓉趁家人都不在家，将两枚大号缝衣针插入自己腹部。

蓉蓉三次自杀，差点送命。家人认为，蓉蓉的这种行为已经不是孩子气的“自杀”

姿态，而是精神出了问题，于是她被送到医院。

王莉对记者低声说道：“是分裂症，向学校请了假，在医院休养。”目前，蓉蓉的病情比较稳定。“这孩子太懂事，把什么都藏在心里了。”王莉叹了叹气：“读书读太多了，做出这样的傻事。”

第一节　大学生择业的心理问题

面对纷繁复杂的就业市场，大学毕业生的择业心理呈现多元化。面对就业择业，大学生的心理是复杂而多变的：一方面，为自己即将走向社会，将所学的知识和本领用于社会，实现自己的人生价值而感到由衷的高兴；另一方面，面对日益严峻的就业形势，毕业生也常常担心自己的前途，担心将来的工作不满意，或者找不到工作，心理表现为患得患失。从近几年毕业生的择业情况看，大学生在择业时，常常会产生一些心理问题，轻者表现为一些消极心理，重者发展为心理障碍，如果不及时克服和消除，将会影响大学生的择业过程和结果，甚至会导致刚走出校门的毕业生精神萎靡不振、丧失进取精神等严重后果。

一、大学生择业中的心理障碍

（一）焦虑

焦虑是指无明显原因的恐惧、紧张发作。在择业过程中，很多毕业生都会出现不同程度的焦虑心理。调查表明，有 20% 的毕业生在择业中出现明显的焦虑状态。引起毕业生焦虑的主要问题：自己的理想能否实现，是否能找到一个适合自己专业特长、工作环境优越的单位？用人单位能否选中自己？屡屡被拒绝怎么办？所选择的单位是否是最佳的选择？等等。特别是一些基础学科专业或学习成绩不佳、学历层次不高的大学生，表现得更为焦虑。处于焦虑状态的大学生，往往会出现情绪上紧张烦躁、心神不宁，意志消沉、萎靡不振，严重影响正常的学习和生活以及择业。

择业焦虑心理的一种特殊表现就是急躁。在职业未最终确定之前，大学生普遍存在急躁心理。恨时间过得太慢，怨用人单位优柔寡断。急躁心理还反映在选择单位上，在对用人单位了解较少的情况下，就匆匆签约，一旦发现未能如愿，又后悔莫及。尤其是在规定的期限内未落实单位的一些学生，心理更为急躁。急躁是一种不良的心境，它使人缺乏自我控制能力，会导致事倍功半甚至事与愿违的结果。

（二）自卑

自卑现象多见于自我意识发展不健全的大学生，特别是部分女大学生、性格内向或有生理缺陷的大学生。在择业中，他们往往缺乏自信心，缺乏勇气，不敢竞争，尤其在遇到挫折时，这些大学生很容易产生强烈的自卑心理，胆小，畏缩，觉得自己事事不如人。自卑不仅使一些学生悲观失望、忧郁孤僻、不思进取，而且有碍于自身聪明才智的正常发挥。过度自卑，还会产生精神不振、心灵扭曲以及沮丧、失望、孤寂、脆弱等心理现象。

（三）孤傲

这部分毕业生自认为高人一等，傲气十足；或认为自己满腹经纶，各方面条件都不错，应该有个好的归宿。在择业时，他们往往好高骛远，期望值很高，对用人单位横挑鼻子竖挑眼，很难找到自己满意的工作。一旦产生自傲心理，很容易脱离实际，以幻想代替现实，使自己择业目标和现实产生很大反差，如果未能如愿，他们的情绪就会一落千丈，从而产生孤独、失落、烦躁、抑郁的心理现象。

案例

某名牌大学学子毕业后到中国科学院某研究所工作，对于所里只安排他做一些事务性工作，没有安排他作相关研究很不满意，甚至发展到以怠工的方式对付所里安排的工作，结果半年后被辞退；后来他又到深圳一家台资企业工作，试用期没过就又被解聘。一次次的打击，加之又没有得到及时的休整和恰当的心理调养，他最后竟得了严重的“精神抑郁症”，成为丧失基本生存能力的人，现在能否彻底治愈，就很难说了。

（四）怯懦

怯懦是一种“丑媳妇怕见公婆”的人际心理障碍。有的大学生在求职面试中常常出现面红耳赤、张口结舌、语无伦次的现象，对面试前辛辛苦苦准备的“台词”、腹稿忘得一干二净。有的谨小慎微，生怕一句话说错、一个问题回答不好会影响自己留给用人单位的印象，以致不敢放开说话，没有把自己的特点和优势表现出来。这些同学渴望公平竞争，但在机遇到来时却手忙脚乱，未能充分发挥出自己的才能。怯懦心理多见于一些性格内向的大学生。

（五）沮丧

沮丧是遇到挫折后的一种消极心理反应，是逃避现实、缺乏斗志的表现。当一些大学生在择业中因受到挫折而感到无能为力、失去信心时，会出现不思进取、情绪低落、意志麻木等反应。他们自认为看破红尘、心灰意冷，决计听天由命，任凭发落。冷漠心理的一种特殊表现是逃避，他们对前途失去信心，看不到未来的希望，对未来采取一种无动于衷的态度，这种心理是与就业的竞争机制和社会环境不相适应的。

（六）问题行为

问题行为是指违背社会行为规范的不良的行为。在择业阶段，一些毕业生因个人需要不能满足或遭受强度较大的挫折，加之平时缺乏应有的品德与个人修养，而容易发生问题行为。常见的有逃课、损坏东西、对抗、报复、迁怒于人、拒绝交往、进行不良交往、过度消费、嗜烟、嗜酒等。问题行为是毕业生在遭受挫折后的一种不良的、过度的宣泄和反应，不但于事无补，还可能导致违法犯罪，加重对自己的伤害。

二、影响就业的个性因素

个性是指个体在先天素质与后天环境共同作用下形成和发展起来的，具有一定稳定性和倾向性的各种心理特征的综合。个性由个性倾向性和个性心理特征两部分组成。个性倾向性包括需要、动机、兴趣、理想、信念、世界观等；个性心理特征包括气质、性格、能力等。下面就兴趣、气质、性格、能力几种个性对大学生就业的影响作一分析。

（一）兴趣的影响

兴趣是个体积极探究某种事物或进行某种活动的倾向。兴趣分为直接兴趣和间接兴趣两类。直接兴趣是因对事物和活动本身感到需要而产生的兴趣。间接兴趣是因对活动的结果感到需要而产生的兴趣。兴趣具有动力性、方向性，也有着积极和消极之分。

大学生在就业过程中，许多心理和行为受兴趣影响。与就业有关的能够引起大学生直接兴趣的事物和活动主要包括：职业性质、酬金、用人单位效益和所处地理位置等，就业政策、交流通报、招聘活动、双向选择市场、毕业推荐会、应聘技巧培训、介绍用人单位的文字、音像资料等也会引起他们的直接兴趣。

与就业有关的能够引起大学生间接兴趣的事物和活动主要包括：公关礼仪训练、管理知识讲座、杰出校友与优秀人物的事迹报告与展览、各类职业的现状与未来发展介绍等。

在毕业生就业的全过程中，学校和用人单位都要尊重和爱护学生健康的求知兴趣，因为这些兴趣很可能就决定了他们的选择，甚至影响他们一生的前途命运。

（二）气质的影响

气质是人的个性心理特征之一，它是指在人的认识、情感、言语、行动中，心理活动发生时力量的强弱、变化的快慢和均衡程度等稳定的动力特征。气质是人典型的、稳定的心理特点。一些心理学家把气质分为多血质、胆汁质、黏液质、抑郁质四种类型。日常生活中，只有少数人属于典型性气质类型，大多数人是介于各种类型之间的混合型。这四种气质特点如表 4-1 所示。

表 4-1　气质类型与高级神经活动类型对照表

<table>
<tr><th colspan="4">神经系统基本特质</th><th rowspan="2">气质类型</th><th rowspan="2">主要心理特征</th></tr>
<tr><th>强度</th><th>平衡性</th><th>灵活性</th><th>特征组合的类型</th></tr>
<tr><td>强</td><td>不平衡</td><td>不灵活</td><td>不可遏制型</td><td>胆汁质</td><td>感受性低、耐受性高，不随意反应性强并在反应中占优势，情绪兴奋性高，抑制能力差，反应速度快而不灵活，外倾性明显</td></tr>
<tr><td rowspan="2">强</td><td rowspan="2">平衡</td><td>灵活</td><td>活泼型</td><td>多血质</td><td>感受性低、耐受性高，不随意反应强烈，外倾性、可塑性较强，情绪兴奋性高且外部表现明显，反应速度快而明显</td></tr>
<tr><td>不灵活</td><td>安静型</td><td>黏液质</td><td>感受性低、耐受性高，不随意反应性与情绪兴奋性均低，内向性明显，外部表现少，反应速度慢且具有稳定性</td></tr>
<tr><td>弱</td><td></td><td>不灵活</td><td>弱型（抑制型）</td><td>抑郁质</td><td>感受性高、耐受性低，不随意反应性低，严重内倾，情绪感受性高且体验深，反应速度慢且深刻、不灵活</td></tr>
</table>

气质没有好坏之分，只是具有不同的特点，每一种气质都有其积极和消极方面，并不决定一个人的社会价值和成就的大小。但气质类型对职业生活的影响又很大，大学生在择业过程中要考虑到气质因素。

胆汁质人员的积极方面：精力旺盛，工作主动性强，能以极大的热情投身到所从事的事业。热情直率，容易与周围的人建立联系，有利于在领导活动中接近群众、联系群众。思维敏捷，反应迅速、行动快，有很强的决断能力。办事果断不拖拉，工作效率高。消极方面：脾气暴躁，压不住火，不利于处理各方面的人际关系，缺乏耐性，工作带有明显的周期性，不利于自己所属群体完成艰苦而持久的工作，工作也不容易深入细致。

多血质人员的积极方面：思想活跃，反应迅速，接受新事物快，有利于领导活动的创新灵活，适应性强，具有很强的应变能力。机智比较突出，能适应各种复杂情况，善于交际，富有同情心，有利于处理与他人各方面的关系。消极方面：情绪不稳定，易于变化。工作持续性差，容易见异思迁。决策易轻率，缺乏深思熟虑。

胆汁质、多血质的人不适合从事单调机械的工作和要求细致的工作。而管理、导游、外交、公安、军官等职业更适合于他们。

黏液质人员的积极方面：沉着、冷静，在处理问题和决策过程中比较稳妥，坚韧、注意力稳定，有实干精神。工作比较踏实，有很强的坚持性。情绪不外露，交际适度，善于忍耐自制，因而能给人以良好的心理影响。消极方面：灵活性差，接受新事物较慢。刻板、缓慢，不利于在当前高速多变、高度竞争的条件下工作。比较内向，人际交往不深刻。黏液质是慢性子，适宜的工作有会计、法官、调解人员、管理人员、外科医生等。

抑郁质人员的积极方面：具有很强的感受性，因而观察比较细致、深入，直觉性强，分析问题比较深刻，预见性强，布置工作比较细致、周到。消极方面：行为孤僻，不善交际，因而不利于接近群众。感情脆弱，难以忍受强刺激，意志坚韧性较差，优柔寡断，多忧多虑，在风险决策的重要关头往往不能当机立断。抑郁质的人适合承担的工作诸如打字员、校对员、检查员、化验员、数据登录人员、文字排版员和机要秘书。

总之，对于要求做出迅速、灵活反应的工作，多血质与胆汁质的人是比较胜任的人选，而黏液质、抑郁质的人则往往难以适应；相反，对于要求细致、沉稳的工作，黏液质、抑郁质的人较为合适，而多血质、胆汁质的人却不是最佳人选。

案例

四种不同气质类型者的表现

地点：某剧场门口。

时间：演出开始十分钟后。

人物：查票员和四位迟到的观众。

情节：剧场规定演出开始十分钟后不许入场。四位迟到者面对查票者的同一说明则表现各不相同。

第一位：大吵大嚷，怒发冲冠。

第二位：软硬兼施，找机会溜进去。

第三位：不吵不嚷，虽然遗憾但还是理解剧院的做法，并自我安慰“好戏都在后头”。

第四位：垂头丧气，委屈万分。认为自己总是很倒霉。

这四位迟到者的气质类型如下：第一位为胆汁质，他具有脾气急躁、易冲动的典型特征；第二位为多血质，表现出灵活、反应快的特征；第三位为黏液质；第四位为抑郁质。他们的表现分别反映了各自的气质类型特征。

瑞士心理学家荣格对气质还作过更深入的研究。他把人的心态分为内倾型和外倾型两种，他们分别与心理的功能（思维、情感、感觉和直觉）结合起来，形成了各种不同的气质类型。外倾型的人，心理能量流向客观的外部世界的表象之中，容易把自己投入到对客观对象、人与物、周围环境条件的知觉、思维和情感之中。内倾型的人，喜欢探究和分析自己的内心世界，一般来说略为孤僻，容易过分地全神贯注于自己的内心体验。在别人看来他可能显得冷漠寡言，不喜欢社交。而外倾型的人，则把注意力集中在与他人的交往之中，总是显得活跃和开朗，对周围的一切很感兴趣。

体育界的一项调查表明，性情内向的运动员，在足球、篮球、短跑项目中，相对来说要少一些，而在举重、长跑等项目中，相对来说要多一些。又研究表明：领导品质与外倾性格有关。也就是说，做一名管理人才，外向的气质对他完成工作是一个有利的因素。外倾强烈的人，在需要手部动作灵活、言语反应迅速、判断快速果断的工作岗位上，比内倾的人具有相对的优势；而在需要精细、认真、持久的工作岗位上，性格内向又更合适一些。

荣格认为，一个内倾型的人要想成为一名汽车推销员，或者一个外倾型的人要想成为一名会计，都是很难办得到的。感觉型的人可以成为一名很好的警察、消防员，然而却只能成为一名拙劣的教师；直觉型的人可以成为很好的修理工、故障检修员，就不能成为固定生产线上反复做同一种工作的工人；情感型的人应该避免从事要求具备抽象思维能力的工作；思维型的人则应该避免从事需要丰富情感的职业。

气质是人的个性中最稳定的因素，在选择职业时，学生应该注意自己的气质类型。特别是在一些特殊职业中，例如政府机要人员、公关人员、飞行员等，气质类型也是录用员工的重要标准之一。

（三）性格的影响

对现实稳固的态度以及与之相适应的行为方式叫性格。性格在个性中具有核心意义，决定着人的心理风格和面貌。大学生就业成功率亦受性格影响。“量才使用”中的这个“才”也包含性格。

美国心理学家和职业指导专家霍兰德（John L. Holland）经过几十年的跨国研究，提出了职业人格理论，可以作为指导学生就业的参考。他认为人的性格大致可以划分为六种类型，这六种类型分别与六类职业相对应，如果一个人具有某一种性格类型，便易于对这一类职业发生兴趣，从而也适合从事这一类型职业。这六种性格分别是现实型、研究型、艺术型、社会型、企业型和传统型。

1. 现实型

现实型的人喜欢有规划的具体劳动和需要基本技能的工作。这类职业一般是指熟练的手工业行业和技术工作，通常要运用手工工具和机器进行劳动。这类人往往缺乏社交能力。现实型的人适合做木匠、农民、技师、工程师、机械师、鱼类和野生动物专家、车工、钳工、电工、报务员、火车司机、机械制图员、电器师、机械修理工、长途公共汽车司机等。

2. 研究型

研究型的人喜欢智力的、抽象的、分析的、推理的、独立的任务。这类职业主要是指科学研究和实验方面的工作。这类人往往缺乏领导能力。研究型的人适合做生物学者、天文学者、气象学者、药剂师、动物学者、化学家、科学报刊编辑、植物学者、地质学者、物理学者、数学家、实验员等。

3. 艺术型

艺术型的人喜欢通过艺术作品来达到自我表现，爱想象，感情丰富，不顺从，有创造性，能反省。艺术型的人缺乏办事员的能力，适合做室内装饰专家、摄影师、作家、音乐教师、演员、记者、作曲家、诗人、编剧、雕刻家、漫画家。

4. 社会型

社会型的人喜欢社会交往，常出席社交场所，关心社会问题，愿为别人服务，对教育活动感兴趣。这类人往往缺乏机械能力。社会型的人适合做导游、福利机构工作者、社会学者、咨询人员、社会工作者、学校教师、精神卫生工作者、公共保健护士。

5. 企业型

企业型的人性格外倾，爱冒险活动，喜欢担任领导角色，具有支配、劝说和言语技能。这类人往往缺乏科学研究能力。企业型的人适合做推销员、商品批发人、进货员、酒店经理、广告宣传者、调度员、律师、政治家、零售商等。

6. 传统型

传统型的人喜欢系统的、有条理的工作任务，具有实际、自控、友善、保守的特点。这类人往往缺乏艺术能力。传统型的人适合做记账员、银行出纳、成本估算员、核对员、打字员、办公室职员、统计员、计算机操作员、秘书、法庭速记员等。

大学生要注意分析自己的性格特点，这对学有所用、人尽其才，更好地找到适合自己的工作是非常有益的。

霍兰德职业倾向理论简介

有位名人曾夸张地说过：如果人能从事自己感兴趣的工作，那么人生就是天堂。兴趣给人的活动过程带来的乐趣由此可见一斑。我想你对感兴趣的职业也存在着相同程度的渴望。问题在于你感兴趣的职业是什么？回答这样的问题，我们先要面对的是更为基础的问题：由于我们不可能在数以千计的职业中，去找寻自己所感兴趣的职业，首先须将庞杂的职业归为数量有限、适合操作的职业群（这种归类与国家公布的职业分类不同），然后再去发现自己感兴趣的职业群。对于职业归类的研究，由来已久，所划分的类别当然也是众说纷纭。在我国影响较大且有配套的兴趣量表的，当属美国心理学家、职业指导专家霍兰德的相关理论。

霍兰德的职业理论，其核心假设是人可以分为六大类，即现实型、研究型、社会型、传统型、企业型、艺术型，职业环境也可以分成相应的同样名称的六大类，人格与职业环境的匹配是形成职业满意度、成就感的基础。各个兴趣类型的特点和较为适宜的职业环境如表 4-2 所示。

表 4-2 劳动者类型与职业类型对应表

类型	劳动者	职业
现实型（实际型）	① 愿意使用工具从事操作性工作； ② 动手能力强，做事手脚灵活，动作协调； ③ 不善言辞，不善交际	主要是指各类工程技术工作、农业工作。通常需要一定体力，需要运用工具或操作机器。 主要职业：工程师、技术员；机械操作、维修、安装工人，矿工、木工、电工、鞋匠等；司机、测绘员、描图员；农民、牧民、渔民等
研究型（调研型）	① 抽象思维能力强，求知欲强，肯动脑，善思考，不愿动手； ② 喜欢独立的和富有创造性的工作； ③ 知识渊博，有学识才能，不善于领导他人	主要是指科学研究和科学实验工作。 主要职业：自然科学和社会科学方面的研究人员、专家；化学、冶金、电子、无线电、电视、飞机等方面的工程师、技术人员；飞机驾驶员、计算机操作员等
艺术型	① 喜欢以各种艺术形式的创作来表现自己的才能，实现自身的价值； ② 具有特殊艺术才能和个性； ③ 乐于创造新颖的、与众不同的艺术成果，渴望表现自己的个性	主要是指各类艺术创作工作。 主要职业：音乐、舞蹈、戏剧等方面的演员、编导、教师；文学、艺术方面的评论员；广播节目的主持人、编辑、作者；绘画、书法、摄影家；艺术、家具、珠宝、房屋装饰等行业的设计师等
社会型	① 喜欢从事为他人服务和教育他人的工作； ② 喜欢参与解决人们共同关心的社会问题，渴望发挥自己的社会作用； ③ 比较看重社会义务和社会道德	主要是指各种直接为他人服务的工作，如医疗服务、教育服务、生活服务等。 主要职业：教师、保育员、行政人员；医护人员；衣食住行服务行业的经理、管理人员和服务人员；福利人员等
企业型（事业型）	① 精力充沛、自信、善交际，具有领导才能； ② 喜欢竞争，敢冒风险； ③ 喜爱权力、地位和物质财富	主要是指那些组织与影响他人共同完成组织目标的工作。主要职业：经理、企业家、政府官员、商人、行业部门和单位的领导者、管理者等
传统型（常规型）	① 喜欢按计划办事，习惯接受他人指挥和领导，自己不谋求领导职务； ② 不喜欢冒险和竞争； ③ 工作踏实，忠诚可靠，遵守纪律	主要是指各类与文件档案、图书资料、统计报表之类相关的各类科室工作。 主要职业：会计、出纳、统计人员；打字员；办公室人员；秘书和文书；图书管理员；旅游、外贸职员、保管员、邮递员、审计人员、人事职员等

霍兰德所划分的六大类型，并非是并列的、有着明晰的边界的。他以六边形标示出六大类型的关系，如图 4-1 所示。从图中可以看出：每一种类型与其他类型之间存在不同程度的关系，大体可描述为以下三类。

（1）相邻关系，如 RI、IR、IA、AI、AS、SA、SE、ES、EC、CE、RC 及 CR 。属于这种关系的两种类型的个体之间共同点较多，现实型 R、研究型 I 的人都不太偏好人际交

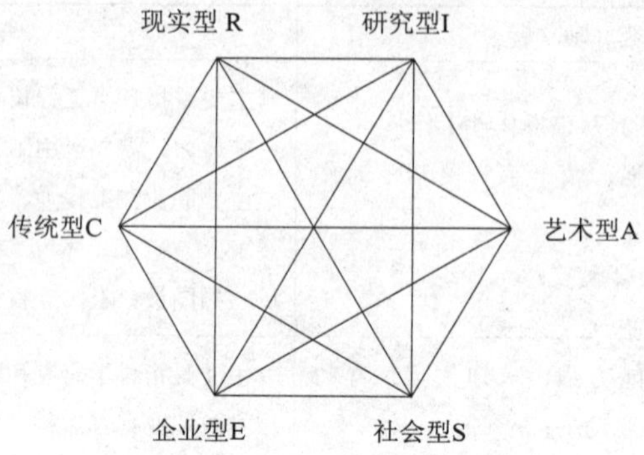

图 4-1　六大类型的关系

往，这两种职业环境中也都有较少机会与人接触。

（2）相隔关系，如 RA、RE、IC、IS、AR、AE、SI、SC、EA、ER、CI 及 CS，属于这种关系的两种类型个体之间共同点较相邻关系少。

（3）相对关系，即在六边形上处于对角位置的类型之间的关系，如 RS、IE、AC、SR、EI 及 CA。相对关系的人格类型共同点少，因此同一个人对处于相对关系的两种职业环境都很感兴趣的情况较为少见。

人们通常倾向选择与自我兴趣类型匹配的职业环境，如具有现实型兴趣的人希望在现实型的职业环境中工作，可以最好地发挥个人的潜能。但职业选择中，个体并非一定要选择与自己兴趣完全对应的职业环境。一则因为个体本身常是多种兴趣类型的综合体，单一类型显著突出的情况不多，因此评价个体的兴趣类型也时常以其在六大类型中得分居前三位的类型组合而成，组合时根据分数的高低依次排列字母，构成其兴趣组型，如 RCA、AIS 等；二则因为影响职业选择的因素是多方面的，不完全依据兴趣类型，还要参照社会的职业需求及获得职业的现实可能性。因此，职业选择时会不断妥协，寻求相邻职业环境、甚至相隔职业环境。在这种环境中，个体需要逐渐适应工作环境。但如果个体寻找的是相对的职业环境，意味着所进入的是与自我兴趣完全不同的职业环境，则工作起来可能难以适应，或者难以做到工作时觉得很快乐，甚至可能会每天工作得很痛苦。

（四）能力的影响

能力是人完成某种活动所必备的个性心理特征。能力表现在心理活动中，直接影响活动的效率，是符合活动要求的个性心理特征的综合。能力包括一般能力和特殊能力。一般能力指的是智力，特殊能力是集中能力的独特结合，从而能满足从事某种活动的要求，如表面能力、书写能力等。

大学生的一般能力是较高的，所以他们在学习抽象的辩证的理论时都能得心应手，他们在学习科学知识形成相应技能方面也占据优势。在就业过程中，学生向用人单位提供的包括毕业生推荐表在内的各种材料，已经比较全面而详尽地介绍了自己过去成长的经历、人文修养和知识、技能学习、应用的成绩。而仅靠这些，用人单位还不能确定是否录用，或者说，有些毕业生在以上各个方面情况是相近的，但并非都能被录用，原因之一就是特殊能力的差异。

在就业过程中，大学生首先要学会推销自己。显然，自我推销能力强者被录用的机会更大些。例如，有的学生不满足于印制的推荐表，而是又加上能够显示自己爱美、擅长工艺等特长的装饰；有的学生不仅带着自己学习期间的各种成果，还拿出拟开展项目的新方案；有的学生另辟蹊径，以广告形式显示独自创业，或以不远千里前来应聘的诚心与韧性，造成轰动效应，引人注目。可见，自我推销能力在应聘中占有重要分量。

此外，还有操作能力、写作能力、言语表达能力也是引人注目的，因为这些能力在许多职业里都普遍需要。综合类的人才，如非外语专业的毕业生有较高的外语水平，非计算机专业的毕业生能熟练地使用计算机并能很快地排除故障维修计算机，非音、体、美专业的学生却又在这些领域成绩斐然，都会特别受用人单位的青睐。大学生要有意识地培养自己多方面的爱好，多才多艺，并在就业时学会适时展示自己的优势，突出与同专业毕业生的不同之处，就能有效增强竞聘的实力。

第二节　大学生择业观念中的心理误区

经济、社会的发展为大学生就业提供了广阔的空间。大学生自主择业，与用人单位双向选择，使大学生就业充满了机遇和挑战。在这一人生转折的关键时刻，大学生一方面体验到“命运在我手中”的控制感，另一方面又易陷入孤独、无助、畏难的焦虑感之中，因而在择业时往往会出现一些心理误区。

一、大学生择业中常见的心理矛盾

心理矛盾也可理解为心理冲突，它是指两种或两种以上的动机、欲望、目标和反应同时出现，由此引起的紧张心态。心理冲突是心理失衡的重要原因。存在心理矛盾并不奇怪，人的一生就是在矛盾心理中度过的，甚至可以说心理矛盾是促进心理发展的动力。但是过分强调持久的心理矛盾冲突对人的心理健康和活动效果会带来消极的影响。大学生在求职择业中的心理矛盾就属于后者，这类矛盾既有需求矛盾，也有目标矛盾，主要表现为以下几个方面。

（一）有远大的理想但往往不能正视现实

人总是要追求美好的未来，大学生在择业中这种追求和憧憬更为丰富、更为远大。经过充实而丰富的大学生活，大学生知识的羽翼日渐丰满。面对汹涌的市场经济大潮，他们豪情满怀地准备搏击一番。然而，由于他们接触社会较少，理想往往脱离客观条件，择业时并未慎重考虑所选择的工作是否有利于自己发展，以致出现了理想自我膨胀和现实自我萎缩之间的矛盾。

（二）想做一番事业但缺乏艰苦创业的心理准备

在择业中，很多大学生都愿意从专业出发，准备干一番事业，实现自己的人生价值，不愿意庸庸碌碌而无所作为。但同时他们又缺乏艰苦创业的心理准备，只想走捷径，涉足层次高、工作条件好的单位，想一举成名，一蹴而就。不愿意到艰苦的地方去，不愿意到边远地区去，不愿意深入基层。

（三）有较强的自我观念但缺乏把握自己的能力

丰富的大学生活，使大学生的自我认识日趋完善，他们对自我的存在及意义有了更多的认识。在择业中，他们意识到自己作为大学生，将会为社会贡献自己的聪明才智。同时，他们也迫切需要社会的承认。但是，由于他们涉世尚浅，社会经验不足，还不能正确地认识自我和评价自身，容易产生自负自傲或自卑自贱、自怨自艾的心理，以致出现期望过高或过低的现象。在面对择业现实时，往往不能准确把握自我。遇到顺利的事，忘乎所以，狂喜狂欢；遇到挫折时，烦躁苦闷，自暴自弃，不能冷静、理智地对待现实。

（四）渴望竞争但缺乏竞争的勇气

社会主义市场经济体制的建立，为大学生择业提供了较为公平、公正、公开的竞争环境，大多数学生已经意识到，在市场意识广泛渗透到社会生活的各个方面，世界经济面向“大市场”的情况下，一个人如果没有强烈的竞争意识，就不可能成就事业。但是，当真正面对社会为其提供的竞争机会时，许多大学生又顾虑重重，缺乏勇气，有的怕竞争失败丢了面子，有的怕竞争伤了和气，有的认为不正之风干扰太大，竞争肯定会败北。有人把不愿参与竞争的原因都归结到外界，其实真正的原因是他们自己的主观努力不够，缺乏实践能力和勇气，尤其是一些学生在择业中遇到困难时，不善于调整目标、调整自己，而是自己给自己打退堂鼓，自己拱手出让竞争的权利。

（五）面对选择，难于决断

择业过程中，往往会遇到很多的机遇，倘若犹豫不决，往往坐失良机。例如，考公务员待遇稳定，但又怕收入不高；经商收入丰富，但怕不稳定；留在原籍人际关系较熟，但缺乏新鲜感和挑战性。去外地有新鲜感和挑战性，但又人地两生。

二、大学生择业的心理误区

（一）“选择的自由度越大越好”

一部分学生认为，既然现在是社会主义市场经济了，就业政策就应该是完全的市场政策，供需双方完全可以自由交易、自由成交。自由度越大，毕业生与用人单位“双向选择”的空间就越大，如“我愿意选择哪里就选择哪里”，“哪里选择我，我都可以去。”他们抱怨改革的步子太慢，埋怨“一定范围内的双向选择”，实际上是给人限定了框框，他们期待一种无拘无束的选择空间。他们并不知道，就业制度的改革是要与劳动人事制度、招生制度和户籍制度的改革配套进行的，是逐步推进和实施的，是要经过一个历史过程的，而且即使这个过程已经完成了，也并非自由度越大越好。

（二）“我不能比别人差”

许多大学生在择业过程中，尤其是评价自己的价值是否能得到承认的常见的办法是互相攀比，比周围的同学哪个选择知名度高、待遇好的单位，哪个同学去了大城市或高层次部门。他们选择时总抱有一个念头，就是“我不能比别人差”。于是，选择中往往是攀比与嫉妒并存，不从实际出发，延误了时机。

（三）“我处处不如别人”

职业期望过低，对自己估计过低。有些大学生，由于自卑心理作祟，觉得自己“很烂”，于是抱着“哪里要我去哪里”的想法，这会导致自己的潜能无法充分发挥，或者是进入一个自己完全不感兴趣的行业。大学生既不能职业期望太高，也不能太低，应当根据每个人不同的情况作出合理的规划。

（四）“过去我事事顺利，择业也依然会顺利”

现在的大学生一般都是在顺境中成长起来的，他们从校门到校门，没有经受过大的坎坷，不具有复杂的经历，更没有经受过真正的挫折。一些大学生就认为，既然过去我事事顺利，这次择业依然应当顺利。于是盲目乐观，过于自信，不认真地作心理准备，结果往往在择业中稍一碰壁，便意志消沉，一蹶不振。

（五）“大多数人钟情的一定是好工作”

一部分学生选择工作单位，自己毫无主见，总是随波逐流，看大多数人选择哪里，自己就选择哪里；大多数人往哪里挤，自己也往哪里挤。他们认为大多数人钟情的，一定是好工作，大多数人选择的，一定没错。结果，人云亦云，不假思索，盲目跟着大多数人走，忽视了自己的特长，丧失了最能发挥自己特长的机会。

（六）“要去就去沿海城市或大城市”

一部分学生面对择业认为，要去就要去沿海或大城市。在他们看来，沿海可以赚到大钱，到大城市一定会有更多的发展机会。所以，不愿意在当地或边远的地区择业，“宁要大城市一张床，不要边远地区一套房”。此外，职业期望过高，对自己的估计过高。在职业生涯规划中常常考虑的是单位应该提供什么样的待遇给自己、单位是否有利于自己的发展、单位能为自己提供什么样的发展平台……却很少考虑自己能为单位做些什么。事实上，每一个雇佣方都是主要考虑此人能为单位创造什么样的效益。职业期望太高，不仅对择业不利，也对就业不利，因为即使工作了，也会有很强的失落感，职业满意度将会很低。

（七）“求职的竞争就是关系的竞争”

有些大学生认为，择业的竞争不是求职者素质的竞争，而是关系的竞争，看谁的关系硬，看谁的关系起作用。于是，这些学生不把立足点放在自身的努力上，而是找关系、托门子、递条子，甚至不惜代价，重礼相送，使公平、公正、公开的竞争原则受到了损害。

（八）“首次就业关系一生命运”

有些学生受择业观的影响，把初次择业看得过重，在他们看来，选择一个单位预示着自己“嫁”给了这个单位，嫁鸡随鸡，嫁狗随狗，自己将在这个单位厮守终身，单位好了，自己就好，单位不行，自己跟着倒霉。因此，他们觉得首次就业关乎一生命运，开始时占位不合适，将来再调整就会非常困难，在择业时难以作出抉择。事实上，很多人的职业生涯并不是一成不变的，在社会发展日新月异的变化中，“先就业后择业”有一定的合理性。起点并不代表终点，任何时候都可以成为一个新的起点。

大学生择业心理误区还有很多，上述只是一些比较常见的。在择业的关头，大学生产生这些心理误区是不奇怪的，原因如下：客观上，社会负面影响还较大；主观上，主要是大学生心理成熟度不高，认识能力不强；认知上存在偏差，学习和理解不够，缺乏正确客观的认识能力，是非不清，以偏概全，忽视长远等，而自己又意识不到。消除心理误区最根本的方法是大学生要提高认识能力。认识能力越强，越善于认识自我，认识他人、他事、他物，能够客观、全面、发展、灵活地看问题，越是具有理性的认识观念，就容易面对现实。

第三节　大学生择业的心理调适

一、调整就业期望值，树立正确的择业观

大学生择业时希望谋求到理想职业是可以理解的。但要使期望变为现实，必须认清形势，正确把握就业期望值。当前，大学毕业生走向市场已成为不争的事实。大学经过多年扩招，毕业生人数不断增加，使就业形势异常严峻。大学生在择业时，要认真考虑所学的专业和方向，了解社会对该专业的需求情况，要根据自己的职业兴趣、专业特长、实际能力、性格气质特点、家庭情况等去确定职业期望值。在择业时要以自己所长择社会所需，以实现职业理想。

同时，大学生要树立正确的择业观。择业观是大学生人生价值观的重要成分，它与大学生的世界观、道德意识及心理认知水平相互影响、相互制约。大学毕业生一般没有经过社会实践的检验，他们只是潜在的人才。职业定位要符合客观实际，大学生择业过程中出现的急功近利、求闲怕苦、虚荣攀比等心理误区，在一定程度上影响了他们的职业发展。一味地强调省会、大企业、好职业、高薪酬，恐怕难以如愿。且不说刚参加工作就把目标定在“高起点”有违社会分工的客观要求，就算你是“天才”也需要通过实践来检验。“不经历风雨，怎能见彩虹”，就是让我们去基层和艰苦的环境创造、拼搏、磨炼意志、锻炼本领。大学生要能正确处理国家、集体和个人发展之间的关系，把个人职业发展与社会要求有机地结合起来，树立自尊、自强、自立、自爱意识，发扬艰苦创业精神，在正确的择业观指导下促进综合素质的提高。

案例

某工商职业技术学院计算机系应届毕业生小梅，大学还没毕业，用人单位就抛来了年薪30万元的绣球。更让人惊讶的是，小梅婉拒了30万元的高薪，用自己勤工俭学赚的钱，办了一个自己的外贸公司。一个尚未毕业的大学生，面对用人单位的30万元年薪敢于说“不”，其中透露出的魄力无疑让人佩服。

二、全面客观地认识和评价自己

（一）自我反省

面对择业中的各种矛盾和问题，毕业生首先要正确认识和评价自我，应当明确自己今后的职业发展方向是什么，自己的性格、气质特点是什么，自己最适合干什么工作，

自己的优势和劣势是什么，等等。自我反省的关键是要真实、客观，只有通过理智、冷静地自我思考，才能对自己有一个客观的评价，才能使自己在择业过程中处于积极主动的地位。

（二）社会比较

毕业生要正确地认识和评价自己，就要将自己与社会上的其他人作一比较。一是要通过与自己条件、情况类似的人比较来认识自己，避免孤立地认识和评价自己；二是要通过他人的评价和态度来认识自己，看看别人是怎样评价自己的；三是要通过参加社会活动，从活动的结果分析来评价和认识自己，如参加社会实践、毕业实习等，在客观上寻找评价的参照尺度来认识自己。

（三）心理测验

毕业生可根据自己的需要，在专业人员的指导下，对自己的气质、性格、兴趣、职业倾向等进行测验，通过测验分析，明确自己的个性特点，找出适合自己的职业方向，从而减少择业的盲目性，避免承受不必要的心理挫折。

性格自我测试表

这个测试是菲尔博士在著名女黑人欧普拉主持的节目里做的，准确率较高。答复是依现在的你，不要依过去的你。这是一个目前很多大公司人事部门实际采用的测试。

（1）你何时感觉最好？

A. 早晨

B. 下午及傍晚

C. 夜里

（2）你走路时是……

A. 大步快走

B. 小步快走

C. 不快，仰着头面对着世界

D. 不快，低着头

E. 很慢

（3）和人说话时，你……

A. 手臂交叠地站着

B. 双手紧握着

C. 一只手或两手放在臀部

D. 碰着或推着与你说话的人

E. 玩着你的耳朵、摸着你的下巴或用手整理头发

（4）坐着休息时，你的……

A. 两膝盖并拢

B. 两腿交叉

C. 两腿伸直

D. 一腿卷在身下

（5）碰到你感到发笑的事时，你的反应是……

A. 一个欣赏的大笑

B. 笑着，但不大声

C. 轻声咯咯地笑

D. 羞怯地微笑

（6）当你去一个派对或社交场合时，你……

A. 很大声地入场以引起注意

B. 安静地入场，找你认识的人

C. 非常安静地入场，尽量保持不被注意

（7）当你非常专心地工作时，有人打断你，你会……

A. 欢迎他

B. 感到非常恼怒

C. 在上述两极端之间

（8）下列颜色中，你最喜欢哪一种颜色？

A. 红或橘色

B. 黑色

C. 黄或浅蓝色

D. 绿色

E. 深蓝或紫色

F. 白色

G. 棕或灰色

（9）临入睡的前几分钟，你在床上的姿势是……

A. 仰躺，伸直

B. 俯躺，伸直

C. 侧躺，微卷

D. 头睡在一手臂上

E. 被盖过头

（10）你经常梦到你在……

A. 落下

B. 打架或挣扎

C. 找东西或人

D. 飞或漂浮

E. 你平常不做梦

F. 你的梦都是愉快的

现在按如下评分标准将所有分数相加，再对照后面的分析。

（1）A——2　B——4　C——6

（2）A——6　B——4　C——7　D——2　E——1

（3）A——4　B——2　C——5　D——7　E——6

（4）A——4　B——6　C——2　D——1

（5）A——6　B——4　C——3　D——5

（6）A——6　B——4　C——2

（7）A——6　B——2　C——4

（8）A——6　B——7　C——5　D——4　E——3　F——2　G——1

（9）A——7　B——6　C——4　D——2　E——1

（10）A——4　B——2　C——3　D——5　E——6　F——1

【低于21分：内向的悲观者】

人们认为你是一个害羞的、神经质的、优柔寡断的人，需人照顾，永远要别人为你做决定，不想与任何事或任何人有关。他们认为你是一个杞人忧天者，一个永远看到不存在的问题的人。有些人认为你令人乏味，只有那些深知你的人知道你不是这样的人。

【21～30分：缺乏信心的挑剔者】

你的朋友认为你勤勉刻苦、很挑剔。他们认为你是一个谨慎的、十分小心的人，一个缓慢、沉稳而辛勤工作的人。如果你做任何冲动的事或无准备的事，你会令他们大吃一惊。因为他们认为你会从各个角度仔细地检查一切之后仍经常决定不做。他们认为你的这种反应一部分是由你的小心的天性所引起的。

【31～40分：以牙还牙的自我保护者】

别人认为你是一个明智、谨慎、注重实效的人。也认为你是一个伶俐、有天赋、有才干且谦虚的人。你不会很快、很容易和他人成为朋友，但是你是一个对朋友非常忠诚的人，同时要求朋友对你也有忠诚的回报。那些真正有机会了解你的人会知道，要动摇你对朋友的信任是很难的，但是，一旦这信任被破坏，会使你很难熬过。

【41～50分：平衡的中道者】

别人认为你是一个新鲜的、有活力的、有魅力的、好玩的、讲究实际的而永远有趣的人；你经常是群众注意力的焦点，但是你是一个足够平衡的人，不至于因此而昏了头。他们也认为你亲切、和蔼、体贴、能谅解人，是一个永远会令人高兴并帮助别人的人。

【51～60分：吸引人的冒险家】

别人认为你具有令人兴奋的、高度活泼的、相当易冲动的个性；你是一个天生的领袖、一个作决定会很快的人，虽然你的决定不总是对的。他们认为你是大胆的和冒险的，愿意试做任何事情至少一次，是一个愿意尝试机会而欣赏冒险的人。由于你散发的刺激，他们喜欢跟你在一起。

【60分以上：傲慢的孤独者】

别人认为对你必须“小心处理”。在别人的眼中，你是自负的、以自我为中心的，是个极端有支配欲、统治欲的人。别人可能钦佩你，希望能多像你一点，但不会永远相信你，会对与你更深入的来往有所犹豫。世界本来就是层层嵌套、周而复始的，不以任何意志而改变。

职业选择测试

从心理学讲，选择一个适合自己的职业，要涉及性格、气质、兴趣、能力、教育状况等许多方面。那么，以下两组20个题，只要在题后回答“是”或“否”，就可以帮你出个好主意。

第一组

(1) 就我的性格来说，我喜欢同年轻人而不是同年龄大的人在一起。

(2) 我心目中的丈夫应具有与众不同的见解和活跃的思想。

(3) 对于别人求助我的事情，总乐意帮助解决。

(4) 我做事情考虑较多的是速度和数量而不是在精雕细琢上下功夫。

(5) 总之，我喜欢“新鲜”这个概念，如新环境、新旅游点、新朋友等。

(6) 我讨厌寂寞，希望与大家在一起。

(7) 我读书的时候就喜欢语文课。

(8) 我喜欢改变某些生活惯例，以使自己有一些充裕的时间。

(9) 不喜欢那些零散、琐碎的事情。

(10) 我进入招聘职员经理室，经理抬头瞅了我一眼，说声“请坐”，然后就埋头阅读他的文件不再理我，可我一看旁边并没有座位，这时我没站在那里等，而是悄悄搬来个椅子坐下等经理说话。

第二组

(11) 我读书的时候很喜欢数学课。

(12) 看了一场电影、戏剧后，喜欢独自思考其内容，而不喜欢与人一起谈论。

(13) 我书写整齐清楚，很少写错别字。

(14) 不喜欢读长篇小说，喜欢读议论文、小品文或散文。

(15) 业余时间我爱做智力测验、智力游戏一类题目。

(16) 墙上的画挂歪了，我看着不舒服，总要想法将它扶正。

(17) 收录机、电视机出了故障，喜欢自己动手摆弄、修理。

(18) 做事情愿做得精益求精。

(19) 我对一般服装的评价是看它的设计而不大关心是否流行。

(20) 我对经济开支能控制，很少有“月初松、月底空”的现象。

评分方法

(1) 共20题：前10题为第一组，后10题为第二组。

(2) 从第一题起依次写出“是”与“否”的答案，然后算出两组各有几个“是”。

(3) 比较两组答案：第一组中答“是”比第二组多为A；第二组中答“是”比第一组多为B；如果两组回答“是”相等为C。

评析与赠言

A. 你最大的长处是思想活跃，善与人交往。你喜欢把自己的想法让别人去实现，或者与大家共同去实现，适合你的职业是记者、演员、导游、推销员、采购员、服务员、节目主持人、人事干部、广告宣传人员等。

B. 你具有耐心、谨慎、刻苦钻研的品质，是个稳重的人。适宜于选择编辑、律师、医生、技术人员、工程师、会计师、科学工作等职业。

C. 你具备A、B两类型人的长处，不仅能独立思考，也能维持、处理良好的人际关系。供你选择的职业包括教师、教练、护士、秘书、美容师、理发师、公务员、心理咨询员、各类管理人员等。

三、进行有效的心理调节和控制

（一）理性情绪法

美国临床心理学家艾利斯创立的“理性情绪疗法”认为，情绪困扰并不一定由诱发事件直接引起，常常是由经历者对事件的非理性解释和评价引起，如果改变非理性观念，调整了对诱发事件的认识和评价，领悟到理性观念，情绪困扰就消除了。例如，有的学生在择业中受到挫折便消沉苦闷、怨天尤人，其原因在于他原本认为“择业应当是顺利、理想的”。正是这样的心理定式才导致了不良情绪。如果将这些想法加以纠正，不良情绪就得到了克服。大学生在择业中处于消极情绪状态时，要善于从中分析、抽取非理性的观念，综合、概括出理性的看法，并对比两种观念下个人的内心感受，使自己走出非理性的误区。

（二）适度宣泄法

大学生在择业中处于焦虑、抑郁等消极情绪状态时，不能一味地把不良心情藏在心底，而应进行适当的宣泄。较好的办法是向知心朋友、老师倾诉，把心中的不快说出来，甚至可以大哭一场，使紧张的情绪得以缓解或消除。另外，也可以通过参加一些大运动量的户外活动，如打球、爬山等，宣泄不良情绪。宣泄情绪要注意场合、身份、气氛，宣泄要适度，没有破坏性。

（三）自我慰藉法

大学生在择业中遇到困难和挫折在所难免，当尽主观努力仍无法改变时，可以适当让步，告诉自己“失败乃成功之母”“退一步海阔天空”，以求得自我安慰。将不成功归因于客观条件和客观现实，同时要勇于承认并接受现实。这样，就能缓解因心理矛盾而引起的悲观失望等不良情绪，重新找回自信，树立继续努力的信心。

（四）情绪转移法

在情绪低落时，可以采取缓冲的办法，把自己的精力和注意力转移到其他活动中去。例如，学习一些新知识或技能，或是参加一些自己有兴趣的活动，把不愉快的情绪抛在脑后，使自己没有时间和可能沉浸在不良情绪中，以求得心理的平衡。

（五）自我激励法

毕业生在择业面试中常常出现胆怯、信心不足等现象，可以通过积极的自我暗示、自我激励进行调节，增强自信心。例如，运用内部语言或书面语言来调节情绪，在心里默念“我会发挥得很好”“我一定能成功”等语句，或者写在纸上，或者找个旷野大声地喊出。这些对走出自卑、消除怯懦有一定的作用。

（六）松弛练习法

松弛练习是一种通过练习学会在心理和躯体上放松的方法，常用的有肌肉松弛训练、意念放松训练等放松练习方法。放松练习可以帮助人减轻和消除各种不良身心反应，如焦虑、恐惧、紧张、失眠等症状。大学生在择业中遇到的心理问题，可在专业人员的指导下通过放松练习来解决。

四、几种常见择业心理问题及其调适方法

（一）择业自卑心理及其调适

在择业问题上，自卑感强的同学主要的问题是，对自己的能力缺乏了解，缺乏自信心。这使大学生很容易产生的消极心理。面对改革的浪潮，看到人才市场的激烈竞争，涉世未深的大学生产生自卑心理是正常的，也是比较普遍的。自卑感产生的原因很多，有生理的、环境的、家庭的或社会的等原因，但主要还是心理因素。例如：在择业中总是自己拿不定主意，过分退缩，对自己能胜任的工作，也不敢说“行”，总是说“试试看”，显得很没自信等。

每个人都不希望自己有自卑感。怎样消除自卑感呢？首先要相信自己，因为自卑主要产生于缺乏自信心。车尔尼雪夫斯基有句名言：“假如一个人总想着‘我办不到’，

那他必然会办不到。”一个人的自信心并非与生俱有，而是在不断战胜困难中逐步培养起来的。其实每个人的生活中都会碰到困难和挫折。正如有的人讲“上帝不会把所有幸运都送给别人，而把所有不幸带给你”。克服自卑感的最好办法是行动，在实际行动中逐步加强一种信念——我干什么都行。

自卑心理是大学生在进行职业选择时必须消除的心理障碍，市场经济需要开拓精神和自信心，这正是有自卑心理的人所缺乏的。自信心是求职过程中必不可少的心理素质，求职时畏首畏尾会给人以无能的印象，使求职不易成功。那么，如何克服自卑心理呢？

首先，正确评价自己对有自卑感的人来说是至关重要的。正确评价自己的办法就是要纠正过低的自我评价，多找自己的长处，即使微不足道也不要忽略，这些本来就属于你的财富对于你恢复自信心是十分必要的。人各有所长，利用自己的优势以长补短，寻求成功的经验，增强自信，可以有效克服自卑感。

其次，要经常对自己进行积极的心理暗示，如“别人能干好，我一定也能干好”“我行，我一定能干好”等。

再次，克服惧怕心理。不要怕失败，因为失败并不表示你不如别人，失败更不表示你一事无成。充满自信心是成功的前奏。

（二）择业焦虑心理及其调适

刚走出校门，没有社会经验的大学生对选择职业这一人生大课题产生焦虑心理是正常现象。一般来说，适度的焦虑使学生产生压力，这种压力是对自身惰性的进攻，它可增强人的进取心，人只有面对压力才会迫使自己积极行动起来，产生求胜的心理和行动。战胜压力取得成功的事例不胜枚举。但是，如果心理上过度焦躁、沮丧、不安，自己又不能在一定时间内化解这些情绪，这些情绪就会成为心理障碍或心理疾病。它会严重影响学生本人主观能动性的发挥，埋没他的潜能和才华，给就业带来不必要的困难，影响择业的进程，甚至造成择业失败。

要克服焦虑的心理，主要是更新观念，打破中国传统的事事求稳、求顺的思想，树立市场竞争的新观念。市场经济就是竞争经济，生活在市场经济中，竞争恐怕要伴随人的一生。大学生求职过程就是竞争过程，即使你得到了比较理想的职业，如果没有竞争意识，不继续努力，也还可能丢掉这个工作。有竞争必定会有风险和失败，确立了竞争意识，不怕风险和挫折，焦虑的心理必定得到缓解或克服。当然还应克服择业心切、急于求成的思想。这样做容易使择业失败，失败的体验又会强化沮丧、忧虑的情感。客观地分析自己，合理地设计求职目标，尽量减少挫折，增强求职的勇气，也会减轻心理焦虑的程度。

案例

小强今年已经大四了，这位来自贵州山区的大学生好学上进，干什么都不示弱。可是一段时间以来却被焦虑情绪所困扰。去年底，当小强找到心理咨询师时诉说："我怕自己会疯掉，每夜噩梦不断，总是梦见自己在家乡小树林被人追杀，心慌恐惧。"那时他每晚只睡三四小时，早早醒来，胡思乱想，心里像被一块大石头压着，经常隐隐作痛。

看到小强痛苦的表情，咨询师关切地问小强："到底有什么事情使你如此恐慌?"原来面临毕业，就业压力大，经再三衡量，小强签了家乡的一家大型企业，但是对穿着蓝大褂、三班倒、按电钮的工厂生活一直心有不甘，认为与从小要成才的愿望不符，怕丢面子，老觉得自己倒霉。这样的想法憋得自己喘不过气来。那段时间甚至白天脑海里也会闪现家乡小树林的情景。

（三）择业嫉妒心理及其调适

所谓嫉妒，就是在求职过程中对他人的成就、特长或优越的地位持既羡慕又敌视的情感。这种情感的内化就是嫉妒心。这种心理的主要特征是把别人的优越之处视为对自己的威胁，因而感到心理不平衡，甚至是恐惧和愤怒，于是借助贬低、诽谤以至于报复的手段来求得心理的补偿或摆脱恐惧和愤怒的困扰。实际上这是一种变态的心理满足方式。强烈而持久的嫉妒心往往会对本人及对方产生严重的后果，因此在某些国家正式将其列为一种心理疾病。

嫉妒心在大学生中是常见的一种心理，只不过是轻重有别。在实际生活中，任何理由都可以成为嫉妒的对象，如嫉妒别人长得高、漂亮，嫉妒别人能歌善舞，嫉妒别人的朋友多，嫉妒别人学习好等。在求职问题上嫉妒心理的表现：看到别人某些方面求职条件好，或找到比较理想的工作时，产生羡慕，转而痛苦，又不甘心的心态。甚至为不让别人超过自己，而采取背后拆台等不良手段。别人成功了则说风凉话、讽刺挖苦、造谣中伤以发泄自己的恼怒。在择业中嫉妒心会使人把朋友当对头，使朋友关系恶化，嫉妒心还会使团体内（班级或宿舍内）人心涣散、人际关系冷漠，嫉妒者本人也会增加内心痛苦和烦恼，甚至影响求职的顺利进行。所以，嫉妒心是于人于己都不利的不良心态，新时代积极进取的大学生一定要注意克服它。

嫉妒心产生的原因是多方面的，如心胸狭窄，虚荣心太强，名利思想太严重等，实质上是自私的表现。嫉妒心是市场竞争中的一种不正当的以极端个人主义为核心的有害心理。这主要靠加强自我修养、提高道德水平来克服。其中最重要的是要做到两点：其一是要真诚待人，其二是要学会爱人。做人要诚实，这是立身之本，诚实的人既不自欺也不欺人，一生光明磊落，襟怀坦荡，潇洒地工作和生活，不会因做了亏心事而自欺欺人、担惊受怕、惴惴不安。诚实的人还可以主动改善人际关系，做好工作，使事业取得成功。仁者爱人是我国的传统美德。这是我国几千年优秀传统文化遗留下来的宝贵的道德遗产。古时候孔子在解释"仁"的含义时只概括为两个字："爱人"。"爱人者人恒爱之"，是古今以来颠扑不破的真理。有了这种精神境界，就能够设身处地为别人着想，别人有困难时给予帮助，有痛苦时给予安慰，就不会产生嫉妒心理。当然提高道德水平绝不是一朝一夕的事情，需要在日常生活中从一点一滴做起，长期地加强自我修养。如果体察到自己有嫉妒心，就要通过自我意识的控制、调节，及时把这种不良意识排除在自我人格之外。如果别人在某些方面确有优势，而自己明显不足，就要坦然对待，审时度势，下决定去超越，或转移竞争方向，在其他方面努力做出成绩。新时代的大学生应有这样的胸怀，欢迎别人超过自己，更要有勇气超过别人。

（四）择业怕苦心理及其调适

现代大学生没有经过艰苦生活的磨炼，普遍缺乏艰苦奋斗的创业精神。目前在大学生中存在着学工不爱工，学农不爱农，在毕业分配中死守天（天津）、南（南京）、海（上海）、北（北京），不去新（新疆）、西（西藏）、兰（兰州）的现象是明显的例证。在大学生求职过程中，普遍存在着攀高心理，理想职业的选择标准是三高，即起点高、薪水高、职位高。起点高是要求工作环境好，又有发展前途，最好是弹性坐班的单位。薪水高，就是注重经济收入，追求生活水平高。职位高就是要求社会地位高，最好是国家机关、各大公司。大学生要求所选择的工作名声好一点，牌子响一点，效益高一点，工作轻一点，离家近一点，管理松一点，这是典型的贪图享受怕吃苦的表现。在怕苦心理的驱使下，学生们选择职业的面很窄，形成千军万马过独木桥的局面。学校一宣布某外企招聘人，几个名额能有几百人参加；而一些国家需要但不能满足“六点”的单位求贤若渴却无人问津。这种局面的直接后果是增加了大学生求职的失败率和困难，有些同学长时间找不到工作就是死守“六点”的结果。怕苦的心理严重影响择业的成功率，因此大学生求职前就应克服怕苦的心理。

要克服怕苦心理，首先要从思想上认识到能吃苦是一个人最基本的能力，不能吃苦就不会有事业的成功，即使是“三高”职位也同样需要吃苦。曾有过一些大学生，千方百计挤进了外企后，又很快跳槽了，其原因是受不了外企紧张的节奏和工作的高效率。另外，也应认识到最艰苦的环境，最容易锻炼人，也最容易成功。

案例

世界级企业家美国的哈默博士，他在23岁时已是百万富翁，他完全可以在美英这些发达国家发展自己的事业。但是在第二次世界大战结束后，他勇敢地进入百废待兴、千疮百孔的前苏联，在那里他住的是从未见过的污秽的房间，与臭虫、老鼠为伴，没有洗澡间，没有水，没有面包。在这种艰苦的环境下他做了石棉、铅笔、毛皮、古董等多项生意，他的事业又取得巨大的成功。当然，要克服怕苦的心理，培养自己艰苦奋斗的作风更需要实践，大学生要在日常的工作学习中有意识地做好吃苦耐劳的思想准备，这对求职成功会大有益处。

第四节 树立积极的择业心态

为了提高大学生的心理健康水平，保证求职择业的顺利进行，不仅应当积极排除择业期间可能会出现的种种心理障碍，而且还应及早进行心理锻炼和思想教育，促使他们在校学习期间就努力形成正确、健康的择业心态。

一、转换角色

对于绝大多数学生来说，大学阶段过的是一种单纯而有保障的生活，学习、生活、交际、娱乐都较有规律，在这样的环境里，容易萌发浪漫的情调和美好的理想，但这样的生活与现实社会自然存在一定的距离。几年大学生活行将结束，在离别母校，踏上社会之前。最重要的就业心理准备，就是转换角色。

所谓转换角色，主要是指由一个“天之骄子”的大学生，转变为一个现实的社会求职者，抛开浪漫，抛开幻想，认识自己所处的真实地位和“严酷”的社会现实，实事求是地面对就业这样一个现实。要想正确地选择职业，就必须转变角色，不能把学校、家庭、亲友及同学所给予的关心、呵护、尊重当成是社会的最终认可。而要摆正自己的位置，客观、冷静地进入求职状态，认识社会，了解社会，以自身的实力，积极主动地去适应社会需要，在选择社会职业的同时，也接受社会的选择，正确地迈出人生这关键的一步。

二、正视现实

现实是客观的，既有有利于自己的一面，也有不利于自己的一面。应该看到我国目前生产力还比较落后，社会为大学生提供的工作岗位不可能使人人满意。供需形势也不平衡，边远地区、艰苦行业、基层和第一线急需人才。另外，我国毕业生就业市场还不规范，不公平竞争依然存在。这些都是客观现实，大学生应该面对这些现实，一切从实际出发，正视现实，既不幻想，也不逃避现实。

三、敢于竞争，善于竞争

当今人们所处的是一个竞争的时代，大到国与国之间的对抗，小到人与人之间的竞争。竞争冲击着人们的事业和生活，冲击着人们的意识和思想，在求职择业上亦是如此。

（一）敢于竞争

当今的时代，竞争机制已经渗入社会的各个领域和人生的整个过程。学习生活一开始，同学之间便开始了学习成绩的竞争，人人都希望得到好成绩，升入好的中学和大学。在大学阶段，竞争更为激烈，评三好学生、优秀毕业生，评奖学金，推荐研究生等，无一不和竞争联系在一起。但是大学生自身的竞争意识在过去并没有得到真正的强化，有的大学生面对竞争的挑战显得手足无措。深化改革的今天对大学生强化竞争意识提出了迫切要求，也提供了客观环境。迎接新的挑战，强化竞争意识是大学生在择业前基本的心理准备。

大学生强化择业的竞争意识，一是要在正确自我评价的基础上，充分相信自己的实力，敢于通过竞争去达到理想的目标；二是必须在心理上准备同“铁饭碗、大锅饭”的传统告别。必须从社会进步和深化改革的角度来加深对竞争机制的认识，强化自身的竞争意识，自觉地正视社会现实，转变观念，做好参加竞争的心理准备。

（二）善于竞争

要想在求职与择业中取得成功，仅仅敢于竞争还不够，还必须善于竞争。善于竞争体现在具备良好的心理素质、实力和竞技状态。在求职与择业竞争中，应注意期望值是否恰当。期望值是个人愿望与社会需求的比值，期望过高会使心理压力加大，注意力难以集中，造成焦虑，影响正常水平的发挥。

四、正确对待挫折

人们在求职择业中遇到挫折是正常的，切不可因此而自卑。一个心理健康的人对人生总保持着自信心，如丧失了自信心，就失去了开拓新生活的勇气。顺境中有自信心不足为奇。逆境中更需要自信心的支持。

生活中的挫折是造就强者的必由之路，挫折是锻炼意志、增强能力的好机会。遇到挫折后应放下心理包袱，仔细寻找失利的原因，调整好目标，脚踏实地地前进，争取新的机会。

树立崇高的职业理想与脚踏实地并不矛盾。失败者常常感叹求职择业真难。现实确实如此，尤其是理想的或热门的职业更是如此，存在着激烈的竞争。这是商品经济社会普遍的现象。职业理想的追求与实现，并不一定取决于职业本身。在中外众多的伟大科学家们的成长过程中，我们常常可以看到他们当初职业的起点并非那么“理想”。富兰克林曾经是个钉书工人，华罗庚初中毕业后便帮助家里料理小杂货铺，也曾在母校干过杂务。可见，较低的职业起点，并不贬低职业理想的价值，从现实的生活之路起步，也正是大多数科学家职业理想迸发、形成的环境。

挫折是一种鞭策。双向选择的本质意义是一种激励手段，对优胜者是这样，对失败者也是如此。它对失败者并不是淘汰和鄙视，而是促使失败者振作起来，彻底摆脱“等、靠、要”的就业心态，使自己加快自立自强的转化过程。

五、放眼未来

尽管社会为大学生择业提供了“双向选择”的机会，多数大学生可以通过“双向选择”获得较满意的职业。

不管怎样，择业是自己生活的起点，全身心地投入，才能使自己成长、发展、充实，从而实现人生的目的，实现服务于社会的目的。

要认识到基层是锻炼人的最好地方。我国的现状是大城市、大机关、科研单位、高校人满为患，人浮于事；基层却是人才匮乏。基层为大学生施展才华提供了有利条件。大学生要想成才，没有什么捷径可走，只有立足基层，才能有所作为。

要看到边远地区与发达地区的差距正在缩小，边远地区采取了很多吸引人才和有利于人才成长的措施。有理想、有抱负的青年大学生，应该怀着一腔热血，到祖国最需要的地方去建功立业、奉献青春。

要看到我国人事制度正在进行较大改革。随着市场经济的不断发展，人事制度也正在适应这一要求，越来越开放，人才流动的机会将会越来越多。首次择业未成功或未能如愿，还可以有第二次、第三次甚至更多的择业机会，人才市场将会为毕业生提供更为广阔的择业前景。

本章小结

本章主要介绍了大学生在择业过程中容易产生不良心理问题的原因和种类，分析了在现今环境下大学生如何借助有关方法来把握自己的心理特点，在求职过程中力争做到扬长避短。同时，针对在求职择业过程中产生的心理压力，为大家推荐了相应的心理调适方法，帮助学生树立正确的择业观，以积极的心态择业。

思考题

1. 大学生主要有哪些择业心理问题?
2. 大学生择业时如何进行心理调适?
3. 常见择业心理问题的调适方法有哪些?
4. 大学生应具有什么样的择业心态?

第五章

求职择业的方法与技巧

内容提要

求职择业是大学生完成学业、走上工作岗位的新起点。就业准备充分，能够帮助大学生找准职场定位，提升未来事业高度。本章将阐述获取就业信息的途径和方法，介绍简历和面试的相关理论，着重探讨简历撰写和应对面试的方法策略，旨在提高大学生的综合职业能力。

学习目标

1. 了解就业信息的收集渠道，能科学处理和鉴别就业信息。
2. 知道常见简历的类型和结构，能根据实际灵活撰写各种简历。
3. 熟悉面试前的准备，掌握面试技巧。

案例导入

张浩同学在校期间学习成绩优秀，毕业前夕他就完成了个人简历。为了增加胜算，他还罗列了好几个自认为可以胜任的应聘工作岗位，如销售、行政、HR、企划等。之后，张浩通过学校就业指导中心网站推荐的就业信息选择了一个招聘单位，并参加了面试，却由于面试不过关没有通过。后来，他又参加了学校和当地人才市场组织的几场大型招聘会，简历投了不少，效果很不明显。同时，他以“求职”为标题，将个人简历、成绩单、获奖证书等证明文件作为附件群发给了许多招聘单位的HR邮箱，以期获得他们的青睐。但是，陈浩至今也没有接到任何单位给他的回复，所有邮件杳无音信，如断线风筝，一去不回……

第一节　获取就业信息

就业信息是指通过各种途径传播的有关就业方面的消息和情况。现代社会是一个信息高度发达的时代，信息作为一种资源和手段，在就业领域发挥着越来越重要的作用。就业信息是大学生求职择业的前提和必备条件，关系到求职择业的成败。在就业市场上，多一些信息就多一些选择的目标，多一些主动。大学生应当及时、全面地搜集和掌握有关就业方面的各种信息，并科学地对这些信息进行分析、筛选，最终作出正确处理，为求职成功奠定基础。大学生只有掌握了大量正确的信息，才能增强求职的针对性，找到合适的工作。

一、就业信息的内容

毕业生在择业过程中需要的信息，大致包括如下三方面的内容。

（一）就业政策信息

就业政策是指国家有关部门制定的关于就业工作的方针、政策、部署和措施。例如：政府通过发展经济、调整经济结构开发就业岗位的政策，通过贷款、税收等优惠措施改善劳动者就业条件的政策，国家鼓励毕业生到基层就业的优惠政策，国家鼓励企业吸纳高校毕业生就业的优惠政策等。大学生熟悉并掌握这些信息，就能从容地面对社会环境的变化，对于科学规划人生道路，谋求长远发展十分重要。

（二）人才供求信息

人才供求信息是指各行业、各地区、各部门、各单位的职业岗位人才缺口、人才供需和流动趋势以及对人才素质的要求等信息。这些信息是最直接的就业信息。大学生可以根据人才需求状况，及时调整自己的择业期望值，做到有的放矢，提高就业成功率。

（三）用人单位信息

（1）用人单位基本情况，包括用人单位的准确名称、行业性质、经济类型、隶属关系、经济效益、薪酬待遇、社会保险待遇、职工培训机会、个人发展前景等。

（2）需求岗位的工作条件，包括工作地理环境、物理环境、工作时间、人才数量和规格要求等。

（3）招聘的具体要求，包括年龄、性别、学历、专业、职业资格、户籍所在地、招聘人数等。

（4）报名与联系办法，包括报名的时间、地点、证件、材料和联系方式等。

二、就业信息的收集

就业信息是通过多种渠道进行传播的。大学生必须广泛了解各方面信息，多渠道收集就业信息，以帮助自己作出正确的职业选择。

（一）各种就业指导机构

学校的毕业生就业办公室是毕业生就业的重要中介机构，是获取用人单位信息的主渠道。他们提供的信息不仅数量大，而且针对性和准确性强，是毕业生获取就业信息的主要渠道。还有各级毕业主管部门和就业指导结构、各种人才交流中心等。这些机构一般在每年 11 月份至次年的 3 月份专门组织各种形式的毕业生就业洽谈会，在毕业生和用人单位之间架起了一座信息桥，使毕业生直接获得许多需求信息。

（二）企业校园宣讲会暨招聘会

企业校园宣讲会一般是指企业在校园内举办与宣传、拓展及招聘相关的主题讲座，主要向大学生传达相关组织、团体或企业的情况、文化价值观、人力资源政策、校园招聘的职位信息等。

目前的校园招聘会主要有两种，一种是学校吸引成百上千的企业到学校（如在体育馆等场所）进行大型全行业招聘会。每年的冬、春两季，各高校都会组织周围的各大企业、事业单位进驻校园，举行各种形式的招聘会。招聘单位会在校园举办含金量很高的信息发布会，向毕业生介绍公司情况并进行招聘。另一种是专业性的小范围的招聘会。例如，网络公司直接到学校的计算机学院进行计算机专业应届生招聘。招聘会针对性较强，选择面较大，信用度高，可以减少毕业生的择业成本，免去了在外奔波之苦。

（三）新闻媒介

报纸、杂志、电视、电台等新闻媒体具有信息量大、覆盖面广、传播速度快的特点。而毕业生就业作为社会普遍关注的热点问题，一直受到新闻界的普遍重视，有关就业政策、热门话题讲座、招聘广告等也常有报道。还有教育部学生司和毕业生就业指导中心主办的《中国大学生就业》杂志以及各地人才市场报、各大小城市的晚报等，这些都是大学生获取就业信息的渠道，提供的就业信息和择业机会很多。

（四）社会关系

社会生活中人际关系无处不在，大学生通过自己的家庭成员、亲友、朋友、熟人、邻居、老师及校友等社会关系获取信息是非常有效的。朋友、老师、同学等了解你的所学专业、个性、爱好，比别人更清楚你适合到什么单位就业，家长和亲友对你的就业更为关心，他们与社会的方方面面有一些联系，也可以帮助提供就业信息。通过他们可以获得许多具体、准确的信息。

（五）社会实践、毕业实习

社会实践和毕业实习是大学生自我开发职业信息的重要途径。在社会实践的过程中，通过自己的努力赢得用人单位的好感、信任，取得职业信息甚至直接谋得职业的大学生不乏其人。因此，大学生在各种社会实践活动中，在了解社会、提高思想觉悟、培养社会能力的同时，也要做一个收集就业信息的有心人。例如，在社会考察活动中，应有意识地注意一些关于行业发展趋势、人才需求状况、具体单位/岗位用人的要求及途径等与大学生就业有关的问题；在社会服务活动中，应注意观察、思考，努力去发现自己原来没有想到的、潜在的职业或岗位，一旦有所发现，应及时追踪求索，捷足方能先登。

（六）用人单位

如果大学生对某单位心仪已久，可直接通过登门拜访、推荐信、电话等途径，主动与有关部门或用人单位取得联系。这种“毛遂自荐”的方式也是获取就业信息、获得就业成功的有效途径之一。

（七）招聘网站

通过互联网搜寻就业信息已成为如今大学生常用的获取信息手段之一，网络传递信息所具有的“多、快、好、省”的特点是其他信息渠道所不能比拟的，大学生可以通过许多专业招聘网站和行业招聘网站查看招聘信息和求职指导。

（1）院校的就业网站。

（2）目标单位的官网。

（3）专门的招聘网站：

应届生求职网，网址为 http：//www. yingjiesheng. com。

前程无忧，网址为 http：//www. 51job. com。

智联招聘，网址为 http：//www. zhaopin. com。

中华英才网，网址为 http：//www. chinahr. com。

58 同城，网址为 http：//www. 58. com。

赶集网，网址为 http：//www. ganji. com。

（4）行业的专门招聘网站：

金融英才网，网址为 http：//jr. job1001. com。

物流人才网，网址为 http：//www. 56zp. com。

建筑英才网，网址为 http：//www. buildhr. com。

拉勾网（专注互联网职业机会），网址为 http：//www. lagou. com。

（5）山东省高校毕业生就业信息网站：

山东省人力资源社会保障厅网站，http：//www. sdhrss. gov. cn。

山东高校毕业生就业信息网，http：//www. sdbys. cn。

山东就业网，http：//www. sdlss. gov. cn。

山东人才网，http：//www. sdrc. com. cn。

（6）区域性的专门招聘网站：

中国国家人才网，网址为 http：//www. newjobs. com. cn。

南方人才网，网址为 http：//www. job168. com。

各地区性人才网，图 5-1 所示为青岛市人才网的部分内容。

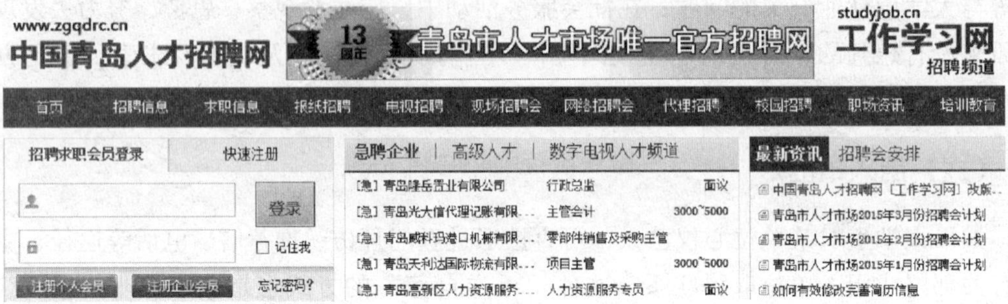

图 5-1 青岛市人才网

（八）新媒体

微博和微信是当下发展最快的新媒体形式，具有传播速度快、受众面广、无可替代的及时性与便捷性等特点。微博和微信通过图片、文字、视频等媒介，沟通更快速、针对性更强，目标人群定位更准确。及时关注、发送微博/微信已经成为众多大学生的一种生活习惯。大学生通过关注新媒体即可获取就业信息。有专家分析称，微博、微信正在悄然改变学生获取信息的习惯。

三、就业信息的处理

大学生在收集就业信息时，不能局限于“走马灯”式的了解，而应对所拥有的信息进行充分了解，在分析处理各种相关信息的基础上，去粗取精，去伪存真，筛选出有价值的就业机会。

（一）正确鉴别信息

鉴别获取的信息是信息处理的第一步，也是一个重要的前提。信息既蕴藏着机会，也可能潜伏着陷阱。亲朋好友传递的信息也许不全面，用人单位的广告加以粉饰的也不少。大学生对于各种信息都必须缜密思考，仔细推敲，将过时的、虚假的信息剔除，再根据自己的实际情况和用人单位的要求，有针对性地选择有价值信息，从而提高应聘的成功率。例如一些以营利为目的的中介机构，常利用网络的局限性，经常发布一些虚假或过时的用人信息以吸引、欺骗毕业生，识别招聘信息真假最直接的办法就是浏览官网进行确认。

（二）信息分类

处理信息时，要对与自己有关的信息按照重要程度进行分类，或者按照行业、薪资等依据分类。在分类的基础上进行信息加工、选择、整理和储存。一般的信息仅作参考，重点信息加以标注，从而有针对性地运用已有信息制作简历、参加招聘会、电话联系、登门求职等，为自己选择理想的工作岗位奠定基础。

（三）挖掘潜在信息

许多招聘要求的信息往往不是浮在表面上的，必须经过深入挖掘文字的潜台词才能发现招聘方的真正要求。例如招聘广告中有“精力充沛、有创业精神”的要求，意味着该公司处于初创或高速成长期，要经常加班或出差。同时，可能需要一个人做很多工作。但是，如果能忍耐度过这个阶段，那么得到晋升的概率也会非常大。

（四）及时运用信息

任何就业信息都有一定的时效性，如果对判断有价值的信息没有立即付诸行动，就有可能出现报名人选已满或用人单位已录用他人的情形。因此，就业信息一旦选定，就要不失时机地准备好相关应聘材料，主动出击，表达自己愿意去该单位工作的诚意，使就业信息发挥其最大价值。

案例

毕业在即，李某看着同学都找到工作了，着急得处处留“言”。后来终于逮住一家房地产公司，唯恐失去这根救命稻草，在对该公司性质、规模、经营前景等有效信息知之甚少的情况下，与其签了合同。后来李某前去实地考察，才知道该公司正濒临破产。自称签了“卖身契”的李某叫苦不迭。择业一定要慎思之，明辨之，切不可饥不择食。

四、提防就业信息陷阱

众多的信息资源往往良莠不齐，而五花八门的招聘陷阱更是无处不在。大学生找工作时需要拥有一双慧眼，自觉抵御和消除垃圾信息及有害信息的干扰。

（一）广告陷阱

如非法传销组织的不法分子，通过提供虚假信息、以高薪为诱饵，骗取不知情的大学生参与其中，从事不正当的商业行为；或用不当手法扣留求职者的保证金、证件等，使无辜者受害，这是吸引对行业基本情况无知的大学毕业生常见的手段。

（二）名称陷阱

市场上推销员等业务人员工作辛苦，报酬不高，但用人单位需求甚多，于是用人单位极力粉饰工种，并冠以“高级主管”“储备经理人”等头衔，求职者直到上班的第一天才知道实情。有一些公司为了争抢优秀人才，或吸引较高学历的应聘者，以自己称谓的职务头衔来欺骗毕业生，例如将保险推销员修饰为财政计划者，将计算机操作工修饰成信息工程技术员。

（三）枪手陷阱

如果招聘单位让求职者写一份文字材料或搞一个企业策划案或编写一个程序软件，初次求职者一般经验缺乏，加之防备松懈，加班加点完成了任务后却被告知不能录用。实际上招聘单位未必是想检验大学生的专业水平，也许他们对求职者写的材料本身更感兴趣。

（四）试用陷阱

一些单位打出“大量求聘”“急聘”字眼。表面看起来是求贤若渴，实则超员招聘，以择优汰劣为名，白白剥削试用期劳动力。求职者起早贪黑地干了近一个月，在试用期即将结束时，结果却被告知不能录用。这样一来，求职者交了培训费不说，还当了几个月的廉价劳动力。“你干得不错，但专业知识不足，公司需要对你进行培训，请先交 300 元培训费。”当求职者对此质疑时，该公司却说，不交培训费可以走人，但此前工作一个月的薪水免谈，令人气愤不已。

（五）明星陷阱

此类招聘对专业、户口等没有什么要求和限制，只是要求男女毕业生形象好。

遇到上述可疑情况，应事先通过正规渠道联系证实，并向所在学校报告。情况严重的，应该向派出所报告。

案例

精心设计的招聘骗局

某市人才市场举办冬季人才交流大会。市内一家“办公用品销售中心”现场招聘业务员若干名，证、照齐全。后来有 20 多位应聘者被录用。面试当日他们每人向该销售中心交了 3 000 元的培训费。其后该销售中心就关门大吉了，负责人亦不知去向。随即人才市场到本市工商部门查询，得到的回答是该销售中心十几天前办的营业执照是真实的，但经查其身份证是伪造的。由此看来，这场招聘是精心设下的骗局，他们利用的是本地工商部门注册的真公司、本地政府人才服务机构和本地有影响的新闻媒体的信誉，以消除应聘人员的戒心，达到骗财的目的。

诸如此类的招聘陷阱时有发生，应届毕业生需增强自我保护意识和辨别真假招聘的能力，切忌因一时求职心切而上当受骗。

第二节　简历撰写技巧

简历，顾名思义，就是反映一个人的简要经历，是对一个人生活、学习、工作经历、成绩的概括。简历犹如就业的敲门砖，是毕业生用来和单位取得联系，“投石问路”常用的方法之一。简历犹如一扇小窗户，HR 透过它来判断求职者的综合素质，因此撰写有特色并能吸引 HR 眼球的简历是赢得竞争的第一步。

一、常见简历类型

求职简历的类型多种多样，大体有以下几类。

（一）纸质简历

如果能在不同的时间、场合，投递类型合适的简历，肯定有助于大学生的求职。这里介绍几种类型的纸质简历。

1. 表格式简历

这种简历的优点是可以分类纳入多种资料信息，列出求职者的基本情况和学习、工作的经历，使人一目了然，易于阅读。这一格式通常用于年轻、缺乏工作经历的应届毕业生，简历中着重介绍的是所学课程、实践活动、兴趣爱好和临时工作经历等信息。

2. 半文章式简历

这种简历是文字表述和表格说明交互使用的格式。文字表述的长短和表格的设计可根据求职者的申请职位和具体情况而定。资历丰富的应征者也许会发现半文章式简历更有利。

3. 小册子式简历

这种简历是一种整理成册的简历，通常是多页的、半文章式的活页格式。其主要优点是可以提供给用人单位内容详细、分类清楚的资料信息。这种简历可以制作得较为精美，容易引起用人单位的注意。

4. 时序式简历

这种简历是按年月顺序，列出自己的学习、工作经历，条理清楚。这是最普通也是最直接的简历类型，即从最近的经历开始，逆着时间顺序由现在到过去分阶段倒推逐条排列个人信息。这种简历清晰、简洁，便于阅读。

5. 职务式简历

这种类型按职务或职能编写简历，即按个人的职务，包括专业、成就或职业性质等编写。按这一方式编写简历，能够突出介绍自己曾担任过相同或相似的职务，因而具有较强的针对性。

（二）在线简历

网申（网络在线申请），是指求职者通过公司官方网站的招聘页面或者第三方招聘网站投递简历的求职方式。这种简历就是在线简历。所谓在线简历，是指大学生在企业招聘时按照招聘网站申请页面提供的固定格式来填写的电子简历。也有部分企业需要求职者填写完其设计好的信息表格后再上传电子版个人简历，这也属于在线简历。现在，有越来越多的企业开始用在线简历代替纸质简历，意味着在线简历时代的到来。

（三）新媒体简历

随着互联网的发展，企业招聘方式也发生了变化，随着微博、微信等即时通信工具的使用和普及，不少企业为了减少招聘成本，已采取“微博招聘”和“微信招聘”等招聘方式。新媒体简历主要包括微博简历和微信简历，对求职者来说多了一个展示自我的机会，成为重要的求职名片。

微博简历也叫微简历，主要是指求职者通过微博平台向企业投递简历，以短小精辟示人，通过言简意赅的形式，介绍自己的优势、展示自己的卖点、体现明晰的职业规划。由于其表达方式新颖，内容特色鲜明，比较容易引起 HR 的关注。微信简历主要是指通过微信平台向企业 HR 投递简历。大学生通过创建微信公共账户，以文字、图片、声音和视频的简历形式图文并茂地展现自己，使 HR 比较立体和全面地了解应聘者。

二、简历基本结构

简历没有固定的结构，是求职者向用人单位介绍自己的基本信息和教育背景、成长经历、技能、经验、求职意向等的说明书，一般包括如下内容。

（一）基本信息

这部分通常安置于简历最前端，让 HR 一目了然地知晓应聘者的背景、年龄、性别等。电话和邮箱等稳定的联系方式一定要准确，籍贯、政治面貌、身高等信息酌情提供。如应聘国企，党员的政治面貌能起到加分作用；应聘酒店管理人员，身高及外貌等个人信息具有加分效果。

（二）求职意向

简历要写明想要申请的职位，表达出求职者的愿望，求职意向的表述应力求简明，与企业招聘所提供的岗位名称一致即可。

（三）教育背景

应届毕业生多半缺乏正式工作经验，因此教育背景对于学生简历来说是排在第一位的重要信息，务必慎重撰写。建议学历从高到低写，列出就读学校、所学专业、学分/绩点、外语、计算机掌握的程度等。相关的短期进修或是专业机构研习也可以列入，增强自己的岗位竞争力。

（四）相关经历

对于应届毕业生来说，相关经历还要包括实习经历和校园经历，这部分是 HR 关注的重点。因为根据相关经历，HR 可以评估该大学生的专业知识掌握程度、技能学习情况以及该岗位的特定经验等。一般而言，外企重视求职者过去的经历能否说明其具备一定的素质和能力，这要求毕业生用详细的文字或数字化的语言描述在实习中的具体工作及成果。而国企较为看重的因素有专业课程和成绩、学术活动、研究生师从的导师、与申请职位相关度很强的实习经历、是否学生干部等。例如，某大学生应聘“软件工程师”的岗位，就可以把他的“学校餐厅订餐系统软件开发”写进经历，这无疑是起到加分作用的。

（五）技能水平

重点是与求职相关的内容，包括专业技术特长、一般性特长以及其他特殊能力。一般性特长包括外语、计算机、普通话、写作水平等。要在简历中列出最能反映你的英语水平尤其是口语水平的成绩和证书。要有一两个更有说服力的描述，如获得“校内英语演讲比赛最佳表现奖”等，能表现出较强的英语沟通能力。

（六）获奖情况

奖学金获奖情况、优秀学生干部、省级优秀学生、创业大赛冠军等荣誉称号可以使 HR 了解大学生求职者在校表现情况。HR 建议，按照与所申请岗位相关程度高低罗列出获奖情况，同时把获奖时间、奖项、等级、颁发单位等列清楚。例如，获得优秀志愿者称号的学生，可以被认为是热爱公益、乐于助人的人，如果他申请的是行政助理岗位，这个奖项就起到支持作用，因为性格特征匹配也是 HR 的审查重点。

三、简历撰写技巧

简历不一定非要追求与众不同，只要把握好要点，千锤百炼，就能够写出一份精彩的简历。

（一）优秀简历的特征

优秀简历达到的标准：陈述和自评完全符合事实，同时表述意境高于事实；充分展示出自身价值，给 HR 以强烈的震撼与深刻的印象。

1. 内容真实

“一盎司的忠诚抵得上一磅重的聪明。”所有招聘单位都将诚信视为第一重要的品质，因此简历的真实内容是考核重点。简历弄虚作假不可取，有的毕业生为了给用人单位留下一个好印象，不惜在简历中弄虚作假，提供假学习成绩、假实习经历，编造工作经历或者工作业绩，甚至杜撰莫须有的“辉煌历史”。信息时代，用人单位可以通过很多途径核实应聘者的真实情况。一旦发现应聘者弄虚作假，即使才华出众也不会被录用。

2. 简洁明了

“简历”这个词突出的是“简”，简洁明了的简历更容易让招聘单位接受。据统计，HR 每天要面对大量的求职简历，工作非常忙，一般在粗略地进行第一次浏览和筛选时，每封简历的阅读时间相当有限，也就是 15～30 秒，而阅读感兴趣的简历不超过 120 秒。

简历的内涵需要精致外观搭配，才能相得益彰。简历的格式、版面必须条理清晰、流畅简练，令人一目了然。排版端庄美观，字体大小适中，整洁大方，疏密得当。应届毕业生的简历篇幅一般以 A4 纸 1 页为限，内容越长，被认真阅读的可能性越小。大学生将自己的工作经历浓缩在 A4 纸大小空间里，求精于简，充满亮点和抢分点，能给 HR 留下深刻的印象。高端人才有时可准备 2 页以上的简历，但也需要在简历的开头部分有资历概述。

3. 重点突出

每个人都有自己值得骄傲的业绩、特长和经验，要让简历突出自己的价值所在，把最优秀的成绩展现在 HR 面前。在职人士要突出职场经历、工作经验、比较优势、教育背景、特殊技能、荣誉和成就；应届毕业生的重点则放在对想获得职位的理解、感悟、态度、学历、社团经验、实习、所获荣誉、特殊技能及训练等方面。把校园活动经历和实习经历按照时间顺序描述，要突出与所申请岗位匹配的活动经历，切忌泛泛而谈。如展示个人核心能力与申请职位的高匹配度，强调有符合企业价值观、企业文化需求的个人理念等。如曾经获得过校园营销大赛冠军，应重点描述，将有助于毕业生应聘营销职位。

4. 个性鲜明

复制粘贴，千篇一律、毫无生机和特点的简历很容易使 HR 产生疲惫感。优秀简历要突出求职者的个性品质特征，展示个人特质。简历中通常都会涉及自我评价、职业动机、兴趣爱好等方面，大学生要在简历的字里行间透露出自信、热情、诚实、礼貌、谦虚的个性；展示出清晰的工作思路、稳健的工作作风等品格，使 HR 在浏览简历时，能够快速了解求职者，成为被 HR 赏识和选聘的对象。

（二）简历写作技巧

本章开始的案例中提到的张浩同学，学习成绩非常优秀，他认为自己的简历也做得不错，为什么多次参加招聘会却一直没有成功？很大的原因是简历没有吸引住 HR 的眼球，简历的撰写技巧还存在不足。

1. 针对职位，提取经历

HR 筛选简历的标准是根据职位来确定的。以西门子公司为例，他们在发布招聘广告的时候都有具体要求，包括学习背景、学历、专业、工作经验等。筛选简历时，主要看求职者的情况是否符合这些要求。对于应届毕业生，西门子公司主要考察他们的创新能力、学习能力、组织协调能力。

既然用人单位考察的标准是求职者是否与招聘岗位“人岗匹配”，那么简历中个人信息、工作经验的叙述越接近招聘职位的要求越容易赢得入围机会。

1）了解职位

撰写简历的第一步是要充分了解所申请职位的所有信息，即岗位职责和企业信息，主要包括岗位的职位名称、职位级别和职位发展前景，企业的工作时间、工作环境、品牌形象、企业价值观、企业文化和薪酬福利等。当然，要真正了解企业对应聘者的要求，可以通过企业网站或企业员工来详细了解。

2）提取经历

求职者在充分了解“所中意的职位”信息后，应该针对这个职位需要具备的条件来介绍和描述自己，然后对自身工作经历进行有针对性的梳理选择。应届毕业生可以从校园经历、假期实习、社会实践经历着手，精心选择、提炼出与申请岗位相符合的闪光点经历。

根据企业和职位的不同，大学生要对自身简历进行细致的修改。在简历中重点列举与所申请公司及职位相关的信息，弱化甚至删除对方可能并不重视的内容，增加简历胜出的砝码。例如，应聘的是一个销售或营销的职位，大学生过去的销售实习经历和销售成绩，或者在大学里修过的有关专业核心课程和参加的营销大赛获奖名次就可提取为重要经历，把亮点有目的性地展示给应聘单位，吸引 HR 的眼球。那种把自己所有亮点经历全部堆砌到简历上的做法是错误的，这些经历不但起不到加分的作用，而且可能导致简历在筛选过程中就遭到淘汰。

2. 扬长避短，弥补弱项

应届毕业生在求职中没有相关职业的丰富工作经历，应该在简历中尽力扬长避短。通过实习工作表明自己的吃苦精神和应变、适应能力；重点体现能与职位相关的专业课成绩的高学分和绩点、奖学金以证明学习能力；突出与所求职位相吻合的能代表自己能力素质的职业资格证书等。简历中还要强化大学生个人发展目标和职业生涯规划与企业未来发展趋势相吻合的愿望，表达出对未来企业有信心、对所从事的职位有兴趣及强烈加盟的愿望与决心，促使 HR 发出招聘通知。

改换工作的求职者，要在简历中讲明原因，并写出新工作的积极意义，如想从事研发工作，就应说该工作发展潜力大、极富挑战性，从中能体验到人生价值，这样容易使 HR 理解求职者，否则有的 HR 会对频繁转行的人印象不佳。此外，尽管求职者过去的工作与现在工作不相干，也一定让它们有所联系。

3. 文字撰写，言简意赅

文字撰写是制作简历的重点和难点，而言简意赅的简历最受欢迎。求职者要学会用关键词、数字、结果等文字来描述，使简历既简洁又有血有肉。

1）语言准确

简历作为一种实用型文体，行文要注意准确、规范，不要使用拗口的语句和生僻的字词，不能出现病句、错别字或者内部文字不统一的情况，不要过多使用专业术语、生僻用语和缩略语。外文不要出现拼写和语法错误。

2）用动词说话

有的大学生写简历喜欢使用许多文学性的修饰语，动辄引经据典、抒情议论，这些都是不可取的。简历中常用的词是动词，尤其是在相关经历部分，动词的魅力无法比拟，因为动词可以给人一种印象：求职者做了很多事情，且取得了非常好的效果。例如“策划学校科技文化节开幕式”“负责三星手机的校园推广活动”等，用动词说话的校园经历远远胜过一大段文字描述的结果。

3）用数据表达

大学生在简历中要避免使用“许多”“大量”“一些”“几个”这样的模糊词汇，学会用数据说话，用具体数字来强调自身价值，凸显出数据的说服力。当然，阿拉伯数字的效果优于中文数字效果。

例如：担任校学生会公关部部长期间，先后与10家企业建立联系，争取了2万元活动赞助经费；组织捐款活动，3个月内为身染重疾的××同学筹得10万元捐款。这几个数字达到的效果远远超过一般的“工作非常出色”“作出很大的贡献”等文字描述。

4. 润色审阅，精益求精

简历完成后，求职者需要检查简历中是否存在问题，如拼写错误、标点符号错误、遣词造句的错误等，然后进一步推敲润色确保以最精练的语言传递出个人信息。也可启动Word文档中的“拼写和语法自动检查”功能帮助查找并修改拼写和语法上的错误。

根据心理学知识，个体往往比较难以发现自身错误，大学生在修改简历时很难跳出原来思维框架看问题，建议将简历传给同学、师兄师姐帮忙找错，或者专业人士帮忙修改。简历定稿后，进行排版打印，然后再行检查，确保简历不出现任何瑕疵。

样例

重庆大学自动化专业吴芳芳投出的20多份简历全部都有回应，12天内成功就业。一份只有一页的简历，顺利通过了华为、腾讯等知名公司的简历关。吴芳芳的个人简历如下。

个人简历

照片

基本信息

姓名：吴芳芳　　性别：女

专业：自动化　　学历：本科

邮箱：×××@ qq. com　　电话：×××××××

家庭住址：×××××××

求职意向

相关软件开发行业

教育背景

2009—2013 ××××××××××大学

2006—2009 ××××××××××高中

2003—2006 ××××××××××中学

技能水平

大学英语四级 5××分

大学英语六级 5××分

全国计算机等级水平考试×级

个人经历

2009 —2011：担任班级生活委员、心理委员。管理班级生活事务，关注同学心理健康。

2010 —2011：担任沙龙学社副社长，被评为学校年度十佳社团。策划组织的“牛人俱乐部”系列晚会、英语四六级讲座均被评为学校年度精品活动。

2010 —2011：担任安全服务志愿者协会组织部部长。负责活动组织和策划。

2011. 7 —2011. 9：重庆迪升教学软件开发有限公司。职位：销售小组组长。前期负责电话与客户交流。后期与客户面对面沟通。领导力提升，判断力更强。

2011 —2012：勤工俭学。担任重庆大学心理咨询中心文秘工作。摄像，写新闻稿。

2012. 6 —2012. 7：重庆川仪自动化股份有限公司。职位：技术人员。负责生产流水线的现场监控。实习成绩为优。适应能力更强。做事效率更高。

自我评价

特长：写作、演讲、唱歌。热爱音乐、旅游、爬山、球类运动等。参加过唱歌比赛、学校运动会。口语表达能力强，有很强的沟通能力、合作能力。有团队精神、创新精神。性格活泼开朗，善于观察。洞察力强、胆大心细、责任心强，组织过户外旅行。

四、在线简历与网申技巧

目前，大部分企业都需要求职者进行网申，有的企业甚至不再接受纸质简历，而是对所有有意向的求职者在规定时间内进行网申。网申过程有两种方式：第一，直接上传电子简历到指定邮箱；第二，直接填写在线简历。企业通过这种方式收集简历，并利用网申系统进行简历筛选。

（一）注意事项

由于在线简历是按照企业设置好的模板填写内容的，所以没有任何一家企业的网申结构是完全相同的，但在线简历结构与纸质简历的结构基本相似。

1. 针对性地改动简历

在网申过程中，准备标准版本的回答并不是完全不可以，但起码要在应聘不同企业时，参照特定的人才要求和企业文化作一定程度的修改，针对职位描述，有的放矢地填写简历，切忌不要“千岗一版”。修改的原则是“与职位最相关的信息”，大学生根据企业招聘要求和侧重点将简历量身定做成与职位描述一致的简历。如公司要求招聘职位领导能力强，求职者简历也要说具有领导才能；要求沟通能力一流，简历中提到的经历也要与擅长沟通方面进行高匹配，以增加简历通过的机会。

2. 简历要充分利用关键词

目前，很多公司和招聘机构都建立了人才库，他们按照固定的标准和格式录入和维护人才库的数据和系统。网申一般是以关键词进行自动筛选，HR 通常使用“关键词搜索”软件或简历搜索器筛选收到的简历。例如，一个企业要招软件工程人员。HR 首先进行硬性条件淘汰，在筛选条件栏输入“985”“211”等词语即可得到符合该硬性条件的简历；然后设定搜索条件为行业“计算机”，职位“程序员”，关键词“软件工程师”，就可得到符合条件的简历。如果大学生的简历中没有上述重点描述或描述不符合条件，意味着简历在搜索阶段就已经被淘汰了，永远沉睡在网络黑洞里。

简历中关键词多多益善，只要是能概括或描述求职者技能或经历、能被搜索到的常用词汇或者术语都是关键词。例如，中国移动青睐那些来自重点院校、专业对口的大学生，而名校背景、突出的英语能力以及担任过班长、学生会干部、社团组织者的经历，都会成为应聘中国移动的加分亮点。中国移动网络招聘软件系统会根据这些硬性指标作为关键词进行自动筛选：学校和专业、学习成绩、班级排名、英语能力和项目经验。简历中拥有相应的经历及关键词成为突出重围的法宝。

大学生除了根据企业的要求来填写简历信息外，还要注意一些小技巧。例如在英语水平中，如果企业设置的筛选关键词是“大学英语六级”，而大学生填写的是“CET-6”,那么肯定吃亏。聪明的做法是填写“大学英语六级（CET-6）”，无论企业设置哪一项筛选条件，都不会失去机会。

3. 杜绝低级错误的出现

在线简历要能在各种计算机平台、操作系统、软件中打开，甚至要能在一台智能手机上打开。如果大学生编辑文档的软件、系统版本、计算机出现病毒等问题，又没有认真检查，就会导致 HR 收到的电子简历全是乱码。甚至有的大学生简历由于携带病毒，在没有被 HR 阅读之前就被拦截在企业防火墙之外。

简历要严格按照企业网站招聘区域的要求进行投递操作，大部分招聘单位要求简历通过正文发送，也有要求通过“附件+正文”方式发送，大学生要看清具体要求。很多企业担心感染计算机病毒，希望求职者将简历用 Word 文本格式粘贴在邮件正文中（粘贴后要重新排版）。如果在附件中放了一大堆电子资料，HR 是没有时间去下载阅读的。

有的大学生投简历之前连招聘职位都没看清楚，直接把之前的简历原封不动地拷贝过去。例如，对方明明招聘的是行政助理岗位，而求职者邮件名称上还写着“应聘营销人员”，会让 HR 怀疑这种求职行为比较草率、不严肃。

大学生网申注册简历的邮箱要真实，很多招聘单位都采用电子邮件发送面试通知的方式，假如邮箱是假的，就会错失面试机会。

（二）简历投递技巧

如何才能把简历顺利提交到 HR 的面前，使大学生在招聘单位的第一轮筛选中能够顺利过关?

1. 邮件标题要鲜明

邮件标题要明确，单刀直入地点明主题，推荐的标题格式是“姓名+应聘职位”，如“张浩应聘英语教师职位”。如应聘的是市场部经理，招聘单位的要求是最好有 4A 广告公司经验，而求职者正好具备，可在邮件标题上注明“具有 3 年 4A 广告公司市场部管理经验”。否则，邮件会被过滤掉或被系统自动归类到垃圾邮件中。

2. 简历投递要有目标性

切忌一份简历向一家企业同时申请多个职位或向同一企业频繁发简历，或者同一份简历批量发送给多个招聘单位。有的大学生把各企业的招聘邮箱同时拉进“收信人”栏中群发，或者给已发送的简历换个收件人地址反复转发。这种原封不动地转发过多次的简历不可能有针对性，没有既定目标，也缺乏主见。有经验的 HR 能够很快识别出该简历是否已投递了多家企业，HR 会认为求职者非常盲目而产生反感，于是简历的吸引力会急剧降低，对求职非常不利。

3. 网投时间要把握

有的大学生选择在网申截止前几个小时才开始投简历，殊不知有些企业当时已经停止筛选简历了。例如，某企业在网申截止前，求职申请量太大以致服务器瘫痪，但又面临第二天就要提供面试名单的难题，企业只好作出无奈的选择。因此，建议求职者在网申时间的前中段去投简历，这时数据信息不是很多，能够保证在线申请完全进入数据库。HR 一般会在上午 9 点半左右和下午两点左右打开邮箱审阅简历，这个时间点进行网投比较合适。

4. 常刷新简历获得更多机会

用人单位上网搜索简历库的简历时，总是将符合条件的简历按刷新时间排列和筛选。由于时间限制和工作量的关系，一般 HR 通常只看前面几页。怎样让 HR 一打开邮箱就能看到大学生的简历？求职者需要经常去网上更新自己的简历，不断更新日期和内容，刷新以后，就能排在前面，更容易被 HR 找到，以获得更多求职机会。

第三节　掌握面试技巧

当求职者的简历通过用人单位 HR 筛选后，就进入了面试环节。面试是一次机会，更是一场考验。如何能够让自己在众多的求职者中脱颖而出，是每一个应届毕业生都必须好好完成的一门功课。因此，大学生在面试前要做好充分准备，适当进行形象设计。面试中充满自信，用平和的态度应对主考官的提问，用简明扼要的言语回答问题，并运用合理的体态语言，积极主动地推销自己，展示自己的综合素质，以最终取得面试的成功。

一、面试种类

面试的形式多种多样，不同性质的用人单位面试种类也不同。实际工作中，每一个人都会遇到各种类型的面试，大的、小的，团体的、个人的，形形色色的面试。根据面试的内容和要求，可以分为不同的面试类型。

（一）根据面试的结构化（标准化）程度

1. 结构化面试

结构化面试是常见的一种面试，是指面试的面试官、面试流程、面试主题及向求职者所问的问题等对每个人都是一样的。面试问题大多属于封闭式问题，有标准答案。它是基于一大批候选人，需要进行择优录用时采用的面试手段，公务员录用面试即为结构化面试。

样例

某市公务员招考的结构化面试题本和评分标准

问题：从学校跨入社会，是人生的一次重要选择，你在选择生活，生活也在选择你。请你简单介绍一下自己的基本情况和主要经历。

追问：每个人的性格特点中都有优势和不足，你觉得自己性格特点中的优势和不足对报考公务员岗位会有什么影响？为什么？

出题思路：背景性题目。通过了解应试者的基本情况，考查应试者的求职动机与拟任岗位的匹配性及自我认知能力。

参考评分标准如下。

好：具备拟任岗位所需的知识、素质。能辩证、客观地评价自己，自我认知能力强。所谈经历及对自己的评价诚恳、可信。善于分析、总结。

中：基本具备拟任岗位所需的知识、素质。所谈经历及对自己的评价合理、可信，自我认知能力一般。

差：现有的知识、素质与拟任岗位相差较远，自我评价缺乏真实性，自我认知能力较差。动机与拟任岗位不匹配。

2. 非结构化面试

这是对与面试有关的因素不作任何限定的面试，也就是通常没有任何规范的随意性面试。非结构化面试颇类似于人们日常非正式的交谈。面试官与求职者围绕某主题进行随意性交谈，让求职者自由发表议论。面试问题大多属于开放式问题，没有标准答案，面试官则在“闲聊”中观察求职者的行为。从回答和行为中对求职者的组织能力、知识技能及谈吐风度等进行全面考察。非结构面试一般适用于招聘高、中级管理人员。

3. 半结构化面试

这是把结构化和非结构化面试两方面相结合，只对面试的部分因素有统一要求的面试，如规定有统一的程序和评价标准，但面试题目可以根据面试对象而随意变化。一般来说，现在企业招聘大多采用这种方式。

（二）按出场人数分类

1. 一对一面试

求职者与考官一对一“过招”，这是常见的方法。

2. 众对一面试

一个求职者同时与众多考官进行面试。

3. 小组游戏

考官同时考察一组求职者，这时考官人数是不确定的。目的有三个：一是可以横向比较求职者，统观全局，大致了解每个人的特色；二是考察小组成员的团队合作精神；三是节省时间，因为招聘工作时间紧，常常来不及一个个面试。外企面试多用游戏测试。

（三）按考察方式分类

1. 无领导小组讨论面试

无领导小组讨论面试又叫无领导小组面试，是企业现在常用的一种面试形式。顾名思义，小组中，每一个面试者都是平等的，需要通过自己的努力，争取到小组公认的角色，并为小组讨论结果，贡献自己的力量。一般情况下，面试官把求职者组成一个临时工作小组，要求他们就某一问题展开自由讨论，以每组 6～8 人为宜，讨论时间大约为一个小时。整个过程中，面试官不指定谁是领导，所有求职者角色都是平等的。讨论时一般采用圆桌，让求职者自行安排，观察每个求职者的表现，包括他们的组织协调能力、逻辑分析能力、口头表达能力和非言语沟通能力等。在这个过程中，求职者通过自己的表现，展示自己各方面的能力和素质，如分析问题能力、沟通表达能力、团队合作能力、专业知识运用能力、情绪控制能力、领导力等。

各面试官只观察并依据评分标准为每位求职者打分，不准参与讨论或给予任何形式的诱导。一般讨论分为以下三个阶段。

第一阶段：面试官宣读试题，求职者了解试题，独立思考，列出发言提纲。

第二阶段：求职者轮流发言阐述自己的观点。

第三阶段：求职者自由发言，不但阐述自己的观点，而且对别人的观点提出意见，最后达成某一协议。

案例

假设你是某面包公司的业务员。现在公司派你去偏远地区销毁一卡车的过期面包（不会致命的，无损于身体健康）。在行进的途中，刚好遇到一群饥饿的难民堵住了去路，因为他们坚信你所坐的卡车里有能吃的东西。这时报道难民动向的记者也刚好赶来。对于难民来说，他们肯定要解决饥饿问题；对于记者来说，他是要报道事实的；对于你业务员来说，你是要销毁面包的。

现在要求你既要解决难民的饥饿问题，让他们吃这些过期的面包，以便销毁这些面包，又要不让记者报道过期面包的这一事实。请问你将如何处理？

说明：面包不会致命，不能贿赂记者，不能损害公司形象。

要求：

独立思考，列出发言提纲，时间 3 分钟；

个人观点陈述，时间 2 分钟；

自由讨论，时间 30 分钟；

形成方案，时间 10 分钟；

代表发言，时间 5 分钟。

2. 情景模拟面试

用人单位通过创设一种逼真的情景，让求职者身临其境，以任职者的身份在这个环境中处理实际问题。这种面试主要考察求职者分析、决策、组织协调等方面的能力。面试的模拟性、逼真性强，求职者的才华能得到更充分、更全面的展现，主考官对求职者的素质也能作出更全面、更深入、更准确的评价。

案例

北京某旅游公司要招聘几名新员工，要求是能够具有创业精神，以较少的开支和较短的时间开拓公司旅游业务。在对考生的外语水平和业务知识进行考核的基础上，还剩下3名考生。考官让考生独自一人在办公室值一次夜班，负责接收国内外传真和电话。每隔一段时间，考官都要与之通话，了解业务情况。值班室（考场）设在会议室，屋内没有床位，只有会议桌和椅子及电视，电话则放在隔壁的办公室里。面对这一“考试”，三位考生的表现各异。第一位明确表示，自己从小还未睡过这种“床”，担心会从会议桌上掉下来，不愿值夜班。第二位满口答应，可是晚上的电话却无人接。第二天早上问他为何未接电话、未能值班时，他振振有词地说：“毛毯太脏了，也没有枕头，我自费在外面开了一个床位。”考官表示住宿费可以报销，然后客气地将他送出考场。而第三位考生的表现则受到两位考官的一致称赞。当天晚上，两位考官佯装询问业务情况分别几次往办公室打电话，铃声一响，便有人答话，而且非常及时，使考官十分诧异：会议室中无电话，值班地点与电话机有十几米的距离，为何接听电话速度这样快？于是，相约第二天早晨早些上班看个究竟。当考官到达时，这位考生正在收拾房间。原来，他在会议桌上铺满报纸，将隔壁的电话牵到了会议桌上，报纸当枕头，身盖毛毯，随时可以接收电话。等他收拾完房间，物归原处时，考官关切地问他：“吃早饭了吗？晚间休息得好吗？”他回答说：“昨天晚上就买好了方便面，早饭已用过，还说这种条件比在家中是艰苦一些，但比起上学期间的出外实习、游玩条件要好得多。我与同学结伴去泰山等地旅游时，白天游览，晚上要么睡在火车途中，要么睡在车站，为了看日出，只租了一件大衣，在山上待了一夜。所以，像值班一类的工作，我很快就可适应。”说得考官连连点头。

3. 案例分析面试

这是用具体案例来考察应聘者的面试形式。在一个案例面试中，面试官会向求职者提供一个特定问题的信息，由求职者进行分析并给出结论。大多数的案例分析并没有某个特定的正确答案，只有更好的答案。求职者的工作是基于被提供的信息进行分析和合理假设，之后向面试官提出一串逻辑性良好的问题，再根据面试官的系列问题索要更进一步信息，最后作出总结并提出建议。面试官希望通过应聘者观察分析案例的过程，考察求职者的分析能力、应变能力和创新能力。案例面试需要应聘者平时的积累，但是临场发挥也非常重要。

例如，面试官可能会给求职者一道案例分析题：怎样计算出一辆汽车的载重量？应聘者通过简短的思考后可能会问是不是可以给有关人员打电话询问。当被告知不可以时，应聘者可能会继续发问：汽车是什么类型的？体积多大？是空箱还是满箱？乘坐多少人？等等。面试考官会从这些问题里判断求职者思考问题的角度和周密性，以及对解决方案的策划水平。

4. 轻松随意面试

有时企业会安排一些轻松随意的面试，如共同进餐或喝杯咖啡等。HR 从你的个人信息细节里提取话题，通过交流，从而了解求职者的个人能力、个人礼仪、个人修养和品行习惯等。美国著名商学院经常采用这类面试。

案例

民事调解员的面试

招聘面试有的时候是事先明确地让面试者知道是在考他，而有的则是事先不讲明，在面试者不留意中进行测试。有一街道办事处招民事调解员调解民事纠纷，考官特意留下 10 位初试入选的人吃午饭。没想到下午复试时，午餐交谈甚是积极的三位考生全部中选，而心事重重、食不甘味的另七位却全都名落孙山。

这位考官事后解释说，街道办事处要求每位民事调解员都要有良好的心理素质和应变能力，否则是做不好调解纠纷工作的。这样的考题提醒面试考生：在参加与招聘单位有关的一切活动中，都要增强应试意识，处处留心招聘单位在暗中考察你、测试你。

（四）按阶段分类

1. 初试

初试一般考察求职者的工作匹配度、工作稳定性和表达能力，把具备基本应聘条件的人先筛选出来。考察形式一般是电话面试、视频面试和现场面试。面试官一般是 HR 或老板。

2. 复试

复试又称选拔性面试。它是一个精挑细选的过程，常由级别较高的人来主持面试，时间更长，程序更复杂，只有少数的求职者会脱颖而出。

3. 录用面试

用人单位和应聘者双方针对一些实质性问题进行协商，达成一致性意见，最后签订协议。

（五）企业常用的面试方法

1. 压力面试

压力面试是以考官穷究不舍的方式连续就某事向应考者发问，且问题刁钻棘手，甚至逼得应考者穷于应付。考官以此种“压力发问”方式逼迫应考者充分表现出对待难题的机智灵活性、应变能力、思考判断能力、气质性格和修养等方面的素质。压力面试通常用于对谋求要承受较高心理压力的岗位的人员的测试。房产、贸易、咨询、传媒等行业，或者销售、客户服务、公关、外贸等一些工作压力较大、需要经常处理紧急事件或工作强度大的职位，会更多地遭遇压力面试。

案例

你是“捣蛋分子”吗？

主考官：这是一份充满创意的工作，需要逆向思维能力。请问：从小到大，你做过最捣蛋、最让父母头痛的事是什么？

回答1：我一直是好学生、乖小孩，没做过坏事，也没想过去做坏事。（错误，太乖的孩子通常没什么创意）

回答2：我常胡思乱想，和朋友堆一整天积木也不累。上学时，我也曾参加过火箭社、演讲社，但不曾做过什么破坏性的事，也不认为做坏事才能体现创意。（正确）

回答3：我这个人好动，喜欢发明东西，常把家里的瓶瓶罐罐拿来实验，或把空木箱子改装成唱机和音箱。好在得过几次科学实验奖，才没有被父母处罚。（正确）

解析：考官已强调这是一份需要创意的工作，所以回答自己喜欢胡思乱想、参加社团、玩积木、研究实验、得到科学奖等，都可以加分。相对来说，太乖巧老实的孩子，就显得不知变通，不合考官的心意。压力面试中技巧在于冷静，别被主考官的思维所左右。

2. 能力面试

与传统的面试方法注重求职者以往所取得的成就不同，这种方法更多关注的是他们如何去实现所追求的目标。在能力面试中，面试官要试图找到应聘者过去成就中所反映出来的特定优点。能力面试已被实践证明是一种非常实际、有效的面试方法。它可以在最短的时间内，考察应聘者的人际交往沟通能力，分析问题与解决问题能力等方面。

案例

西门子——考察能力占用时间最长

对于吸引、选拔人才，西门子有一套独特的操作模式。在西门子，招聘人才往往是能力考核占40分钟，考察经验花30分钟，而考察知识仅用5分钟就够了。因为一个人的知识量，两三年的时间就可以改变，经验也会随之改变。但是，能力持续期可能是二三十年或者一辈子都改变不了。

二、面试内容

面试的内容主要包括以下几个方面。

（1）形象与举止：对应聘者仪表着装、言谈举止、文明礼貌等方面的考评。

（2）求职动机与期望：对求职者克服困难的意志、兴趣爱好、价值观、职业未来发展性等方面的考评。

（3）气质与心态：对应聘者个性特征、品格修养、精神面貌等方面的考评。

（4）潜在能力与上进心：对应聘者的知识积累、创造力、主动性、成就倾向等方面的考评。

（5）语言表达、综合分析、人际交往等各种能力：对应聘者语言逻辑性、交流技巧、问题分析能力、友善亲和性等方面进行考评。

（6）任职资格：对求职者对于应聘单位的认识、对于企业文化的理解、专业知识、专长能力、身心素质等方面的考评。

三、面试准备

面试的准备主要在平时。知识的积累，能力和修养的提高，都不是一朝一夕之功。但在面试前，大学生仍有一些必要的准备工作需要做好。

（一）信息准备

大学生要充分了解应聘单位及面试的有关情况，主要是对用人单位的性质、地址、规模、经营业绩、发展前景、应聘岗位职务及所需的专业知识和技能等要有一个全面的了解。同时还应该通过各种途径了解当天对应聘者进行面试考官的有关情况及面试的方式、过程，以及面试时间安排，做到心中有底、有备无患，达到知己知彼的地步。

（二）心理准备

面试就好比是一场考试，既测试每个人的能力，也测试每个人的心理素质和临场发挥。大学生勿自贬自卑，勿恃才自傲。对面试充满信心，及时调整自己的心态，积极、乐观地面对选择。克服自卑心理，保持镇静，消除紧张，保持良好的状态，快乐的心情，树立必胜的信心。

（三）资料准备

大学生要熟知应聘岗位所需的专业知识和业务技能，参加面试前一定要准备好相应的求职材料，如简历、与应聘职位相关的资格证书、社会实践经历的证明材料、获奖证书、参加学校社团证明的材料等，供面试官查阅参考。另外准备一篇自我介绍。许多用人单位在面试时都要求应聘者作一个自我介绍。因为招考单位的招考人提问哪些内容、时间长短都不一定，所以你必须练习控制时间，将自我介绍说得明确得体，创造一个良好的第一印象。

（四）问题准备

仔细研究和推敲面试时可能会提到的问题，大学生必须为一些典型问题准备答案，能够在面试现场清晰地自我表达。准备工作做得越充分，面试结果就会越好，同时大学生也应该准备几个问题来问对方，使面试官知道求职者的水准和想了解的问题，给人留下深刻的印象。

现在有很多网络虚拟面试平台可以供大学生在线练习，例如中华英才网校园招聘互动版块（http：//campus. chinahr. com/guide/interview/index. asp）。虚拟面试所有问题都是针对大学生求职设计的，互动平台对不同的回答作出了具体的点评。在实际面试中，大学生可能还会碰到许多其他的问题，但是面试回答点评中所用的原则是普遍适用的，大学生可以灵活运用。

（五）形象准备

大学生面试前还要注意保持自己的形象，保证充分的睡眠和愉快的心情，以保持良好的精神状态。面试前还应注意修饰自己的仪表，衣着要得体、干净整齐，皮鞋也要擦干净，头发整齐，使穿着打扮等与年龄、身份、个性等相协调，与应聘的职业岗位相一致。

四、面试技巧

大学生掌握了相关的面试技巧，就可能在激烈的竞争中脱颖而出。例如，电话面试要保证信号畅通，保证安静的环境和良好的通话质量。视频面试进入远程招聘系统前，准备好头戴式耳麦、计算机摄像头以及面试中可能会用到的相关电子文档。本章主要介绍一些常见的面试技巧。

（一）面试礼仪

1. 初次见面时的礼仪

1）准时赴约

大学生应提前10～15分钟到达面试地点，既给自己充分的缓冲时间来放松调整心情，也给用人单位留下良好的第一印象。守时守约在人们的日常生活中已成为起码的礼数，迟到、失约是面试中的大忌。这不但会表现出求职者没有时间观念和责任感，更会让面试官觉得应聘者对这份工作没有热忱，从而影响面试官的第一印象。

如果临时发生了意外情况不能按时赴约或不能参加，大学生也要及时告诉用人单位并表示歉意，并预约另一个面试时间力求得到用人单位的谅解，争取能得到补试的机会。

2）礼貌通报

大学生进门前，一定要有礼貌地通报负责面试的人员。如果门关着，一定先敲门，当听到允许进入的回答后，再轻轻地推门大方走进去，进门不要紧张，先将门轻轻关闭，动作要得体，表现要自然。

3）正确称呼

面试开始和面试过程及结束告别时，应聘者会多次涉及称呼问题。在面试这种重要的场合，称呼必须正确而得体。一般可以直接称呼面试官为“您好”，也可以叫“老师”。应届毕业生的话叫“老师”会更亲切一点，而且也表示对对方的一种尊重。如果知道对方的职务，可以称呼面试官“姓+职务”，如王经理。

4）热情握手

握手是一种礼貌，同时也是一种常见的社交礼仪。大学生要有礼貌地问候，表现出谦恭有礼的态度，同时握手要有力，眼睛要看着对方的眼睛，面带微笑，显得轻松自信。

5）谈吐文明

大学生在面试过程中要注意自身的谈吐形象，正确使用态势语言。说话要和蔼可亲，普通话力求标准。尊重考官，不轻易打断对方的发问，不随意插话，更不能贬低别人、抬高自己。语言要彬彬有礼，不要轻易反驳，要不时地点头表示赞同。谦虚、诚恳、自然、亲和、自信的谈话态度会让大学生在任何场合都受到欢迎。自负的话会吓到面试官，哀求的话也不可取，因为企业挑选人是为了创造价值而不是施舍，过分谦虚自卑，会给人没有主张、懦弱胆怯的印象。大学生的语言能力不是一蹴而就的，平时要注意积累，不断培养自己的倾听能力、思维能力、记忆能力和联想能力。

6）适时告辞

面试是有限定的谈话，不可久留。在高潮话题结束之后或者是在面试官暗示之后，大学生就应该主动告辞。面带微笑，亲切握手，充满热情地告诉面试官对此职位的兴趣，感谢面试官的接待以及对你的考虑，然后离开，给对方留下好印象。

2. 形态礼仪

形体语言是重要的公关手段，起着无声胜有声的作用。招聘单位对应聘者的第一印象最重要，有时一个眼神或者手势都会影响到整体评分。形体语言主要有手势语、目光语、身势语、面部语、服饰语等，大学生要做到仪态大方得体，举止温文尔雅。

1）面部表情

微笑很重要，它是自信的第一步，是一种令人感觉愉快的面部表情。适当微笑，能显现出一个人的乐观、豁达和自信，可以缩短人与人之间的心理距离，为深入沟通与交往创造温馨和谐的气氛。大学生具有赏心悦目的面部表情，应聘的成功率会远高于那些目不斜视、笑不露齿的人。

2）眼神

眼睛是心灵的窗户，恰当的眼神能体现出智慧、自信以及对申请职位的向往和热情。大学生正确的眼神表达：礼貌地正视对方，目光平和而有神，专注而不呆板；切忌斜视、下视、仰视，更不能有飘荡、心不在焉甚至挑逗眼神；注视的部位最好是面试官的鼻眼三角区（社交区），如果有几个面试官在场，说话的时候要适当用目光扫视一下其他人，以示尊重；回答问题前，可以把视线投在对方背面墙上，思考两三秒钟，不宜过长，开口回答问题时，应该把视线收回来。

3）手势

大学生说话时做些手势，加强对某个问题的形容和力度，是很自然的，可手势太多也会分散人的注意力，需要时适度配合表达。有的大学生由于紧张，双手不知道该放哪儿，而有些人过于兴奋，在侃侃而谈时舞动双手，这些都不可取。大学生尤其注意不要有太多小动作，切忌抓耳挠腮、耸肩、为表示亲切而拍对方的肩膀等行为，这是不成熟的表现。

4）坐姿

大学生良好的坐姿也是给面试官留下好印象的关键要素之一。进入面试室后，考官告诉你“请坐”时才可坐下，坐下时应道声“谢谢”。坐椅子时最好只坐2/3，不要靠着椅背，上身挺直，别抖动双腿或将双手叉于胸前。可全身稍稍放松，很自然地将腰伸直，并拢双膝，把手自然地放在上面。女生最好两腿并拢，身体可稍稍倾斜。

5）化妆

女生切忌浓妆艳抹而过于妖娆。这样不符合大学生的形象与身份。男生给人以干净、阳光的感觉就可。

6）发型

大学生的发型不仅要与脸形配合，还要和年龄、体形、个性、衣着、职业要求相配合，才能体现出整体美感。求职忌颜色夸张怪异的染发，男生忌长发、光头。求职者可根据应聘的不同职业，发型也应有所差异。例如，艺术类工作对发型的要求更宽泛一些，适当染一点色彩或者男生留略长一点的头发也可以接受。但不管设计梳理什么发型，都应保持头发的清洁。

（二）倾听的技巧

倾听是交谈中的重要礼节。倾听表示对对方的尊重，倾听还可以表示自己对话题很感兴趣，使对方获得心理的满足，同时也能够使自己获得更多的信息，以便随时调整自己谈话的内容。

大学生在面试中倾听面试官谈话时要做到以下几点：一是目光要专注，并不时地与之进行目光交流，千万不要东张西望；二是面带微笑，适度赞同对方；三是身体要稍稍前倾，手脚不要有太多的姿势；四是注意察言观色，根据面试者体态变化，判断主试者的内心活动以及对自己的认识和态度，有针对性地应付，变被动为主动。

（三）语言表达的技巧

面试是双方一问一答，彼此交流的过程，恰当得体的语言表达会增强求职者的竞争力。语言表达包括应答技巧和提问技巧两方面。面试中应届毕业生主要是以回答面试官的提问来接受测评的，同时也应主动提出一些问题，来展示自己的整体素质。语言表达要做到简练、果断，有条理，口齿清楚，切忌含糊其词，东拉西扯，答非所问。

1. 应答技巧

为了全面考察求职者，用人单位常常会提出很多问题，大学生必须充分准备，做到有问必答，临场不乱。面试官会问应聘者的工作经历、技能、受教育情况、社会活动和兴趣爱好等，以此来确定应聘者是否会胜任企业的工作。大学生回答问题要自然、简短，抓住要点，尽可能举出具体实例来说明自己的观点。

1）辨清题意，从容作答

对面试官提出的问题，在弄清提问者意图后，抓紧组织谈话要点。有的大学生在回答“你对工资的期望值是多少”这个问题时不假思索，斩钉截铁地报出一个数字。正确的方法是先做出思考的样子，然后不慌不忙地回答：“我听别人说这个职位的行情大概是……”这样的答案比较适中。

下面介绍经典面试问题回答的思路。

【问题一】请介绍一下你自己吧。

【思路】这是面试的必考题目，是个开放性问题。介绍内容要与个人简历相一致；表述方式上尽量口语化；要切中要害，不谈无关、无用内容；条理要清晰，层次要分明；最好提前以文字的形式写好、背熟。

【回答样板】“我来自一个普通家庭，父母都还在工作。我攻读的是市场营销专业。期间在一家商业机构担任营销执行员，学了不少管理方面的知识。我曾经全权负责一个批发销售公司的业务，销售总额一年为 200 万元。在那里我学习到怎样在压力下解决问题。我希望能更好地运用我的技能，我相信经验和学历将使我能够迎接未来更大的挑战。”

【问题二】我们为什么要录用你？

【思路】应聘者最好站在招聘单位的角度来回答问题。招聘单位一般会录用这样的应聘者：基本符合条件、对这份工作感兴趣、有足够的信心。如：“我符合贵公司的招聘条件，凭我目前掌握的技能、高度的责任感和良好的适应能力及学习能力，完全能胜任这份工作。我十分希望能为贵公司服务，如果贵公司给我这个机会，我一定能成为贵公司的栋梁！”

【回答样板】“我是个经验丰富的经理，从项目运作、项目实施到员工队伍建设方面，我都得心应手。此外，我还帮助公司顺利实现了技术改造。我经常对主要客户进行示范讲解，我们的销售额在过去两年平均增加了 87%。”

【问题三】谈谈你的缺点。

【思路】或者说自己没缺点，或者把那些明显的优点说成缺点，或者说出严重影响所应聘工作的缺点，或者说出令人不放心、不舒服的缺点；可以说出一些对于所应聘工作“无关紧要”的缺点，甚至是一些表面上看是缺点，从工作的角度看却是优点的缺点。

【回答样板】“我需要学会更耐心一点。我的性子较急，总要把工作赶在第一时间完成，不能容忍工作怠慢。”

【问题四】你是应届毕业生，缺乏经验，如何能胜任这份工作？

【思路】如果招聘单位对应届毕业生的应聘者提出这个问题，说明招聘单位并不真正在乎“经验”，关键看应聘者怎样回答。对这个问题的回答最好要体现出应聘者的诚恳、机智、果敢及敬业。

【回答样板】“作为应届毕业生，在工作经验方面的确会有所欠缺，因此在读书期间我一直利用各种机会在这个行业里做兼职。我也发现，实际工作远比书本知识丰富、复杂。但我有较强的责任心、适应能力和学习能力，而且比较勤奋，所以在兼职中能圆满完成各项工作，从中获取的经验也令我受益匪浅。请贵公司放心，学校所学及兼职的工作经验使我一定能胜任这个职位。”

【问题五】你为什么选择这个单位？

【思路】面试官试图从中了解你求职的动机、愿望以及对此项工作的态度。建议从行业、企业和岗位这三个角度来回答。

【回答样板】“我十分看好贵公司所在的行业，我认为贵公司十分重视人才，而且这项工作很适合我，如果我能在这里努力工作，能实现自身的价值，相信自己一定能做好。”

2）各方引证、条理清晰

大学生首先要表明自己对问题的基本观点，然后再逐一用资料论证、解释基本论点，在每个论点后面紧接着陈述论据。这样既有利于自己组织材料，又显得头脑清晰。如常有面试官问：“今天参加面试的人很多，有二十来岁的，也有三十多岁和四十多岁的，请问你认为最适合这个岗位的是哪一年龄层的人？”对于这类问题，如果求职者很轻易地作出选择，会被面试官认为有“看问题比较片面”之嫌，因此上述问题的最佳回答方式是先详细分析各年龄层担任某一岗位的优缺点，当然要言之有据，然后表述自己的观点：“我认为各个年龄层担任这个岗位各有千秋，不能一概而论，要具体情况具体分析。”

3）正确举例，具体量化

面试官考察求职者的专业资质、综合竞争力、学习与工作经历时，大学生切忌空谈。要举例讲自己曾做过的具体事情，尽可能用数字来描述，如曾获得过哪一级计算机证书，有哪些职业资格证书、做过哪些兼职等。

4）扬长避短，显示潜力

每个人都有自己的优势与不足，在有限的时间内使优势充分体现，扬长避短，显示潜力，是一种艺术。许多企业都喜欢有个性、有特长的人，如果他们欣赏应聘者的长处，也就可以接受应聘者的短处。大学毕业生在应聘时要注意强调自己的长处，通过一些事例、材料向对方证明自己的长处，而谈到短处时，注意适当避开。

案例

在青岛某单位组织的一次面试中，某主考官先后向两位考生提出同样的问题："我们单位是全国数一数二的大公司，下面有很多子公司，凡被录用的人员都要到基层去锻炼，基层条件比较艰苦，请问你们是否有思想准备？"毕业生A说："吃苦对我来说不成问题，因为我从小在农村长大，父亲早逝，母亲年迈。我很乐意到基层去，只有在基层摸滚打爬才能积累丰富的工作经验，为今后发展打下基础。"毕业生B则回答："到基层去锻炼我认为很有必要，我会尽一切努力克服困难，好好工作，但作为年轻人总希望有发展的机会，不知贵公司安排我们下去的时间多长？还有可能上来吗?"结果是，前一学生被录用，后一学生被淘汰。

2. 提问技巧

面试是一种双向互动。用人单位要通过提问来确定应聘者是否有资格从事该工作，应聘者也可选择适当的机会向用人单位提出一些想了解的问题。大学生善于向面试官提问，胜过简历中的无数笔墨，会让面试官刮目相看。

首先，一些常识性的问题不要问，如"公司有多少年的历史""有多少员工"，只能显出缺乏准备和无知。其次，以自我为中心的问题少问，或者从侧面来问，不要太直接，如"工资多少""福利有哪些""休假有多少天"，否则显得急功近利，视野狭隘。正确的问法是，多问与职位相关的问题或与单位发展前景有关的问题，如"这个职位还有其他的要求吗""我们这个部门近期的工作目标是什么"。这样的问题反映出求职者的敬业精神、业务水平和思考能力，可以增加对方的好感。

（四）着装技巧

一位HR曾说过："你不可能仅仅因打了一根领带而获取某个职位，但你肯定会因戴错了领带而失去一个职位。"因此，大学生求职时着装要规范、得体。

1. 牢记并严守TPO原则

TPO原则，是国际上公认的穿衣原则，T、P、O三个字母分别表示时间（Time）、地点（Place）、场合（Oceasion），要求人们在选择服装、考虑其具体款式时，应当兼顾时间、地点、场合三项因素。大学生的服饰打扮需要遵守TPO原则，符合职场要求，给人一种整洁、大方、庄重的感觉。例如，应聘的职位是机关工作人员、管理人员或教师、律师等，打扮不能过于华丽，而应选择庄重、素雅、大方的着装，以显示出稳重、严谨、文雅的职业形象；应聘的职位是导游、公关、服务员等，则可以穿得稍微时髦、艳丽一些，以表现出热情、活泼的职业特点。

2. 男生面试着装技巧

就性别而言，男生应体现出一种整洁、干练的气度。在正规场合，男生最适合的服装就是西装，穿着时应讲究与内衣、裤子、鞋袜的搭配。较好的面试服装是用深色西装搭配白衬衫、黑色袜子、黑色浅口皮鞋及同色系领带。七八成新的服装最自然妥帖，且西装熨烫平整，刚好合身，领口和袖口不松不紧。领带不能太花哨，白衬衫永不过时，蓝色衬衫是IT行业男士的最佳选择。另外，男生还要注意修饰好头发、鬓角和胡子。

3. 女生面试着装技巧

女生应表现出一种朴实、端庄的风格。女生一般以样式简洁的套装、套裙为主，这是最通用、最稳妥的着装，能让女生显得优雅而自信、职业而知性。首先，根据公司性质和职位要求来选择不同色系的衣服。例如，一些大型外企一般要求员工穿着应职业化，所以女生应选择职业套装，颜色在黑色和灰色之间；银行、国企部门、文秘，女生穿着偏向传统正规；公关、时尚杂志等工作，女生可适当地在服装上加些流行元素，显示出自己对时尚信息的捕捉能力。其次，忌穿太紧、太透、太露的衣服。女生穿着的裙子过短，或上衣无领、无袖等都是不合适的。

五、面试之后的工作

许多求职者只留意面试时的技巧，忽略了面试之后的工作。事实上，面试结束并不意味着求职过程的终结。

1. 善于总结，不断提高

面试一结束，尽量把参加面试的所有细节记下，包括：主试者的姓名和职务，对求职者的要求，面试时自己表现出的优点及不足，面试中的收获和今后的改进措施。大学生通过总结经验教训，找出失败原因，重新做好准备，以备再战。

2. 加强联系，保持感情

面试后的一两天内，大学生及时通过打电话或电子邮件等途径对用人单位的具体负责人表示感谢。感谢他为应聘者所花费的精力和时间以及提供的各种信息。重申自己对该公司、该职位的兴趣和渴望，表达信心，以及为公司的发展壮大作贡献的决心，这样做能够加深招聘人员对你的印象，显得别具一格而又注重礼节，从而增加求职成功的可能性。

3. 及时跟进，适时询问

在一般情况下，用人单位的考官组最后确定录用人选要等三至五天甚至更长的时间，求职者在这一段时间一定要耐心等候消息，切不可到处打听，急于求成反会适得其反。如果两周之内没有接到offer（录用通知），或在主考官许诺的时间内没有收到offer，大学生打电话或发邮件给招聘单位，询问面试结果。

如果确定未被录用，要保持情绪稳定。同时，冷静但仍然热情地请教一下未录用的原因，说："对不起，我想请教一下我没有被录用的原因，我好继续努力。"谦虚有可能赢得对方的同情，同时也为下一次的面试引以为鉴。

本章小结

本章重点介绍了获取就业信息、简历撰写及面试技巧三方面的理论内容。获取就业信息部分关注于就业信息的内容、获取信息的渠道与途径、信息的处理和提防信息陷阱的理论。简历撰写部分探讨了简历类型、简历结构及写作技巧。面试技巧部分致力于面试的过程论述，应聘者根据面试的内容做好面试前的准备；把握面试礼仪、倾听技巧、语言表达和着装技巧等方面内容；面试后注意及时跟进，尽快了解面试结果。

思考题

1. 大学生怎样准确及时地捕获就业信息？
2. 假如李明因获取不真实就业信息而被骗去从事传销，你觉得原因会有哪些？
3. 联系自身情况和你将来的求职意向写一份个人简历。
4. 利用网申平台练习在线简历的写法。
5. 面试前的准备包括哪几个方面？
6. 设计一个面试时的自我介绍，时间掌握在3分钟以内。
7. 把班级学生按照每5名学生一组进行模拟面试（1名求职者，2名面试官，2名观察者），模拟面试时间为5～10分钟。面试结束后，相互进行评价，一轮结束后，学生交换角色继续进行。

第六章

大学生创业教育

内容提要

本章主要介绍了什么是创业、大学生为什么要进行创业和怎样进行创业的问题；阐明大学生成功创业所需要具备的创业精神、创业理念和创业必备要素；着重讲述了大学生创业前的准备、创业计划的制订、创业融资、创业团队的组建等一般创业流程；分析了大学生创业中常见的问题与风险；帮助大学生学会自主创业。

学习目标

1. 了解创业、创业教育的内涵以及大学生自主创业的现实意义。
2. 明确大学生创业成功的要素。
3. 掌握大学生自主创业的基本路径。

案例导入

张松江当“小管家”

张松江，出生于1978年，土生土长的北京人。1999年，张松江从北京联合大学毕业。到择业时他才发现，自己怀里的一张大专毕业证书几乎没有任何用处。他与其他3个朋友商量，决定一起创业。

他在报纸看到一个美国品牌保洁公司招加盟商的广告。4个人就跑到那家公司去看——那写字楼里面简直可以用金碧辉煌来形容。在对方“专业”的讲解后，他们相信了“保洁市场利润空间无与伦比”。于是，4个人立即凑了3.9万元加盟金，交给了那家公司。随即，对方给他们进行了为期两天的保洁清洗培训。他们本来以为商机无处不在。然而，等他们跑去谈生意时，却到处吃闭门羹。两个月过去了，他们没有找到一个客户。最初筹集的钱花光了。直到第四个月，终于等到了一位“大”客户。这位

“大”客户是他们租住的那栋写字楼的经理。那位经理要求他们把这栋写字楼的地毯洗一遍。那些地毯的总面积超过3 000 米^2。为此，张松江报价为3元/米^2。也就是说，活干完了应该可以拿到9 000元钱的报酬。

张松江领着员工大干了一场，可等他们干完了，那位经理只给了1 500元钱，随后丢下一句：“就这么多，没钱了。”

碰壁次数多了，从不对家人诉苦的他，最后还是将创业的烦恼告诉了父亲。父亲平静地说：“没有关系，钱的事不用担心，我给你筹。”父亲的话给了张松江莫大的安慰。当晚，张松江躺在床上，随手翻开一张报纸，报纸上一则广告吸引了他——北京的SOHO现代城推出了可移动墙壁的房屋。

他心里想：“所有开发商都把墙壁做成死的，他们却做成活的。这墙活了，他们生意不就活了吗？别人的生意这样，我呢？”要想有利润就得有别人没有的东西，就得把大家都认为是不能改变的固定思维模式打破。思维的闸门一旦打开，张松江再也抑制不住自己。他想到了由户外转向户内。

他把自己的想法、计划都写在了纸上，他进一步完善方案，然后鼓起勇气去找SOHO现代城中海物业公司的经理。那位将近50岁、有着丰富经验的物业经理被眼前的年轻人打动了。这时，父亲筹到的10万元钱也交到了张松江手里。他把几个朋友一起合伙参股的钱退掉，然后自己注册了新理念保洁服务有限公司。在SOHO现代城的地下室里开始了新的旅程。

那段日子是极为艰苦的，每天跟民工一样吃2.8元一份的盒饭。好在没过多久，就有一位客户提出要他们去家里给地板打蜡，没有做过地板打蜡的张松江竟然大着胆子答应了。虽然张松江有着种种超前设计，但是对这户内具体的活完全不懂。张松江一想，这打蜡应该和擦地是一个道理，于是就把地板蜡放到擦地机里，挨着屋子擦。在地板湿的时候，地面确实很光亮。可是等地板一干，张松江傻眼了：原来的地面只是不光亮而已，而现在不但依旧不光亮，而且还用擦地机擦出了一圈圈白乎乎的痕迹，简直不成样子。无奈之下，张松江当晚找到做过打蜡的朋友，来了个现学现卖。第二天一早，张松江立即带着员工来到客户家，给客户认认真真地把地板重新打蜡。客户回来看到光亮的地板，非常满意，付给了他们800元钱。钱赚到了，但张松江却非常难过：这样的服务离自己的要求差得太远了。别说特色，连基础的东西都做不好，这怎么能有前途呢？

张松江找到SOHO现代城的经理，提出了一个要求，那就是给现代城一些已经装修好但是还没有出租的房间进行免费保洁打蜡。这是任何一位经理都乐于接受的好事情。功夫不负有心人，张松江总结出了自己的一套针对不同房间的工作程序和工作标准，在技术上也取得了飞跃。

就这样，张松江第一个月就赚到了3万元钱，开始打开了局面。靠着自己的坚毅和勤奋，他一步步地接近了自己的目标，实现了飞跃，完成了很多人梦寐以求的事。凭借新模式，张松江在北京，仅一个社区就年收入170万元。面对我国汹涌而来的社区经济，“小管家”铺就的是一条“沃尔玛”式的道路，一扇虚掩的财富大门正在徐徐打开……

第一节　创业认知

创业教育是培养具有开创性人才的教育。培养大学生自谋职业、创业致富的理念和能力，培养大学生从事创业实践活动所必须具有的知识、技术、能力和心理品质，培养具有开拓精神的社会变革的参与者。

我国传统教育方式非常重视知识和技能教育，但是缺乏创新意识的激励，使得学生学习的知识和技能很难发挥其应有的作用，已经不能适应现代社会对人才的需求。培养造就富有创新精神的人才已成为现代教育的当务之急，教育需要把开发创新意识作为学生学习的起点。面对日益严峻的就业形势，培养高端创新型人才，把创新意识普及于民众，让创业成为人们的一种“快乐的生活”，创业教育任重道远。

一、创业教育的内涵和意义

（一）创业教育的源起与含义

1989 年联合国教科文组织正式提出了创业教育的概念。1998 年又明确提出“为方便毕业生就业，高等教育应主要关心、培养学生的创业技能和主动精神。毕业生不仅要成为求职者，而且要逐步成为就业岗位的创造者”。1999 年我国也强调：“高等教育要重视培养大学生的创新能力、实践能力和创业精神。”创业教育的提出顺应了时代发展的需求，对人才素质的构成提出了新的要求，也为教育理论的研究和实践开拓了新的领域。

创业教育的内涵至少包括三层含义：一是培养大学生自谋职业、创业致富的理念和能力，二是培养大学生从事创业实践活动所必须具有的知识、技术、能力和心理品质，三是培养具有开拓精神的社会变革的参与者。三层含义逐层递进和深入，同时也包含了狭义和广义两种创业教育观。

1991 联合国教科文组织亚太地区办事处东京会议报告《通过教育开发创业能力》对广义和狭义的创业教育有较为明确的界定：“创业教育，从广义上来说是培养具有开创性的个人，它对于拿薪水的人也同样重要，因为用人机构或个人除了要求受雇者在事业上有所成就外，正越来越重视受雇者的首创、冒险精神，创业能力，独立工作能力，以及技术、社交和管理技能。”正因为如此，广义的创业教育“在于为学生灵活、持续、终身的学习打下基础”。而狭义的创业教育则是与增收培训的概念联系在一起的：“增收培训是为目标人口、特别是那些贫困和不利人口提供急需的技能、技巧和资源，使他们能够自食其力。”

简单来说，创业教育就是培养具有开创性人才的教育。创业教育是一个比较宽泛的概念，它让创业者不仅懂得如何建立企业，更要懂得参与企业运作。

创业教育在中国有了很大的发展，很多大学开设了相关课程，职业院校的创业教育得到了重视，在 MBA 的培养中有 80% 以上的院校开设了创业课程。

（二）创业教育的意义

创业教育是增强创业意愿、提高创业能力、促发创业活动的催化剂，也是构建国家创新体系的重要组成部分，对于培养和造就千百万具有创新精神和创业能力的高素质人才，推进我国建设创新型国家具有重大意义。

1. 创业教育有利于毕业生个人的发展

随着高等教育从精英化转向普及化和大众化，毕业生的人数逐年迅速增长，就业压力越来越大，同时也呈现出就业形势的多元化和多样化。毕业生将不仅仅是求职者，而首先是工作岗位的创造者。毕业生应具备创业技能和主动精神。具有创业能力和开拓精神的人更容易适应多变的环境，捕捉到机会。他们进行创业的可能性较大，在实现个人就业的同时，还能为国家创造更多的物质财富，也为社会提供了更多的就业岗位。即便不进行创办企业的活动，在他所从事的就业岗位上也容易开展创新性的工作。

如今，创业教育证书被称为继文化知识证书（毕业证）、职业技能证书后的“第三本教育护照”。

创业教育教给人们的不仅仅是一种适应生活、延续生活的本领，更是一种改造旧生活、创造新生活的能力；创业教育有利于受教育者适应现代社会职业变动、产业调整以及知识更新速度的加快，也有利于人们在工作、事业的不断追求中自我价值的实现和自我满足的需要。

2. 创业教育有利于高校自身的发展

高校扩招在某种程度上加速了高等教育由卖方市场向买方市场的角色转变，考生选择学校和专业的余地将逐渐增加。在高校入学“门槛”降低的情况下，高校的发展很大程度上取决于毕业生的质量，毕业生越优秀、越能适应社会发展的需要，学校的声誉就越好，就能吸引更多的优质生源，这些生源又会带来很多资源，如学费、科研经费、社会捐助、政府资助、社会声誉等，以及一系列有利于学校发展的机会。

在同等情况下考生更倾向于选择那些能培养创新能力和开拓精神的学校，所以创业教育有利于高校自身的发展。

3. 创业教育有利于国力的提升

随着知识经济和全球经济一体化冲破地缘和政治观念的束缚，世界范围内的经济结构也随着高新技术的发展、各国间的融合渗透而产生了重大的调整、变革，改变了经济发展模式和经济运行态势。中华民族要在世界竞争中立于不败之地，必须培养具有开创性的个体和群体，从而建构和塑造整个民族的开创型性格，以适应多变的国际环境和应对未来世界的挑战。只有培养更多高素质的创业型人才，才能使中国特色的社会主义事业在更高层次和更广的领域直接面对全球技术、信息和资本市场的竞争。

二、创业的概念

在选择走自主创业道路之前，有必要学习和了解创业的基本知识，明确什么是创业以及为什么要创业，以便为未来的创业做好充分而必要的准备。

（一）创业的定义

创业是一个古老的名词，早在1800年法国经济学家赛意（J. B. Sey）提出：“把资源从生产力较低的地方转移到生产力较高及产出较多的地方”就称为创业。简单来说，创造性地利用资源就是创业。

由于创业所带来的创新对经济发展起到了极大的推动作用，从20世纪70、80年代以来，很多西方经济学家从不同角度对创业作过论述。

长期以来，一些学者用下列术语来描述创业：新颖的、创新的、灵活的、有活力的、有创造性的，以及能承担风险的等。几乎每一个研究创业的人，都有自己的一个关于它的定义，每一个人对它是什么，以及如何最好地定义它，都有自己的想法。有些学者认为，发现并把握机遇是创业的一个重要部分；有的学者说，创业包括创造价值、创建并经营一家新的营利性企业的过程，通过个人或一个群体投资组建公司，来提供新产品或服务，以及有意识地创造价值的过程；还有的学者将创业定义为创造不同的价值的一种过程，这种价值的创造需要投入必要的时间和付出一定的努力，承担相应的金融、心理和社会风险，并能在金钱上和个人成就感方面得到回报。国际管理科学学会的教授协会对创业也有自己广义上的定义：“对新企业、小型企业和家庭企业的创建和经营。”马克·多林格在分析、总结了前人观点的基础上，将“创业”定义为：“在风险和不确定性条件下，为了获利或成长而创建创新型经济组织（或者组织网络）的过程。”

尽管关于创业的定义各种各样，我们仍然能从中发现一些共同的主题。

（二）创业定义的主题

1. 创业者

毫无疑问，如果没有创业者，就不会有创业。因为创业者是创业行动中的关键要素。

2. 创新

创新包括变化、改革、改造，以及新方法的引进等。创新的具体表现形式是多种多样的，涉及创业活动的所有方面，根据场合的不同可以分为产品创新、工艺创新、市场创新和管理创新等。通过创新可以满足更多的需求、提高资源的利用率、创造更多的价值等。不管什么人创业，在什么领域创业，离开创新便无从下手。

3. 组织创建

为了寻求已感知到的创新机遇，为了去创造价值，就必须具备有组织的努力和行动。必须有人挑头来做一些事情——采取行动让创业型企业建立并运行起来。但如果没有一定的组织——不管是作为个人，还是作为团队——那种获得资源去寻求创业机遇的能力，将是有限的，甚至是被封锁的。

4. 创造价值的过程

通过企业家的创业，新的产品、服务、交易、方法、资源、技术和市场被创造出来，从而对一个社区或市场贡献一定的价值。当各种资源，通过企业家的创业被转换成了产品或服务时，我们也能从中看到价值的创造。在这个转换过程中，价值之所以被创造出来，是因为企业家通过一定的组织形式创造一些有价值的、有用的东西。所以，创业是创造价值的过程。

5. 是否盈利

创业在营利性和非营利性的环境中都可以发生。尽管我们倾向于大多数创业活动是为盈利而进行的，但是创业也会发生在社会服务机构、民间艺术组织，或其他类型的非营利性组织中。

6. 成长过程

创业是创建一家企业，并在其成长过程中把握住发展机会。它不是静止的，或仅满足于一个市场或一种产品。创业包含着成长。创业包括企业家们愿意试验的新组合和新方法。因此，创业的本质意味着差异，而不是标准。通过创业，创造出独一无二的产品，尝试独一无二的方法。通过它的独特性，占领市场、赢得用户，从而获取利润，得到发展。

创业是一个过程，看似非常简单，就是一系列的决策和行动。但它更是一个需要时间的过程，在这个时间过程中需要付出艰辛和努力，需要不断地作出决策并采取行动。

7. 创业具有风险和不确定性

创业总是存在风险和不确定性的。风险指的是结果（或者收益）的可变性。假如经营企业没有风险的话，它会不断持续扩张，风险是创业持续扩张的一个限制因素。不确定性指的是创业者在估计外在世界如何运转以及理解环境中因果关系时的确信程度。如果没有不确定性，那么环境就有可能完全被认知，事实上环境是不可能被完全认知的。

根据以上创业定义中的主题要素，我们试着对创业进行一种概括性的定义：创业是创业者围绕某一商机或机会对有形资源或无形资源进行组织、整合，通过创新以期使资源的价值得以彰显并实现经济效益或社会效益的过程。

这里对创业的定义，既涵盖了狭义上的创业，也包含了广义上的创业，可以是新创企业，也可以是原有企业，可以是营利性组织也可以是非营利组织。

三、创业的原因

人们之所以创业，一定是有其原因和背景的。

首先是社会环境是否适合，时代背景是否需要创业。另外，对具体的创业者来说，一定要理清自己为什么要创业，这就需要思索创业的动机与原因。只有明确了自己创业的动因，并经过客观的分析来确定自己的创业决策是正确的，才可以在创业的过程中树立必胜的信心、坚定的信念，才能够克服创业中的困难，最终取得创业的成功。

（一）时代发展与社会发展需要创业

1. 时代发展呼唤创业

在我国社会转轨、经济转型的特殊时期，适逢经济全球化、市场一体化、生活生产现代化，从而为创业者提供了巨大的发展空间。

任何事物都有其自身发展的规律。企业也不例外，任何一个企业都有相应的发展轨迹，基本都遵循创立、成长、成熟、衰落的发展过程。原有的传统公司根据其发展的自身规律，必然有一部分企业退出历史的舞台，幸存下的一部分企业，也在逐步由劳动密集型转向资本密集型企业，两个原因会使原有的企业员工相对数量下降。另一方面，由于生产和技术的发展，产业也不断发展和完善。从产业发展的角度看，第一产业所需要的劳动力越来越少，第二产业原有企业能够容纳的劳动力也日益减少，新建企业由于资本结构的优化，所需劳动力也有限，所以急需第三产业的发展容纳多余的劳动力。在这种情况下，产业结构在发生着巨大的变化，第三产业和新型产业的崛起，可以容纳大量的劳动者。

由于经济的快速发展，居民的生活水平也显著提高，同时由于生活节奏的加快，生活中的很多方面需要由专门的人员来完成，以提高效率和生活的舒适程度。在这种情况下，很多新型的组织应运而生。各种中介机构、服务组织数不胜数。原先在家庭内做的事情，现在都可以找到相应的商业机构来完成。并且随着分工的细化，还会有越来越多的组织机构产生。

2. 社会发展需要创业

就业人员多，就业环境差。现有的工作岗位不足以容纳需要就业的人群。

首先，由于历史的原因，我国人口经历了几次生育高峰：解放之初的第一次生育高峰，20 世纪 60 年代自然灾害之后的第二次生育高峰，80 年代末 90 年代初的第三次生育高峰。这几次生育高峰，使得需要就业岗位的人出现持续的，并有高发性的增长。

其次，我国经济发展的特殊轨迹，致使我们在改革开放后对国有企业改革时出现了极其复杂的人员安置问题，一方面要减少冗员、提高效率，另一方面这些被裁减的员工多是文化水平较低且无一技之长的人，并且年龄上也不占优势。从而产生了一大批需要再就业的群体。

另外，始于 20 世纪 90 年代末的高校扩招，也使得待就业的年轻人持续增加。

面对这种情况就需要创造更多的就业岗位，多渠道地开辟就业门路。其中，自主创业就是重要的渠道之一。现在从中央到地方的各级政府已经认识到创业的重要性，并高度重视创业工程的开展。同时出台了各种措施以鼓励创业。在今年的两会上李克强总理提出了“创客”一词，成为当下社会热议的时髦词，由此可以看出中央对创业行为和创业人员的高度重视。

（二）个人发展需要创业

对具体的创业者来说，创业的动因有很多，或自愿，或迫于无奈，或向往自由和成功。通过分析，人们发现创业的原因和动机大致可以分为以下几方面。

1. 做自己喜欢的事情

每个人都有自己对生活和工作的理解和追求。可是作为一名员工，不管是一般员工还是高级管理人员，都必须按照公司统一的战略规划及步调去工作。无论是否喜欢这份工作，为了生计，就不能失去这份工作。这就意味着，必须服从所有的安排。有时候，可能很不情愿，但是也不得不做。

如果自己开办公司，基本上可以避免上述问题。可以选择自己喜欢的事业去开创。重要的是，可以按照自己喜欢的方式去做这些事情。

“做自己喜欢和善于做的事，上帝也会助你走向成功。”这是世界首富比尔·盖茨说过的一句话。比尔·盖茨是计算机方面的天才，早在他还没有成名的时候，他对计算机就十分痴迷，并且是一个典型的工作狂。

易趣网的创始人邵易波说：“一个人要成功的话，一定要找到自己最想做的事，当然这也是他最能干的事，这样他就能够每天都很有劲地去工作，也容易成功。”邵易波是一个少年得志的人，早在上高中时，他就在数学方面崭露头角，并在高二时跳级，直接进入美国哈佛大学，在哈佛大学的MBA毕业之后，他谢绝了美国各大咨询公司和金融投资银行的高薪聘请，回上海创办易趣网，任首席执行官。如今，易趣网已成为全球最大的中文网上交易平台。

人和人之间是有差别的，每个人都有优势，都有擅长和不擅长的东西，关键是要对自己有所认识。挖掘自己的潜能，创业可能达到事半功倍的效果。

2. 为了生计和经济状况的改变

能做自己喜欢又擅长的事是幸福的，能做虽然不擅长但是喜欢的事是快乐的，能做虽然不喜欢但擅长的事也是能够成功的，可是芸芸众生中这样幸运的人能有几何？很多人无意中、无奈中走上了创业的道路。一部分是由于在公司里工作或打工，薪资不是很高，难以维持家庭的生活开销，或者对目前的生活状况不满意，希望得到改善或改变。维持现状不可能让生活更好起来，为了改变命运，创业是不错的选择。另一部分是迫于无奈，失业或下岗常常是很多人创业的常见原因。人的可塑性是很强的，我们的潜力在一定程度上是“无限的”，由于我们的惰性、惯习，很多时候我们并没有发现自己的潜力是多么的大，也并不知道在某一领域的实力。一旦走进去，潜下心来努力做的时候，却发现自己也能做得很好。

3. 为了人生价值的实现

马斯洛理论把需求分成生理需求、安全需求、社交需求、尊重需求和自我实现需求五类，依次由较低层次到较高层次。自我实现的需求是最高级别的需求，在人们的基本需求得到满足之后，就会追求更高级别的需求。

在现代社会，基本的需求已经解决，假如安于现状，大多数人找个工作是没有什么问题的。温饱的问题，衣食住行的问题，都不是太难解决。或许人们认为，靠工资是难以买得起住房的。我们何必一定要买房子呢？一方面可以租住，另一方面政府出台了很多政策，如小户型房、廉租房等。基本的生活问题是可以解决的。

但是，我们需要尊重，我们需要自我价值的实现。得到尊重、实现自我价值可以通过很多方式，如人品高尚可以得到尊重，学识渊博可以得到尊重，职业生涯中干出成绩可以实现自我价值，创业成功也可以实现自我价值，等等。在众多的途径中，最能博得尊重、实现自我价值的途径莫过于创业了。因为创业是一种很艰难的过程，需要创业者多方面的能力，并且还要承担一定的风险和不确定性。

当然还有其他的原因，如偶然的机会、继承财产等。不管出于什么原因而创业，都要明白，虽然创业可以收获成功、金钱、荣誉和满足，但是创业是艰辛的，意味着付出，意味着忍耐，意味着拼搏，还要做好满盘皆输的最坏打算。

（三）从创业的结果影响看

1. 创业者创造了大量的社会财富

在改革开放之后，我国成长起了一批创业家。例如：联想的柳传志，希望集团的刘永好、刘永行，巨人集团的史玉柱，华为公司的任正非，比亚迪集团的王传福。从20世纪90年代初以来，GDP一直在高速稳定地增长就是一个明证。

通过计算可以知道，自20世纪90年代以来，国民财富增长4倍多。十几年来创造的财富几近于总财富的80%。据统计，美国90%的财富是创业一代从20世纪80年代创造出来的，说明创业活动创造了美国绝大部分财富。在美国1亿个家庭中，有350个净资产超过100万美元的百万富翁，其中2/3是创业者，而且80%是自己完成财富积累的。在创业者中，有25%的人是25岁以前创业的，40%的人是30岁以后才创业，40岁以后的占21%，也有少数是60岁以后创业的。

2. 创业者创造了大量新的就业机会

据统计，1969—1976年美国新的中小成长型企业创造了全美国81.5%的就业机会。进入1980年以来，美国的中小企业创造了3 400万个新的就业机会，而同时期进入《财富》500强的企业，却减少了500多万个就业机会。1993—1996年新型的中小企业又创造了800万个就业机会。相反，为《财富》500强工作的人员所占比例却不断下降。从60年代的25%，下降到90年代的7%。有人预测，20年后，美国100人以下（新开创的公司）的公司将会创造美国绝大多数的就业机会。

在我国，第一产业由于生产力的提高，产生了大量的富余劳动力，这一部分人较少赋闲在家，他们或创业或给创业的人打工，在不同的意义上都实现了就业。原来的国有或集体企业的员工，因市场经济的逐步深入而离开了原来的工作岗位，他们也基本实现了新的就业。途径有很多，大部分都去了新创企业，这些新企业也有一部分是下岗人员创建的。另外，新增加的劳动力，更多的是去了新创企业。

所以说，创业者的创业行动不仅实现了自身的就业，同时还为社会提供了大量的就业岗位。

四、适合创业的人

从某种意义上说，大多数人都适合创业。

（一）适合创业的年龄类型

从年龄上说，我们人生的历程中，很多阶段创业的机会都会向我们招手，只是多数人漠然以对。从十几岁的孩子到六十岁的老人都有创业成功的实例。例如，比尔·盖茨大学辍学创业，成为 IT 界的巨头，世界首富；玫琳凯创立自己的公司的时候已经 45 岁，并且是单身母亲，最终成为世界闻名的化妆品直销公司。

20 多岁的年轻人，有一点经验，也大概知道自己想要什么，最为可贵的是这个年龄的人充满激情和勇气，不惧怕失败，有可以从头再来的机会。

30 多岁的人，一般来说打工有一定的成就了，各方面都有了基础，可以放手去创业。这个年龄的人年富力强，最有创业的冲动。而且这个年龄即使创业不成功，三四年后三十八九岁，也在打工的黄金年龄，还可以回头打工。

40 多岁，甚至过了 45 岁，也依然有很多成功的机会。在这个年龄去创业，更多的是靠自己前半生的资源和人脉。成功的概率也很大，因为这时候积累了丰富的经验，阅历深厚，拥有广泛的关系网络，处理事情会更加妥帖和从容。

创业不分年龄，但是由于生命有限，总的来说在创业时机成熟的情况下，创业宜早不宜迟。

（二）适合创业的个性特征

虽然创业不分年龄，并且每一个人都有机会去创业，但是并不是人人都能创业，并最终创业成功。由于创业本身的特殊性，有些人的性格特征更加适合创业，而有些人则显得欠缺一些。适合创业的个性特征包括以下几点。

（1）职业意识。职业意识是敬业的前提，这些人并不满足于机械地完成自己分内的工作，具有进取心、主动性，与激烈竞争的环境相适应。

（2）经常内省。与自恃才高、我行我素的人相反，这类人容易与集体相融合，能够反省自己，能够从别人的角度想问题。

（3）独立性、主动性和创造性。这样的人不会因循守旧、故步自封，善于进行开拓性的工作，对公司的发展有利。

（4）不偷懒。做事尽职尽责，不斤斤计较付出的劳动是不是多于工资的收入，有一定的奉献精神，不愿意白白浪费自己的时间。

(5) 谦虚。能够听取别人的意见，采纳别人的建议。自视太高的人是难以创业成功的。

(6) 灵活机变。这类人做事具有灵活性，对人、对事不是只凭经验教条来处理，可以因地制宜，与时俱进，紧跟时代的发展行事。

(7) 理性。处事理智，不以感情代替原则。

(8) 多看少说，尊重他人。事事留心皆学问，多嘴多舌惹是非。尊重他人的人，也必然受到他人的尊重。

(9) 勇往直前。这类人勇于承担责任，敢于尝试新鲜事物，不为世俗的偏见所束缚。敢于承担风险，不会被可能的失败所吓倒。

(10) 心态平和。这种人胜不骄、败不馁，不以小小的成绩而沾沾自喜，也不以一时的挫折而怨天尤人。

另外，创业是一项复杂、艰难、综合的过程，是一种综合能力的表现，具备上述一条或几条特征的人未必就一定创业成功。所以，创业者还需要具备很多东西，如创业理念、创业精神、创新实践等。

行为养成习惯，习惯决定性格，性格决定命运。那么，习惯是由什么决定的呢？是由我们的理念、我们的意识决定的。所以，假如我们想创业，我们最终就可以成为适合创业的人。我们可以有意识地培养自己的某些习惯。

（三）适合创业的能力特征

具备一定能力的创业者才能够对创业资源进行整合。一般来说，创业者必须具备以下几个方面的能力。

1. 创新能力

创新贯穿于创业的全过程，从发现市场机遇，到撰写创业计划，再从创业融资到创业活动的管理与控制，都包含着创新的内容。所以，作为一个创业者，必须具有在技术和管理上的创新能力。创新可以是个体的，更需要是团队的。创新能力的培养源于创造性的思维，墨守成规、循规蹈矩的人难以成为一个成功的创业者。

2. 策划能力

资源是稀缺的。所以，根据外部环境和掌握的创业机会，通过富有创意的策划来使用有限的资源就显得至关重要。创业者进行策划时必须注意以下问题：第一，必须首先考虑策划涉及的范围和有关的限制因素，然后决定由谁来进行策划；第二，必须考虑某项策划的价值；第三，创业者要考虑策划的时机，进行为时尚早的策划同样贻误战机。最后，创业者要考虑为什么进行策划和策划可能产生的后果。

3. 组织管理能力

对新创企业来说，由于资源的缺乏和经验的不足，对有限的资源进行有效的组织是十分必要的。组织是创造价值的源泉。组织管理能力包括以下几方面。

（1）决策能力。对目标的决策规定了企业的发展方向，对实现目标的手段、途径的决策规定了企业的经营理念。

（2）激励能力。人的能力的发挥和个体的能动性密切相关，需要精神或物质的激励来激发个体的积极性，可以用制度的或情感的方式来进行激励。

（3）领导能力。创业者在新创企业需要承担多种角色，其中重要的一项就是领导者。一个命令或信息能否有效执行，不仅看接受者的情况，还要看发出指令者的威望。

4. 沟通能力

沟通能力对于创业者来说是必不可少的。如果创业者有较强的沟通能力，就可以获得更多的信息，并尽快与各界人士建立相互信赖的关系。沟通能力可以使我们获得社会资源的支持，同样在企业内部也需要相互沟通，通过沟通可以统一思想、统一理念，进而加强内部凝聚力，可以将问题处理于萌芽状态。企业有什么样的发展愿景，想打造什么样的企业文化，对员工有什么样的要求，以及员工有什么样的想法和愿望，都需要沟通来实现。沟通对于企业资源的整合也起着至关重要的作用。

第二节　创业成功的要素

创业者是创业的主体，他们通过创造、组织和协调将各要素融为一个整体，使企业在动态的发展中求得平衡和立足之地。各要素之间的整合需要创业者的沟通能力、创造能力和领导能力来实现。

一、创业精神

（一）创业精神的含义

创业精神又称企业家精神，也就是在创业过程中指导创业者的创业行为的精神特质。创业者的创业精神主要是在通过创新手段、有效利用资源为市场或社会创造出新的价值的过程中体现出来的。创业精神就是创新精神，创业者能够把创新的概念用于实践，敢于承担一定的风险，创造出被社会承认的价值，这就是创业精神的具体体现。

在精神层面，创业精神指的是以创新为基础的思考方式和行为方式，是指导人们行为的精神，也可以说是系统创新精神。在实体层面，创新精神是指实施创新精神的全过程，创业者在创业精神的指导下，通过发掘机会、组织资源建立新机构或新公司并在市场中获得价值，这样一个实施创业的全过程。

（二）创业精神的具体体现

1. 机会敏锐，善于决断

创业者的成功，很大程度上取决于他们对机会具备天生的敏锐感和判断力，正如经济学家柯兹纳所言："机会源于信息不对称。"正是这种"精细和敏锐"使创业者能够抓住眼前稍纵即逝的机会，并且常常先于平常人看到这些机会的苗头，从而为采取行动赢得先机。史玉柱身上，我们看到了很多这样的"敏锐"：20 世纪 80 年代末创业初期看准汉字桌面系统软件开发、90 年代初期开发保健品市场、2003 年将售出公司拳头保健品产品的知识产权及其营销网络 75% 的股权转而投资股票市场、2004 年进军网络游戏……尽管这个过程中，史玉柱也有过失误和沉痛的教训，但是在每一个经济发展时期，他似乎都抓住了奥地利政治经济学家熊彼特所说的"具有吸引力"的产业，而且善于将这些机会与企业资源有效地匹配起来，从而为他未来的财富帝国找到立足的根基。

捕捉机会需要洞察先机，耐得住寂寞，潜心研究纷纭复杂的事物，达到见微知著的效果。捕捉机会需要跳出原有的框架和套路。需要的是在鲜活的实践中探讨方法，而不是在古纸堆里寻求答案。捕捉机会不需要寻求完美。新生事物之所以是新生，就是因为其不完美，需要发展和完善。所以，对机会的把握不能等到有绝对把握的时候，因为那时机会已经是明日黄花。

2. 首创精神和冒险精神

创业者怀揣着一种梦想和意志，企图建立起一个属于自己的"王国"，他们不甘人后，思想和行动常常先于天下，这为创业者们创造财富提供了"先动"优势。冒险精神是创业者身上表现出的突出特质之一，创业者的血液中流淌着对"生意"的激情，他们具有创造的激情，追求成功的激情，施展个人能力和智谋的激情，他们喜欢挑战，迎接变革，敢于冒险去追求成功。

企业家的冒险是在精心"计算"基础之上的理性决策。他们胆大心细又才智过人，基于这一点，他们经历了从成功到失败、再从失败到成功的过程，实现了资源的"新组合"，这是创业精神最重要的特征，即以新的形式和方法，把资本、技术等要素有效地组合起来、创造性地应用到企业生产和管理过程中去。

3. 渴望成功，百折不挠

只有不甘平庸且具有强烈"成功欲"的人，才有成为企业家的资格。创业者具有征服的意志，战斗的冲动，证明自己比别人优越的冲动，他求得成功不是为了成功的结果，而是为了取得成功的过程，企业家具有坚韧不拔的毅力，百折不挠战胜困难的能力和面对失败的勇气。从史玉柱的创业经历中我们看到，正是在成功和理想驱动下百折不挠的创业精神和永无止境的探索与奋斗，使他从平庸中崛起，从失利与逆境中重新奋起。

4. 敬业进取，直面挑战

敬业表达的是这样一种含义：对自己所从事的职业怀着一份热爱、珍惜和敬重，不惜为之付出和奉献，从而获得一种荣誉感和成就感。敬业精神，是和兢兢业业、精益求精的工作态度联系在一起的，是和诚实守信、质量效率联系在一起的。"敬业"就是"专心致志以事其业"，即用一种恭敬严肃的态度对待自己的工作，认真负责，一心一意，任劳任怨，精益求精。敬业精神是个体以明确的目标选择、朴素的价值观、忘我投入的志趣、认真负责的态度，从事自己的主导活动时表现出的个人品质。敬业精神是做好本职工作的重要前提和可靠保障。

很多人对于困难和挑战退避三舍，不敢、不愿直接面对。其实很多问题不会因我们的有意忽视而消失，甚至会积存为大问题，形成大危害。或者该解决的时候不解决，而错失良机。勇敢地面对挑战，才能有战胜挑战的机会，才有胜利的可能。当我们跨越一个个挑战的时候，会有一种畅快的感觉，人生便有一种新的境界。创业也是一样，对于挑战只能面对，而不能回避。创业过程就是一连串的面对问题、解决问题的过程。

5. 漠视财富，注重效益

创业却又漠视财富，非一定的境界是不容易做到的。但是，也正是这种超然物上的理念，使得这类创业者能够获得巨大的成功。他们已经不是为了赚钱而赚钱。赚钱只是过程而非结果。

马云说："真想赚钱需把钱看轻"，"财富的本意是帮助他人赚钱"。马云持有的股权只占阿里巴巴总股份的7%，而阿里巴巴65%的员工持有股权。马云认为，中国太多企业就是因为强调控股权与控制权，最终陷入利益争斗，影响了公司发展。管理和控制一家公司更需要智慧。正是在这样的理念指引下，阿里巴巴上市之初，同行建议把阿里巴巴发行价定在20港元以上，而马云依然把发行价圈定在13.5港元。首日开盘价即为30港元，收盘39港元，暴涨192.59%。上市以来最高价达41.80港元，成为港股"新股王"。马云的逻辑是，如果把价格定高，公司可以多筹集10亿美元，但是这样做有点竭泽而渔。一如阿里巴巴崇尚与客户和员工的分享，与投资者分享红利是其一贯价值取向的延续。马云被选入美国《商业周刊》2007年20名最佳领袖和2008年24位对世界未来商业、财政和经济有着重大影响力的风云人物榜单。这也就是注重效益的结果。

效益是说我们为社会、为消费者提供了什么。当我们重视这种效益的时候，我们会从消费者的角度去考虑，消费者需要什么，消费者喜欢什么。当消费者喜欢我们的产品和服务的时候，自然带来销量的增长。结果是我们事业的蓬勃发展。

6. 永不满足，与时俱进

不满足和不知足应该是两个层次的概念。不满足是不以已经取得的成绩而止步、松懈，不会躺在功劳簿上休息，甚或睡大觉。不知足却有贪念的意思，有得寸进尺之嫌。

对创业者来说，只能有不满足的心态，而不能有不知足的抱怨。只有不满足，才能鞭策自己更上层楼，才能做得更好。

不满足，还代表一种谦虚、不自满的心态。当我们有了一定成绩的时候，很多人就会沾沾自喜，有一些骄狂，殊不知也正是这个时候隐患在悄悄地形成，一旦累积到一定程度，就会把事业的大厦颠覆。创业之所以是一个过程，是因为它不可能一劳永逸，而是不断有问题让我们解决，这就不容许我们懈怠，而要持续地付出努力。

与时俱进表现的是一种应变能力、忘却能力。随着环境、市场的变化调整产品体系、经营思路和管理方式。尽管我们以前的手段很有效，可是市场变化了，需求变化了，假如我们的产品和服务没有跟上，淘汰出局也不是不可能的事情。

（三）培养创业精神

创业精神和先天素质有一定的关系，但是很大程度上取决于后天的培养和生活环境的影响。我们可以多方位有意地培养自己的创业精神和创业意识。

1. 放大梦想，志存高远

一个真正的创业者一定是强烈的欲望者。他们想拥有财富，出人头地，获得社会地位，得到别人的尊重。

也许别人会把我们放大了的梦想视为一种野心，但是研究创造行为和科学多样性的心理学家，将野心看作具创造性的兴奋剂，他们相信野心在本质上就是充满活力的东西。过火的野心可能会导致一些危害他人的行为，但是健康的野心会使一个人变得更为完美，并能推动他探索自己前进的航向。有一句谚语：“不想当将军的士兵不是好士兵。”具有“野心”或崇高理想的士兵会把成为将军当作自己追求的目标，从而不惜代价、真心实意地献身于这项事业。

法国有一位曾经很穷的富翁，在他的遗嘱中回答了“穷人最缺少的是什么”：穷人最缺少的是成为富人的野心。野心是永恒的“治穷”特效药，是所有奇迹的萌发点，穷人之所以穷，大多是因为有一种无可救药的弱点：缺乏致富的野心。

你的思想决定了你的行动，梦想的高度是你能够达到的高度。一般情况下，人们不可能比自己的梦想走得更远。

现实并没有给我们决定了一切，关键是我们怎样想、怎样对待、怎样做的问题。也许我们可能会付出比别人更高的代价和努力，但是收获成果的时候却能看到灿烂的笑脸。

2. 培养自信，坚定信念

成功学家陈安之认为，成功的第一步就是对自我的确认。自己都认为自己不行，等于为自己设定了限制，无论怎样是不可能实现的了。相信自己，自己是独一无二的，自己是最棒的。这就涉及信心的问题。

信心是创业精神的题中之意，有了信心，才能够开创出局面；有了信心，客观的条件和困难就算不了什么；有了信心，先前的资本和先天的缺憾就不会成为障碍。信心成就一切，企业中的每个员工，如果都具有坚定的信心，就没有克服不了的困难和难关，创造不出的成绩和目标，运营不出的业绩。现今中国的企业，迫切需要这样的信心。

小到公司业务员外出签单、推销产品，再到公司老板接见权势人物，大到整个企业做大做强、上市集团化、达成500强企业的梦想，都需要坚定的信心来支撑，如果没有信心，公司业务员到市场中就很难签单来；如果没有信心，老板见到达官要人就会底气不足、公关受挫；如果没有信心，企业就永远发展不大，在市场经济的风浪中最终败下阵来，归于消亡。

我们可以寻找自己的优点或长处，以此坚定自己的信念：我能行，我是最棒的。并借此努力，一定会有成效。

3. 设定目标，找对方法

有了坚定的信念之后，一定要为自己设定比较清晰的目标。没有目标的行动是盲目的，盲目的行动就会缺乏效率。所以，一定要设定目标，并且这个目标不能是触手可及的，而是要经过一番努力才能达到的。当然，目标也不能定得太高，太高了，会超出自己的能力范围，即便很努力也难以达到。另外，这个目标随着时间和环境的变化，是可以调整的，但不是目标的根本变化。

设定目标之后，在我们到达目标的过程中，可能会有多条路径可走。有的近些，有的远些，有的平坦，有的崎岖，有的过于遥远，可能穷尽有生之年也难以到达。这就涉及方法的问题。

成功学告诉我们：失败的人找借口，成功的人找方法。在竞争日趋激烈、生活节奏日益加快的今天，我们没有时间试遍所有的路径，所以要寻找最佳的路径，即通过比较、鉴别、研究，找出最合适的方法。这样就可以以最小的代价取得最大的成功。

由于创业环境的复杂性，我们开始未必能找到最佳的路径。但是，要学会检讨和反省。人们常说：失败是成功之母。更为确切的是：检讨（或反省）是成功之母。盲目地走，失败之后又盲目地行动，那么再次失败的概率依然很高，因为不知道问题出在哪里，为什么失败，所以就不能避免再犯同样的错误。失败不可怕，失败只是代表以前。在失败的基础上，检讨失败的原因，到底错在哪里，什么地方不对了，怎样避免。在认真检讨以前的过失之后，重新制定新的方案，那么我们就离成功又近了一步。

4. 付出行动，付出耐心

有了很好的方法，不等于目标的实现。这时最需要的是采取行动。陈安之的创业成功学告诉我们：创业需要我们行动，在最短的时间内采取最大量的行动。大量的行动，虽然有失败与被拒绝的可能，但是也意味着成功的机会比别人更多。多做一次，再多做一次，下一次也许就是你要的那次——成功。把简单的事情重复做，坚持、坚持、再坚持之后，你会有意想不到的结果。

别人不愿意做的事情你来做，一次又一次；别人不敢做的事情你来做，一次又一次；别人做不到的事情你来做，一次又一次……成功在向你微笑。创业更多的在于行动，没有行动就不构成创业。

5. 克服恐惧，敢于尝试

对某事物的恐惧，很多时候在于对事物真相的不了解。当我们了解某事物之后，常常有恍然大悟的感觉，那种神秘、莫测高深的感觉顿时消失。

克服恐惧，首先是通过提高对事物的认知能力，扩大认知视野，判定恐惧源。认识客观世界的某些规律，认识人自身的需要和客观规律之间的关系，确立正确的目标判断，提高预见力，对可能发生的各种变故做好充分的思想准备，就会增强心理承受能力。

其次要培养乐观的人生情趣和坚强的意志，通过学习英雄人物的事迹，用英雄人物勇敢顽强的精神激励自己的勇气。在平时的训练和生活中有意识地在艰苦的环境下磨炼自己，培养勇敢顽强的作风。这样，即使真正陷入危险情境，也不会一时就变得惊慌失措，而是沉着冷静，机智应对。

另外，平时积极参加心理训练，提高各项心理素质。例如：模拟训练危险情境，设置各种可能遇到的情况，进行有针对性的心理训练，形成对危险情境的预期心理准备状态，就能够有效地战胜紧张和不安等不良情绪，提高心理适应能力和平衡性，增强信心和勇气，以无畏的精神克服恐惧心理。

比起就业，创业面临着更多的困难。近些年，国内的创业环境有了很大的改善，为什么还有那么多有创业意向的年轻人不能将创业计划付诸实施呢？创业时机未到、好项目有限、启动资金筹集难，这些都是理由，实际上这却不一定是最重要的理由。最重要的理由只有一个：不愿冒险。创业环境再好，创业也有一定的风险。有多少人能够战胜自己对稳定的渴求而去冒险呢？可是，不冒险便没有创业的成功，也就享受不到创业成功的快感。

创业，还是要多些胆量。因为胆量是寻求自我突破的内在力量，是勇气和智慧的集合。而要多些胆量，对于年轻人来说，首要的就是打破传统思维，勇于创新和尝试。培养创业意识和创业精神的渠道和方法有很多，不妨多看一些名人的传记和成功的故事，也可以在实践中逐步践行培养创业精神的方法。

二、创业理念

创业理念，也可以说是生意经，或者说是价值观在生意上的体现。生意经念好了，唱对了，哪怕就坚持一条，也会送我们到创业的彼岸。不过生意经有很多，我们权且总结以下部分作为参考。

（一）小事做起，善于借力

不甘于平淡是许多人的人生追求。有些人自认潜质很好、学历高或是出身背景好，有一种得天独厚的优越感，似乎生下来就是做大事的，因而放弃做小事的准备和努力，一心等待着大事的来临。日常哪里来大事！等待换来散漫，散漫滋生病变。世上不乏“天之骄子”和志向远大的青年走上邪路的故事，追根溯源，却是受害于专等做大事的心态。

很多人、很多企业都是由小到大干起来的。创业之初，没有太多的资本，没有丰富的经验。贸然行事会给自己带来难以弥补的损失。虽然创业本身就意味着风险，但并不是说当你不具备抵抗风险的能力时莽撞行事。

这里说的“甘于做小”，是相对于他的理想和能力来说的。也许你有远大的理想，并且也有相当的能力，但是目前有束缚、有限制，没有可以实现你鸿鹄之志的舞台。那么，做好力所能及的事情，便是最佳的选择。这也是和“好高骛远”相对的。有的人空有一番豪情，一心想做大事、发大财、走大运，却看不起手头的小事。空蹉跎中送走了自己的大好年华。中国有句古话“一屋不扫何以扫天下”，其实讲的也是这个道理。

“甘于做小”不等于“永远做小”，做小的过程是积累的过程、酝酿的过程。特别是对于在校生或刚毕业的大学生来说，在“做小”的过程中，经历了创业的过程，磨砺了性格和意志，对将来的发展是大有裨益的。

通常小和巧是相连的。个子小的人，通常会用巧劲。为什么？个子小了，不用巧劲，很多事情做不来，难免受欺负、吃亏。为了避免受欺负、吃亏，会想出种种办法来。所以，也就有了“狐假虎威”的成语，假一下虎威没有什么不好，保住了性命，能够生存了。对于小企业来说，很多时候也需要“巧”的，“假”一下外力，即便是在夹缝中，也会游刃有余。

小有小的好处，风险相对低，操作灵活。适合没有经验或资本金小的创业者。

（二）谨慎从事，迂回前进

谨慎不等于胆小，大胆和谨慎并不矛盾。遇事可以大胆假设、小心求证。敢想，有思想、有点子，但是这些点子、思路是否符合现实，能否实现，有几分胜算的把握，需要小心谨慎地考察、求证，想好具体实施的步骤、办法和途径。也就是说，细节决定成败。

在《赢在中国》节目中，选手张华对自己的电解水机项目作了介绍，说到日本的情况、电解水的好处、电解水机极大的潜力，但是他没有提到将怎样运作等细节。史玉柱在对张华的点评中说道：“现在的时代，战略正确之后细节成为决定性因素，有很多细节处理不好，你的战略正确了也会失败，或者该做大的也没有做大，就失去了机会。……所以我提醒你注意细节，在研发、生产、营销、管理等方方面面，需要注意的细节非常多。你作为一把手，应该找哪些细节是最关键的，自己塑造。一把手抓最关键部位的细节。……我感觉是这样的，我过去是这样做的，我觉得这么做往往会成功，这不是做广告，像《征途》，我只抓市场调研，我自己搞，其他事一点不管，这个细节非常重要。”

张瑞敏在掌舵海尔的多年中，不能说没有魄力、没有胸襟，可是他有一句话：永远战战兢兢，永远如履薄冰。忧患意识一直在创业者心里。因为环境复杂多变，需要时刻保持一种警惕的心态，能够及时发现问题所在。

在创业的整个过程中都需要细心谨慎。一个机会是不是好商机，不源于我们拍脑袋的瞬间，而是需要细细求证的。产品或服务质量更是需要严格的流程来保障的。至于销售环节和管理环节，无不需要我们精心的照料，粗心大意招来的只能是最终的失败或严重的损失。

经过小心地求证和仔细地考察之后，如果还不具备实施某项计划的条件，那么可以创造条件，以迂回曲折的办法达到最终实施某个项目的条件。

（三）诚实守信，遵守原则

一提到商人，人们首先想到的可能是精明，也可能是奸猾。在人们的心里一直有“无商不奸”的信条。其实我们看到现在越来越多的人喜欢和厚道诚实的人做生意，当然更愿意和这类人合作。诚实并不是“傻”“无能”的别名。自古以来就有诚实守信的训条。当一个人取信于人的时候，他的这种品格就成为一种无形的资本，在他需要的时候就会得到相关人的救助。可以拿犹太人为例，犹太人是经商的高手，他们的第一信条便是诚信。做珠宝生意的犹太人，可以将成批的钻石交付给对方去检测、化验，而不需任何手续（或证明），因为他们之间有诚信为基础。这种信任是一种资本，有人把它叫做社会资源，当一个人拥有这种社会资源越来越多，他便在无形之中为自己铺就了一条通往成功的大道。

当然诚信在遭遇不诚信的时候，会有一定的损失。这就需要我们不去盲信，要有自己的判断。

“坦诚第一，以诚待人”的原则是香港超人李嘉诚成功的独门秘笈。他做生意的原则是以“诚信”和“勤奋”为先，并因此获得了很多发展事业的黄金机会。李嘉诚在创业初期资金极为有限。一次，一位外商希望大量订货，但他提出需要富裕的厂商作保。李嘉诚努力跑了好几天，仍没有着落。在找不到担保人的同时他并没有放弃去开发新产品，他通宵赶出了 9 款样品，去找外商，一切据实以告：“我有能力做好产品，但是我的资金有限。”外商被他的真诚感动，不但在无担保的情况下跟他签约，还预付了货款。李嘉诚说：一个有信用的人比起一个没有信用、懒散、乱花钱、不求上进的人，一定有更多的机会。当你建立了良好的信誉后，成功、利润便会随后而至。另一方面，“吃亏是福”是李嘉诚待人处世的原则之一。他说过：“有时你看似是一件很吃亏的事，往往会变成非常有利的事。”为了信守承诺而吃亏，这种吃亏会转变成福气。短期里，诚信固然有可能损伤利益，但从长远考虑，诚信会带来巨大的回报，这是任何价钱都买不到的。

在温州商人中有这样的潜规则“借钱不还就没法生存”。据中国人民银行统计，温州地区的不良贷款比率仅为 5.9%，远远低于全国平均水平。信用成了温州近几年经济发展的助推器，“信用就是生产力”在温州得到了最好的验证。温商恪守信用，不仅赢得尊重、信任和合作的机会，更吸引了各方资源为我所用，创造出更大的财富。

马云曾说：诚信不是一种销售，不是一种高深空洞的理念，是实实在在的言出必行，点点滴滴的细节，诚实不能拿来销售，不能拿来作概念。可见，诚实不在于说什么，不在于想什么，而在于具体做了什么，在于落实我们的承诺。不论大事小事，都一样会体现诚信。

（四）敢于竞争，善于合作

创业需要有竞争意识，所开创的事业一定要有市场，有市场就存在竞争。一个创业者一定要时刻保持竞争的意识，关键事情一定要做在别人的前头，或者比别人做得更好，只有抢先一步或更胜一筹，才可以占领更大的市场。这种竞争意识会促使我们做得更好、走得更远。

竞争的同时，并不排斥合作，在一定程度上合作优于竞争。

“一个篱笆三个桩，一个好汉三个帮。”自古人们就知道互相帮助、互相协作的好处。特别是现代社会，协作更是无处不在。社会分工的细化，致使生产效率得到极大的提高，也导致同行之间的竞争日益加剧。随着生活节奏的加快，我们处于多元的、多变的环境中，为了应付复杂的环境，就需要善于寻找合作者，将复杂的环境有序化或简单化。

和同行的联合，和上下游的行业联合，都可以增强我们的竞争力。和同行联合，可以减少竞争对手，节约无谓的消耗。和上下游行业的合作，可以减少采购和销售的成本。

现在很多企业在重组、兼并，其实也是竞争环境中的必然选择。重组之后，可以共享资源、消除一些壁垒。

（五）脚踏实地，勤奋耕作

由于生活节奏的加快，人们变得越来越浮躁，如心浮气躁、朝三暮四、浅尝辄止、东一榔头西一棒槌、这山望着那山高、耐不住寂寞等。我们总在忙，却不知道在忙些什么，致使我们的学习或工作计划一再搁置。

海尔总裁张瑞敏说：“什么是不简单？能够把简单的事千百遍都做对，就是不简单。什么是不容易？把大家公认的非常容易的事情认真地做好，就是不容易。”

其实创业并非都是惊天动地的，很多事都在默默无闻中进行。知识的积累不需要吵吵嚷嚷，只需静下心来投入进去就可以，搜集信息也不需要大张旗鼓，制订计划更不需要公示于人，投入行动也需要用心操作。

所以，创业是一步步踏踏实实地实施。每一件事情，都认认真真地完成，今天需要办的事不要拖到明天，上午可以办的事不要拖到下午。

我们都有过很多计划，但是很多只是停留于想：将来有一天会开始去做。结果将来的某一天永远有别的事情被缠绕。假如我们采取“马上开始”的心态，很多计划都已经完成，并达到我们想要的结果了。学习、工作，或者某一项业余爱好，或者减肥计划等，都是需要踏踏实实地去做。

有一句话：顾客不只买产品，更是买你认真的态度。其实，很多时候我们的产品可能不是最好的，但是如果我们以一种踏实的作风，将产品接近顾客的要求，那么顾客可能会以另外一种心态审视我们呈现给他们的东西。

（六）永不放弃，再度扬帆

这种道理在我们学步的时候就已经懂得了。试想哪一个孩子没有在学走路时跌倒过，又有哪一个不是跌倒后爬起来再走的。如果有谁跌倒了不再爬起来，那恐怕就很难学会走路了。道理很浅显，但是长大之后却不明白了，并且是岁数越大就越没有“跌倒、再爬起来”的勇气了。

永不言败的人总会成功。无论你身心受到多大创伤，也不管你的心情是如何沉重，要永远坚信一点：一切都会变。成功者与失败者并没有多大的区别，只不过是失败者走了九十九步，而成功者多走了一步。很多时候成功的关键就在于“再坚持一下”。其实，失败并不可怕。并且失败很多时候也是难以避免的。特别是生意人，一次失败之后，就惧怕、退缩的话，那么失败就是结果了。失败之后，能够找原因、想对策，从而继续前进的人，就又给了自己一次成功的机会。千锤百炼，终有成功的一天。

（七）志存高远，涅槃重生

我们没有成功，不是因为我们不具备这样那样的能力，而是在心里为自己设定了一个不可跨越的高度。

有这样一则故事。

有一位穷苦的牧羊人带着两个幼小的儿子放牧。在一个山坡上，一群大雁叫着从他们的上空飞过。两个孩子都用羡慕的目光望去，直到雁群消失在远方。他们说：“要是能做一只会飞的大雁该多好啊！”

牧羊人沉默了一会儿，对两个孩子说：“只要你们想，你们也能飞起来！”孩子们试了试，都没能飞起来，他们用怀疑的眼光看着父亲。牧羊人说：“你们还小，只要不断努力，将来就一定能飞起来，去想去的地方。”

两个孩子记住了父亲的话，并一直努力着。等到哥哥35岁，弟弟32岁的时候，他们果然飞起来了，因为他们发明了飞机。这两兄弟就是美国的莱特兄弟。

很多人的创业，好像都有一点儿无奈，在这种情况下稍有成就就会满足，从而沾沾自喜。这样的人，他的事业也就止于此了。

也有一部分人，不满足于已有的成就，达到目标后，新的目标又被设定，所以打点行囊继续前进，就像鹰一样，突破自己，涅槃重生。

三、创业的组成要素

创业的要素有很多，除了创业者本身之外，基本的因素有三个：商机、资源和团队。创业者只有在抓住商机、利用好资源、组建好团队的基础上，将三者有机地结合在一起，创业才有可能成功。

（一）商机

商机是创业的锲入点，看到了商机才有可能迈开创业的第一步。在有心人的眼里世界处处充满着商机。一次不经意的谈话、一条不起眼的新闻、一次偶发的事件等，都会引起创业者思潮的涌动、商机的发现。无论境遇如何，商机是永远存在的，关键在于你有没有敏锐的眼光。

市场行情瞬息万变，商机也稍纵即逝。要捕捉它，作为企业经营者，除了要具有驾驭市场风云的超前慧眼，把握市场脉搏、审时度势的能力外，还要采取有效的方式和方法，从市场供求差异中捕捉商机。

在市场经济条件下，市场供给和需求总是有一定差异的，这些差异正是企业的商机。我们可以从以下几个方面捕捉商机。

1. 市场需求总量与供应总量的差额

当一种产品或服务不能满足市场需求的时候，是介入的好时机。假如城市家庭中洗衣机的市场需求总量为100%，而市场供应量只有70%，那么对企业来说就有30%的市场机会可供选择和开拓。

2. 市场供应产品结构和市场需求结构的差异

产品的结构包括品种、规格、款式、花色等。有时市场需求总量平稳，但结构不平衡，仍会留下需求"空隙"。企业如果能分析供需结构差异，便可捕捉到商机。如海尔人就善于巧妙地填补供需结构间的需求"空隙"。几年前，张瑞敏出差四川，听说洗衣机在四川销售受阻，原因是农民常用洗衣机洗地瓜，排水口一堵，农民就不愿用了。于是，张瑞敏就要求根据农民的需求，开发出一种出水管子粗大，既可洗衣又可洗地瓜的洗衣机。这种洗衣机生产出来以后，在西南农村市场很受欢迎。

3. 消费者需求层次的差异

消费者的需求层次是不同的，不同层次消费者的总需求中总有尚未满足的部分。有的收入极高，而社会上却没有可供消费的高档商品或服务；有的则消费水平过低，而社会上却忽视了他们需求的低档商品，而这些就给企业以可开拓的市场机会。

4. 从市场的"边边角角"捕捉商机

边边角角往往易被人忽视，而这也正是企业可以利用的空隙。企业，尤其是小型企业，要充分发挥灵活多样、更新更快的特点，瞄准边角、科学地运用边角，另辟蹊径，做到人无我有、人有我新，通过合理的经营，增强自己的竞争实力，最终达到占领目标市场的目的。

5. 从市场细分中捕捉商机

市场可以细分为多个小市场，企业通过对市场的细分，可以从中发现未被满足的市场，从而也就捕捉到了发展的商机。例如，在美国，麦当劳最早针对单身贵族和双薪家庭这一细分市场，为愈来愈多的单身贵族和双薪家庭提供早餐；在中国，麦当劳针对儿童这一细分市场，充分抓住中国独生子女娇贵的特点，搞起了所谓"麦当劳儿童生日晚会"等促销活动，并取得了成功。

6. 从市场竞争对手产品的缺陷中捕捉商机

研究竞争对手，从中找出其产品的弱点和营销的薄弱环节，也是企业捕捉商机的有效方法之一。

7. 从市场的潜在需求中捕捉商机

一般来说，市场需求具有梯度递升的规律性。因此，企业经营者应具有超前的意识，预测市场的潜在需求，捕捉发展的商机，拓宽新的市场。

8. 从市场发展的趋势中捕捉商机

在市场经济条件下，市场总是在不断发展变化的。企业经营者要善于从市场发展变化的趋势中，捕捉发展的商机。如在我国大中城市，人口已出现了老龄化的趋势，这意味着老年人市场将逐步扩大，企业可把握这一商机，深入细分老年人市场，开发出能最大程度地满足他们要求的各种产品和服务。

9. 从市场信息中捕捉商机

如果企业经营者具有敏锐的信息洞察力和敏感的信息头脑，就能捕捉到发展的商机，领先占领市场。在充满迷雾和陷阱的市场上，偶然性随时可能出现，但不是每一个企业经营者都能捕捉到商机、创造奇迹的。这正如一位专家所说：一些人之所以成功，不是因为他们得到了幸运的机会，而是因为他们有一双慧眼，善于捕捉幸运。只要我们留心，商机就在我们身边。把握商机是我们创业的第一步。

（二）资源

1. 资源的种类

资源是创业企业有无竞争力和能否生存的关键。资源包括有形资源和无形资源两大类，如资金、人才、信息、关系网络等。有形资源就是物质资源；无形资源包括知识资源（人力资本）、人脉资源（社会资本）等。能否有效地组织资源是创业能否成功的重要因素。

物质资源主要是创业所需的有形资本方面，包括资金、设备、店面或房产以及其他的一些办公设施等。这些资源可以是自有的，或是租借的，或是融资来的。物质资源是基础，也是创业所要的结果。创业之初，需要物质资本做媒介、做载体，创业的结果也是要看到物质资源的变化。

作为人力资本的知识资源，是人在一生中不断积累知识和经验的总和。正规、系统的知识教育是一种获取知识的渠道，而生活和工作中的各种经历也是一个重要的知识获取过程，如各种各样的生活常识、工作行业的知识等。

作为社会资本的人脉资源，简单来说就是我们所拥有的社会网络资源，或者说是社会关系。

在这些资源里，我们对有形的物质资源并不陌生，而对无形资源虽然也很熟悉，但是容易忽视，特别是人脉资源。

2. 人脉资源的特性

众所周知，在个人创业过程中人脉资源是重要资源。拥有各种良好的人脉关系，你可方便地找到投资、产品、渠道等各种创业机会。人脉资源是创业者成功的基本条件。

1）人脉资源的特性

（1）使用性。人脉之所以是资源，主要原因就是能被利用，如果不能被用来创造财富，就不能称为资源。亲属、朋友、同学、同乡、同事等都可以成为创业的人脉资源。

（2）长期投资性。平时注意人脉资源的积累，不要事到临头才去找人帮忙。在公司做业务也一样，现在不是你的客户，明天就可能成为你的客户，因而你必须从现在开始建立联系，人脉资源的形成需要很多时间和精力，这也是一种投资。

（3）可维护性和可拓展性。人脉资源是可以通过合作、交流、关心、帮助、友情、亲情等进行维护，并会不断巩固。如果不去维护就会变得疏远，这就是所谓的远亲不如近邻。所以，人脉资源需要经常维护，同时在维护中可以不断地发展新的人脉关系。

（4）辐射性。你的朋友帮不了你，但是你朋友的朋友可以帮你。你的朋友可以介绍你认识新的朋友，从而形成一个网状的交际圈，从认识的人辐射到不认识的人。

（5）可协调配置其他资源。人是社会资源的主宰。良好的人脉资源，可以有效地调动利用各种资本，如获得信息、筹措资金、疏通关系等。

（6）稳定性和信用性。经常在社交圈内的人员是相对稳定的，一般经常交往的人信用度都较高，要远远高于交往较少的人。

2）人脉资源的不足

（1）无目的性。很多人的社交圈都是自发组成的，在资源上还不能得到充分共享。

（2）局限性。每个人都生活在有限的社交圈里，个人的发展同样会受到这些圈子的制约，这些圈子里所能提供的可利用资源限制着圈子里每个人的发展。

（3）高成本性。每个人的人脉资源都需要花费大量的时间、精力和财力去维护。如果我们能够将交际、应酬所形成的人脉资源用于创业，这种成本的付出是值得的。

（4）有限性。每个人认识的人是有限的，经常保持联系的就更少，因而每个人的社交圈都是有限的，一般成功者的社交圈明显要大于一般人的社交圈。

（5）长期性。由于人脉资源是长期交往建立起来的，并不是简单地通过一两次认识就形成的，因而需要很长的时间去累积。

行业资源也可以划归人脉资源的范围。对某个行业有充分的了解，同时也掌握了这个行业的各种关系网，如供货商、经销商、客户、行业管理部门等。

只有具备了有形资源和无形资源的时候，创业才有了基础的保障。

（三）团队

团队是组成企业的关键。创业者组建企业后，有一个好的团队，就能使企业得到长远的发展。团队是指一种为了实现某一目标而由相互协作的个体组成的正式群体，是由员工和管理层组成的一个共同体。它能合理利用每一个成员的知识和技能协同工作，解决问题，达到共同的目标。

1. 团队的基本特征

（1）明确的目标。团队成员清楚地了解所要达到的目标，以及目标所包含的重大现实意义。

（2）相关的技能。团队成员具备实现目标所需要的基本技能，并能够进行良好的合作。

（3）相互间信任。每个人对团队内其他人的品行和能力都确信不疑。

（4）共同的诺言。这是团队成员对完成目标的奉献精神。

（5）良好的沟通。团队成员间能够进行畅通的信息交流。

（6）谈判的技能。高效的团队内部成员间角色是经常发生变化的，这要求团队成员具有充分的谈判技能。

（7）合适的领导。高效团队的领导往往担任的是教练或后盾的作用，他们对团队提供指导和支持，而不是试图去控制下属。

（8）内部与外部的支持。既包括内部合理的基础结构，也包括外部给予的必要资源条件。

2. 团队和群体的区别

群体是指两个以上相互作用又相互依赖的个体，为了实现某些特定目标而结合在一起。群体成员共享信息，作出决策，帮助每个成员更好地担负起自己的责任。

团队和群体容易被混为一谈，但它们之间有根本性的区别，汇总为以下 6 个方面。

（1）领导方面。作为群体应该有明确的领导人；团队可能就不一样，尤其是团队发展到成熟阶段，成员共享决策权。

（2）目标方面。群体的目标必须跟组织保持一致，但团队中除了这点之外，还可以产生自己的目标。

（3）协作方面。协作性是群体和团队最根本的差异。群体的协作性可能是中等程度的，有时成员还有些消极，有些对立；但团队中是一种齐心协力的气氛。

（4）责任方面。群体的领导者要负很大责任，而团队中除了领导者要负责之外，每一个团队的成员也要负责，甚至要一起相互作用、共同负责。

（5）技能方面。群体成员的技能可能是不同的，也可能是相同的，而团队成员的技能是相互补充的，把不同知识、技能和经验的人综合在一起，形成角色互补，从而达到整个团队的有效组合。

（6）结果方面。群体的绩效是每一个个体的绩效相加之和，团队的结果或绩效是由大家共同合作完成的产品。

3. 团队的组成

在当今商业社会充满挑战的时代，人们很容易陷入孤立的状态。但是在复杂的社会中，没有一个组织能够单独完成所有的事情。成功的关键就是：个体、社区集团以及其他组织之间灵活地合作。团队的力量是让平凡的人做出不平凡的成绩。有人考察了一千多个团队，研究理想团队的构成，最后提出了“八种角色”的理论，即一个成功的团队必须有 8 种不同性格的人组成。这 8 种人分别如下。

（1）行政者：讲标准，讲秩序，讲效率，讲条理，办事有章法，不喜欢突然的变化，喜欢结构清晰的环境。

（2）协调者：具有天生的领袖气质，心理和情绪比较稳定，自制力强，有一种非权力因素的影响力。

（3）推进者：工作有效率、有速度，总是充满紧迫感，想问题不远不细，对周围人气的变化很麻木，粗放，心直口快易伤人。

（4）创新者：标新立异，思维活跃，现实感差，想法多，点子多，经常用否定的语气表示相同的意见，绝不附和，喜欢与众不同。

（5）信息者：对外敏感，善于交际，消息灵通，一有事就兴奋，像个雷达。

（6）监督者：冷静、理智、有判断力，一般不想事情怎么办而只想这事不能办，爱泼冷水，喜欢从反面看问题，与大家的情感不是很紧密，对提出的好建议不感兴趣，只对阻止一个坏建议感兴趣。

（7）凝聚者：对内敏感，随和，易优柔寡断，常用和缓的语气表达意见，密切关注人气的变化。

（8）完美主义者：做事追求完美，举重若轻，细致，一丝不苟，容易陷入细节。

研究由此得出结论：不能预测一个团队一定成功，却可以预测一个团队一定失败。当然，谁也不可能同时具备这 8 种性格，要成功只能靠团队来弥补个人的不足。每个人都是有欠缺的，要做完美的事就得靠团队。没有完美的个人，却可以有完美的团队。

4. 创业团队的有效运行

第一，树立正确的创业理念。

成功的创业者是以正确的创业理念来指导创业活动和组建创业团队的。创业理念决定着创业团队的性质、宗旨和获取创业的回报，并且关系到创业的目标和行为准则。这些准则指导着团队成员如何工作和如何取得成功。核心创业者树立创业理念，然后吸引关键人才加入进来组成创业团队，以实现创业梦想其能力决定着创业乃至企业的成败。

共同的创业理念是组建团队的一个基本准则。许多拥有杰出技术或其他相关技能、良好教育背景的人在一起创业，往往由于缺乏共同的创业理念，成为高度个人主义竞争的牺牲品。他们的极端个人主义与团队的一致性要求格格不入，最终导致创业失败。

如果没有正确的创业理念，创业成员在作决策时，常常有大量不同的想法，很容易陷入对危机、冲突和变化的漠不关心，没有预测、反应计划的泥潭之中。

什么是最佳的创业理念？从成功的企业经验来看，创业团队应该分享以下理念。

（1）凝聚力。团队成员相信他们处在一个命运共同体中，共享收益，共担风险。

（2）团队工作。作为一个团队而不是靠个别的“英雄”来工作，每个人的工作相互依赖和支持，依靠事业成功来激励每个人。

（3）正直。这是有利于顾客、公司和价值创造的行为准则，它排斥纯粹的实用主义或利己主义，拒绝狭隘的个人和部门利益。

（4）为长远着想。团队成员相信他们正在为企业的长远利益工作，正在成就一番事业，而不是把企业当作一个快速致富的工具，没有人会在困境出现时退出，他们追求的是最终的资本回报和成就感，而不是当前的收入水平、地位和待遇。

（5）承诺价值创造。团队承诺为了每个人的利益而将“蛋糕”做大，包括为顾客增加价值，使供应商随着团队成功而获益，让团队的所有支持者和各种利益相关者赚钱。

（6）正确的平等观和公平原则。即在权力与利益分配上，团队成员不追求绝对的民主和平等，而是基于团队成员在一定时期内的职责、能力、贡献和企业的绩效，并随着时间的推移作相应调整。

第二，妥善处理团队成员之间的权力和利益关系。

（1）权力关系。在创业团队运行过程中，团队要确定谁适合从事何种关键任务和谁对关键任务承担什么责任，使能力和责任的重复度最小化。

（2）利益关系。这与新创企业的报酬体系有关。一个新创企业的报酬体系不仅包括股权、工资、奖金等金钱报酬，还包括个人成长机会和提高相关技能的培训等方面。每个团队成员所看重的利益并不一致，取决于其个人的价值观、奋斗目标和抱负。有些人追求的是长远的资本收益，而另一些人不想考虑那么远，只关心短期收入和职业安全。对后者来说，股权激励可能并不比高工资更受欢迎。

新创企业的报酬体系十分重要，而且在创业早期阶段财力有限，因此要认真研究和设计企业整个生命周期的报酬体系，使之具有吸引力，能够保证按贡献付酬和不因人员增加而降低报酬水平。

第三，警惕存在的陷阱。

（1）准备不足。一个创业团队常常在缺少处理棘手问题的技巧和经验前就已经形成。其结果可能是，这样一个团队不能处理下列敏感问题：谁拥有多少股权？谁将承诺奉献多少时间、资金或其他资源？如何解决分歧？团队成员如何才能离开和怎样离开？这些问题如果不能妥善解决，有可能导致拥有明智商业创意的有前途的团队过早地解散。

（2）过于平等。例如，几个创业者，通常是同学、朋友或同事，在创业时决定采取下列民主安排：平等的股权、工资、办公室大小，以及其他象征其同等地位的项目。但遗留的问题是：谁来主管？谁来决定？如何解决存在的分歧？角色的某些重叠和决策的平等协商是值得的，但过度平等就是一种软弱无力。即使存在有关的协议，但冲突问题仍难以解决。

（3）过于自信。不相信核心创业者和团队成员有不足之处，从而自高自大，认为自己无所不能，不愿接受优秀人才加盟进来，制约企业的发展壮大；或者过于迷恋和相信一个产品创意，结果费尽周折之后，才发现是死路一条。

（4）隐形危险。隐形危险是指投资者、团队成员、核心创业者的破坏性动机所引起的严重问题。如果对这种潜在的破坏性动机缺乏警惕，将使团队变质而成为一个争权夺利、损公肥私的场所。例如，对一个团队成员早早地就十分关注权力、金钱和控制的行为不引起重视。

（5）过度信任。新创业团队可能认为团队成员间的相互信任是理所当然的。在长期的创业过程中，诚信确实是十分重要的，一个创业者没有信任就难于成功。但盲目地信任别人可能吃亏上当、遭受损失。信任是通过长期考察获得的，需要极大的耐心和不断的试验。因此，与新组建的、相互陌生的团队相比，投资者更看重长期紧密合作的团队，因为后者已经经受了考验，取得了相互之间的信任。

四、创业成功的要素

当一个创业者具备了创业精神、创业意识和基本创业素质的时候，只是具备了创业的条件，创业要成功，还要看创业者如何协调、整合各种资源要素，以及如何利用环境的有利因素并降低环境的复杂性。

（一）从创业组成的要素分析

前面讲过创业的基本要素，要想创业成功就需要创业者将这些要素成功地组织起来，并平衡协调和合理利用。美国经济学家杰弗里·蒂蒙斯的创业模型是创业因素分析的典型模型，如图 6-1 所示。

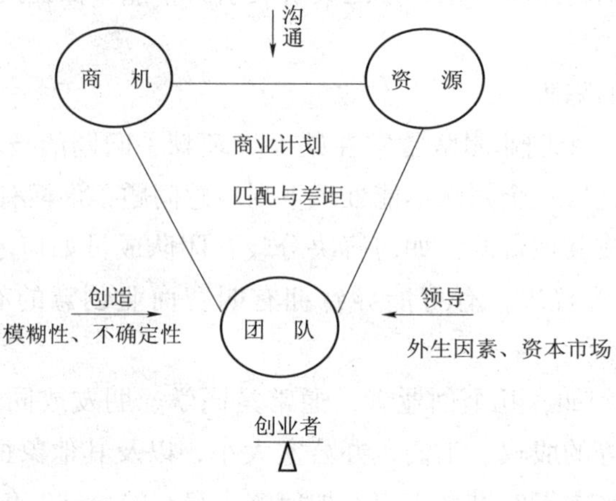

图 6-1　蒂蒙斯模型

该模型有三个核心的部分，即图 6-1 中的三个圆圈，表明了创业的三个要素：商机、资源和团队。图下方的三角形表示创业者，他是创业的主体，需要运用创造、沟通和领导能力将以上三者融合为一个整体，并在动态的发展中求得平衡和立足之地。

在模型的左边，作者提出了模糊性和不确定性，说明创业过程中会遇到许多不确定的问题，需要创业者去判断、研究和决策；模型的右边，是影响创业的外生因素和资本市场环境，说明在创业时还要面对许多环境方面的问题。模型的中央是商业计划，是创业者通过对创业三要素的运用、掌握以及对外生因素的分析、把握后，才制订出的商业计划。商业计划并不是一次执行就能成功的。创业者在经过仔细地调查研究，在许多的预案中反复比较，找出各种方案的优缺点和差距后，才能挑选出合适的商业计划。

这个模型在概念上对应于中国的一个经典说法，即天时（商机）、地利（资源）、人和（创业领导人和创业团队），由于它在逻辑上呈现出良好而完整的结构，同时又是一个过程模型，因此也可以它是一个创业生态模型。

蒂蒙斯认为，市场需求是衡量商机的关键因素，市场需求所保证的顾客购买、顾客群的成长速度和潜力、顾客群的可接触性决定了商机的吸引力大小。市场需求的结构、规模和竞争等都会影响到创业机会的数量和分布。有效的商机必须是在创业者具备的资源、能力和法律必备条件等范围内。

创业资源可分为要素资源和环境资源两大类。要素资源是直接参与企业日常生产、经营活动的资源，包括资金、人力、原材料等；环境资源是指未直接参与企业生产，但其存在可以极大地影响企业运营效率的资源，包括政策、文化和品牌资源等。政策的调整和资源成本的变化会影响创业资源的获取。

创业的发生有赖于众多优秀创业者的涌现。创业活动通常需要由创业团队来实现。市场进入障碍、创业的风险和收益以及相关能力的培养，是决定创业者是否从事创业活动的三个关键因素。

创业是以商机为导向的，为创业者和创业团队所驱动，需要运用资源最小化且富有创造力的策略，依靠商机、团队和资源三要素之间的和谐和平衡，因而是一个综合的有机整体。一旦三要素失去平衡，创业活动就会受到影响。

蒂蒙斯模型的基本图形，通过不同的变化，可以画出不同时期的不同模型图式。创业者需要在环境的不断变化中，求得企业的暂时平衡和长远发展。因为不平衡是经常的，平衡是暂时的，所以创业者必须根据多种因素的变化情况，不断调整自己的行为，根据创业不同阶段的要求，创造性地利用条件使创业得以成功。创业者就像一个站在滑板上的魔术师，要根据环境的变化来耍弄三个球，并使自己保持平衡。

蒂蒙斯模型是一个分析创业因素的经典模型，把创业者必须具备的能力或素质，创业的三个基本要素，创业会遇到的各种外在因素等都表达出来了，而且把创业者的主体作用，描述得十分确切。创业者要很好地判断影响创业的内在、外在因素，并把这些因素有机地结合起来，这些都必须通过商业计划才能顺利实现，而且还要在时间的动态变化中，不断进行调整，直到取得创业的成功。

不同的创业者都可以利用模型的因素分析方法来考虑自己在创业中遇到的问题，并分析自己的优势和劣势、从而扬长避短或取长补短，取得最佳的创业效果。

（二）从影响创业成功的外部因素分析

除了创业的要素会影响创业的成功之外，外部因素对创业的成功也起了关键作用。创业要素是从内部直接起作用，而外部因素是从外部间接对创业产生影响。有时候外部因素更加重要，涉及整个的社会环境和氛围，起着基调和基础的作用。

2000 年克里斯汀教授提出的“克里斯汀模型”较好地说明了创业者与周围环境的互动，如图 6-2 所示。该模型的核心就是认为创业过程主要是创业者与新事业之间的互动。这个模型也有三个要素：创业流程，新事业，外部环境。

这个模型所要表明的是创业者如何在创业过程中，使自己与周围的环境互动，从而达到创业的成功，所以模型增加了时间因素，而略去了具体的影响因素，而且把创业者要创造的新事业放到了模型的内部，以示和环境的区别。

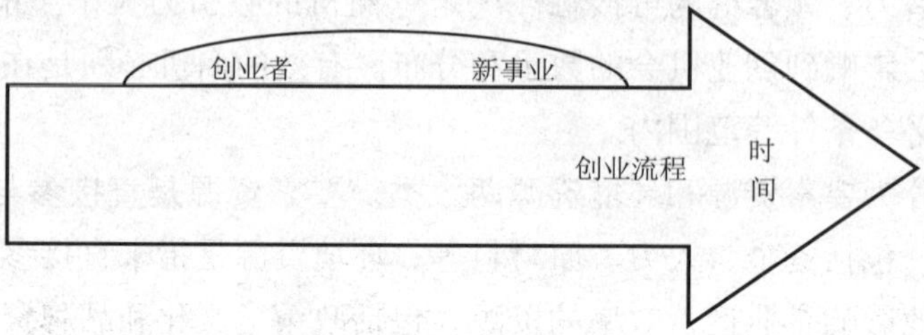

图 6-2　克里斯汀模型

创业者和其所创立的新事业，并不是孤立的，它需要在宏观环境的影响下，在和周围环境的互动中，完成创业的过程。这就需要创业者把握制度环境、社会环境及法律环境，在大前提允许的框架下，充分利用环境所提供的资源、信息、市场等，避开险滩、暗礁，使创业之船顺利地到达彼岸。环境有很多种，有有利的环境，也有不利的环境，创业者的审时度势显得尤为重要。

这里所说的环境，也应该包括创业者及其所创企业的网络资源。其中最重要的一种网络资源是人脉资源。

总之，环境对于创业的重要性是显而易见的，但是创业的环境又是复杂多变的。所以更加需要创业者审时度势，把复杂的环境简单化，把不利变为有利，使自己的企业立于不败之地。

第三节　一般创业过程

创业通常需要做的准备：剖析自己，盘点自己所拥有的资源；根据自己和市场情况确定合适的项目。

一、创业准备

当我们怀揣一颗创业之心，培养好自己的创业能力之后，还需要盘点一下自己的创业资源，才能真正踏上创业之路。

（一）盘点自己的资源

解决了是不是想创业，是不是适合创业的问题之后，再来看看我们自身的资源，到底适合以怎样的方式、在哪里开始创业。这就需要对我们自身作一番评估。

个人资产包括有形资产和无形资产。有形资产包括现金、股票、债券、银行存款、房地产以及其他的家庭资产；无形资产包括个人的学历水平、技术才能、业务能力、人际关系等。详细考察有关自己的上述情况，这些事实很可能为你今后开创一番事业提供一些帮助。

第一，列出自己的无形资产。其内容包括受教育的知识结构和水平、兴趣和爱好、技能和特长、过去取得的成绩和所受到的奖励；熟悉的行业、产品和服务；社会关系(这是你取得信息的方式和渠道)；与他人的交往方式；熟悉的政府机构及社会服务机构；应变能力，克服困难、解决复杂问题的能力，语言文字的表达能力，心理承受能力，洞察力等。

针对你的列表，慎重地考虑：自己想做什么，自己能做什么，自己适合做什么，环境允许你做什么等。也可以咨询专家，征求亲友的意见。

第二，选择行业。选择熟悉的行业是挣钱的一个好开端。对于你来说，原来从事的工作，自己所学专业，亲友、父母所从事的事业都是你熟悉的行业。选择熟悉的行业，就能够拥有更多的信息，知道什么产品有市场、有潜力。知道不同产品的优劣及消费者的需求，就能够作出正确的判断与决策。

你所拥有的工作经验和经历，也是一笔无形的资产。根据这笔无形资产，你能判断很多事情，如技术、产品、销售、市场等，以综合某项目的可行性。

第三，客观评价现有资产和财产。你的资产中有多少是可以动用的，有多少是可以变现的，又有什么可以直接用于创业的设施；你可以从亲朋好友那里借到多少钱，又能从银行和其他公司贷款多少。根据所能筹集的资金和可用的设施，考察创业项目的可行性，决定你创业开始的范围和程度。

第四，排列和选择社会关系。生意场，也是公关场，没有一定的人际关系，创业可能会寸步难行。人际关系包括人缘关系、业务关系、办事渠道、信息来源等。它深入到人们的意识中，也影响着人的各种行为。用好人际关系会收到事半功倍的效果。

（二）研究市场、确定项目

了解了自己还不够，还要研究市场。你自己想做的、能做的是主观的、可以改变的，而市场的需求是客观的、既定的。只有主、客观一致的时候，才有可能产生效益。这时，捕捉信息、把握商机是最重要的。同时，分析大家在做什么，什么是流行的。学习经营者的长处，找出不足，以期改进。可以研究自身的需求，推及大家的需求，从需求得不到满足的地方入手。

二、创业计划

通过对环境的分析和研究，对自身能力的盘点，对一些信息的研究，我们看准了某一商机，这时需要制订一份完整、翔实的创业计划书，向现实的和潜在的合作伙伴、投资者、雇员、客户及供应商等全面阐述公司的创业机会。阐述创立公司、把握这一机会的措施及实施进程，说明所需要的资源，揭示风险和预期回报。创业计划的好坏直接关系到创业项目的成败。

（一）创业计划的概念与作用

1. 创业计划的概念

创业计划是对与创业有关的所有事项进行总体安排的文件，包括商业前景展望，人员、资金、物资等各种资源的整合方式，以及经营的思想、战略等。它是为创业项目制定的一份完整、具体、深入的行动指南。一份创业计划应该能够有理有据地说明企业的发展目标，实现目标的时间、方式及所需资源。

创业计划的基本目标在于：分析商机，说明创业者的基本思想和期望目标；分析并阐述创业者如何利用这一创业机遇进行发展；分析说明影响创业成败的关键因素；分析并确定创业筹集资金的办法。

创业计划是将创业者的理想和希望进一步具体化，它一般要考虑到公司未来 3～5 年的发展情况，并在公司运营中根据需要进行相应的调整。

2. 创业计划的作用

（1）明确创业的目标和方向。创业者将自己的创意以文字的形式表现出来，可以冷静地分析自己的创业理想是否真正具有可行性，清晰地认识自己的创业机会，明确自己的方向和目标，进而规划创业的蓝图。

（2）周密安排创业活动。创业计划的内容涉及创业的类型、资金规划、阶段目标、财务预估、行情策略、可行性风险评估、内部规划管理等所有与创业有关的活动，从而使创业者对产品开发、市场开拓、投资回收等一些重大战略决策问题进行全面的思考，并在此基础上制订翔实的营运计划，周密安排创业活动，为有效的管理活动提供科学依据。

（3）寻求外部资源的支持。完善的创业计划可以使人了解创业项目及创业构想，有利于创业者与供应商、经销商等中介机构进行沟通，取得他们的信任和支持，为企业的发展创造良好的外部环境，而且它更是创业者融资的基础，创业者可以借助创业计划去说服其他人合资、入股，甚至可以募得一笔创业基金。

因此，一份理想的创业计划，必须能够提供投资者评估时所需要的信息，使其能从众多的创业者所提出的创业计划中，进行有效的筛选分析，迅速挑选出合适的投资方案，以缩短评估决策所花费的时间。例如，必须能够清楚地告知投资者有关事业经营与发展的过程及结果，明确指出公司内部竞争的优劣势、外部的机会与威胁、可能遭遇的问题以及预期的经营结果；必须能够提供投资者详细的投资报酬分析，因为投资者最关心的是可获得多少投资报酬，以及如何回收投资资金，一份详细的资金运用与财务分析报表是投资者所迫切需要的。

（二）制订创业计划的注意事项

创业计划将系统分析项目的优点、要求、风险和回报，以及如何抓住商机。因此，创业计划是创业的关键环节，创业者必须仔细分析、研究，认真制订创业计划，并注意以下两个问题。

1. 要认真分析创业项目带给消费者的价值

创业计划应重点突出创业项目能为消费者创造或增加的价值，因为商机就是未被满足或未被充分满足的有购买能力的消费需求，这就是说，创业项目能为消费者解决问题，消费者愿意为了满足自己的需求而支付货币。而风险投资者正是从市场的角度来分析创业者的技术和服务、融资规模、团队机构等，投资者最关心的是市场的规模有多大、消费者的需求是什么以及投资的回报与投资风险。如果创业计划的内容不能解决投资者关注的焦点问题，那么获得青睐的机会就很低。如果项目解决了投资者关注的主要问题，或者他们认为有价值，即使有其他方面的缺点，投资者也会给予帮助，并纠正这些不足。

所以，制订创业计划时，应认真分析创业项目能给消费者带来多大的价值，市场规模有多大，成长速度如何，利润有多高，投资回报率是多少。

2. 要清楚应该做什么和不该做什么

创业计划不只是为了包装，那些显示丰厚回报、精心包装的创业计划，并不一定能取得成功。只有存在根本性商机，并且创业者掌握商机所需的资源和团队，否则，单靠一项创业计划未必会有什么作为。

所以，创业计划必须是在客观的基础上，经过精心和周密的思考而制订。要有所为、有所不为。

如何面对资金风险？对于任何一个创业项目，都应该作可行性的评估，或者做一个创业计划，或者做商业计划书。什么项目都好，但是你的能力适合做什么项目？你能做吗？要作一个评估报告，对这个项目进行市场调查，如市场在哪里，人力资源在哪里，几年能回收资产，投资回报率是多少等。经过评估，把不可行的因素都克服以后，那就是一个可执行的好项目。

（三）创业计划书的格式

第一部分　摘要

（整个创业计划的概括）（文字在 2～3 页以内）

一、公司简单描述

二、公司的宗旨和目标（市场目标和财务目标）

三、公司目前股权结构

四、已投入的资金及用途

五、公司目前主要产品或服务

六、市场概况和营销策略

七、主要业务部门及业绩简介

八、核心经营团队

九、公司优势说明

十、目前公司为实现目标的增资需求：原因、数量、方式、用途、偿还

十一、融资方案（资金筹措、投资方式及退出方案）

十二、财务分析

1. 财务历史数据（前3～5年销售汇总、利润、成长）

2. 财务预计（后3～5年）

3. 资产负债情况

第二部分　综述

第一章　公司介绍

一、公司的宗旨（公司使命的表述）

二、公司简介资料

三、各部门职能和经营目标

四、公司管理

1. 董事会

2. 经营团队

3. 外部支持（外聘人士/会计师事务所/律师事务所/顾问公司/技术支持/行业协会等）

第二章　技术与产品

一、技术描述及技术持有

二、产品状况

1. 主要产品目录（分类、名称、规格、型号、价格等）

2. 产品特性

3. 正在开发 / 待开发产品简介

4. 研发计划及时间表

5. 知识产权策略

6. 无形资产（商标/知识产权/专利等）

三、产品生产

1. 资源及原材料供应

2. 现有生产条件和生产能力

3. 扩建设施、要求及成本，扩建后生产能力

4. 原有主要设备及需添置设备

5. 产品标准、质检和生产成本控制

6. 包装与储运

第三章　市场分析

一、市场规模、市场结构与划分

二、目标市场的设定

三、产品消费群体、消费方式、消费习惯及影响市场的主要因素分析

四、目前公司产品市场状况，产品所处市场发展阶段（空白/新开发/高成长/成熟/饱和），产品排名及品牌状况

五、市场趋势预测和市场机会

六、行业政策

第四章　竞争分析

一、有无行业垄断

二、从市场细分看竞争者市场份额

三、主要竞争对手情况：公司实力、产品情况（种类、价位、特点、包装、营销、市场占有率等）

四、潜在竞争对手情况和市场变化分析

五、公司产品竞争优势

第五章　市场营销

一、概述营销计划（区域、方式、渠道、预估目标、份额）

二、销售政策的制定（以往/现行/计划）

三、销售渠道/方式、行销环节和售后服务

四、主要业务关系状况（代理商/经销商/直销商/零售商/加盟者等），各级资格认定标准政策（销售量/回款期限/付款方式/应收账款/货运方式/折扣政策等）

五、销售队伍情况及销售福利分配政策

六、促销和市场渗透（方式及安排、预算）

七、产品价格方案

1. 定价依据和价格结构

2. 影响价格变化的因素和对策

八、销售资料统计和销售记录方式，销售周期的计算

九、市场开发规划，销售目标（近期、中期），销售预估（3～5年），销售额、占有率及计算依据

第六章　投资说明

一、资金需求说明（用量/期限）

二、资金使用计划及进度

三、投资形式（贷款/利率/利率支付条件/转股-普通股、优先股、任股权对应价格等）

四、资本结构

五、回报/偿还计划

六、资本原负债结构说明（每笔债务的时间/条件/抵押/利息等）

七、投资抵押（是否有抵押/抵押品价值及定价依据/定价凭证）

八、投资担保（是否有抵押/担保者财务报告）

九、吸纳投资后股权结构

十、股权成本

十一、投资者介入公司管理之程度说明

十二、报告（定期向投资者提供的报告和资金支出预算）

十三、杂费支付（是否支付中介人手续费）

第七章　投资报酬与退出（包括股票上市，股权转让、回购等）

第八章　风险分析

一、资源（原材料/供应商）风险

二、市场不确定性风险

三、研发风险

四、生产不确定性风险

五、成本控制风险

六、竞争风险

七、政策风险

八、财务风险（应收账款/坏账）

九、管理风险（含人事/人员流动/关键雇员依赖）

十、破产风险

第九章　管理

一、公司组织结构

二、管理制度和劳动合同

三、人事计划（配备/招聘/培训/考核）

四、薪资、福利方案

五、股权分配和认股计划

第十章　经营预测

增资后3～5年公司销售数量、销售额、毛利率、成长率、投资报酬率预估及计算依据

第十一章　财务分析

一、财务分析说明

二、财务数据预测

1. 销售收入明细表

2. 成本费用明细表

3. 薪金水平明细表

4. 固定资产明细表

5. 资产负债表
6. 利润及利润分配明细表
7. 现金流量表
8. 财务指标分析
1）反映财务盈利能力的指标
（1）财务内部收益率（FIRR）
（2）静态投资回收期（Pt）
（3）财务净现值（FNPV）
（4）投资利润率
（5）投资利税率
（6）资本金利润率
（7）不确定性分析：盈亏平衡分析、敏感性分析、概率分析
2）反映项目清偿能力的指标
（1）资产负债率
（2）流动比率
（3）速动比率
（4）固定资产投资借款偿还期

第三部分　附录

一、附件
1. 营业执照影本
2. 董事会名单及简历
3. 主要经营团队名单及简历
4. 专业术语说明
5. 专利证书/生产许可证/鉴定证书等
6. 注册商标
7. 企业形象设计/宣传资料（标识设计、说明书、出版物、包装说明等）
8. 简报及报道
9. 场地租用证明
10. 工艺流程图
11. 产品市场成长预测图

二、附表
1. 主要产品目录
2. 主要客户名单
3. 主要供货商及经销商名单
4. 主要设备清单
5. 市场调查表

6. 预估分析表

7. 各种财务报表和财务预估表

三、创业融资

并不是每一个创业者都用自有资本来创业。也许资本金不足，也许没有本金，而创业的不同阶段都有对资本的需求，这就需要创业者结合自己企业的发展战略，合理确定资本结构和资本需求数量，通过一定的融资渠道、采取一定的融资方式来进行融资。

（一）融资的定义

创业融资是指创业者为了将某种创意转化为商业现实，通过不同的渠道，采用不同的方式筹集资金以建立企业的过程。

从广义上讲，融资指的是资本在持有人之间的流动，以余补缺的过程，它是资本双向互动的过程，不仅包括资本的融入，也包括资本的输出，也就是说，不仅包括资本的来源，也包括资本的运用。

从狭义上来说，融资主要是指资本的融入，也就是通常所说的资本的来源，具体是指企业从自身生产经营现状及资本运用情况出发，根据企业未来经营策略与发展需要，经过科学的预测和决策，通过特定的渠道，采用一定的方式，利用内部积累或向企业的投资者或债权人筹集资本，组织资本供应，保证企业生产经营需要的一种经济行为。

对于初创企业来说，一般指的是狭义上的融资。

（二）融资的渠道

融资的渠道是指筹集资本来源的渠道和方向，体现着资本的来源与流量，属于资本供给的范围。从我国的现实情况看，融资主要有以下几种渠道。

1. 财政资本

财政资本主要体现了国家对新创企业的扶持情况，既包括通过财政拨款设立创新基金的方式直接对新创企业进行资助，也包括通过财政补贴、税收优惠、政府采购、财政担保机制以及建立创新园区等方式对新创企业进行间接资助。

（1）贴息贷款，对已有一定水平、规模和效益的创新项目，原则上采取贴息的方式支持其使用银行贷款，以扩大生产规模。

（2）无偿资助。国家和地方政府为了鼓励创业，推出了各种支持创业的政府无偿资助基金，主要用于中小企业创新过程中的研究开发及中试阶段的必要补助，科研人员携带科技成果的创业等。有些地区推出了大学生创业基金，上海的支持额度为30万元。

（3）资本金（股金）的投入。对少数起点高、具有较广创新内涵、较高创新水平并有后续创新能力，预计投产后具有较大市场需求，有望形成新型产业的项目，采取资本金的投入方式。资本金投入以引导其他资本投入为主要目的，数额一般不超过企业注册资本的20%，原则上可以转让，或者采取合作经营的方式在规定的期限内收回投资。

2. 银行信贷资本

银行信贷资本是银行以信贷方式积聚和分配的货币资本，以盈利性、安全性、流动性为基本原则，在评估贷款项目时，银行通常会考虑6C，即贷款人品质（Character）、偿还能力（Capacity）、资本结构（Capital）、担保物（Collateral）、经营条件（Condition）及事业的连续性（Continuity）。新创企业应该根据6C的要求向银行提交其创业计划和贷款要求。

我国对已经存在一定时间的企业，在其具有一定经营规模和稳定的经营项目时，可以向银行申请贷款。有关部门已经建立了对于中小企业的信用担保体系，以鼓励民营企业的发展。

3. 非银行金融机构资本

非银行金融机构主要有租赁公司、证券公司、创业投资公司等，它们的业务包括融资融物、承销证券、发行债券以及向企业提供资本和专业化服务。对处于起步期、成长期的中小企业而言，非银行机构能够为其提供范围更广的融资方式，如各类风险投资公司、投资基金等；而对于初创企业来说，天使资本是最好的选择。所谓天使资本，是指富有的投资者直接投资于初创期科技小企业的“种子期”或“设立期”的资本，用于弥补初创期科技小企业资本缺口。

4. 其他企业的资本

企业在生产经营过程中，往往会形成部分暂时闲置的资本，企业出于提高资本使用效率、拓宽经营范围、进行战略性投资等目的的考虑，直接对新创企业进行投资，或者对技术成果转化提供资本支持，或者独资（或联合）设立创业投资基金（机构）。

5. 创业者的自我积累资本

创业前，已经对个人资产进行了盘点，这些资产能够直接动用的就可以直接拿来用；对于不能变现的资产，可以采取抵押的方式取得资金。这种自我积累资本与外部资本相比有两个优势：一是可以省去寻找投资者所占用的大量时间和精力，以及相应的费用；二是不必去迎合投资者的口味，使创业者的创意得以实施。

6. 亲属、朋友的资本

这部分资本是新创企业的重要资本来源，尤其对于那些项目规模不大、处于初创期的企业来说，正是得益于亲朋的资助，其项目才得以启动。创业者可以通过合资、入股等方式说服他人投资，或者通过亲朋提供担保的方式获得所需要的资本。由于亲情、友情的维系对企业盈利要求较一般的投资者会有更多的耐心，但这笔资本可能带来一些弊端，如股权稀释、容易给企业贴上家族企业的标签、形成特权股东。

（三）融资的方式

融资方式是指企业融资所采取的具体形式和工具，体现着资本的属性和期限。其中资本的属性是指资本的股权和债权性质。现阶段，新创企业可以使用的融资方式有以下几种，其中前两项属于股权资本，后四项属于债权资本。

1. 吸收直接投资

吸收直接投资即按照“共同投资、共同经营、共担风险、共享利益”的原则吸收政府、法人、个人或外商投入资本的融资方式，直接投资中的出资者都是企业的所有人，出资方式包括现金出资、实物出资、知识产权出资、场地出资等。

2. 发行股票

发行股票即通过发行股票这种有价证券来筹集自有资本。股票持有人即为股东，按投资的资本额度享受所有者的资产收益并参与公司的重大决策。股票按股东的权利和义务分为普通股和优先股。普通股是公司发行的代表着股东享有平等的权利和义务，不加特别限制，股利不固定的股票。优先股是公司发行的优先于普通股股东分取股利和公司剩余财产的股票。

3. 银行借款

银行借款是各类企业按照借款合同从银行等金融机构借入长期和短期债权资本的主要筹资方式。

4. 商业信用

商业信用是通过赊购商品、预收货款等商品交易行为筹集短期债权资本的一种筹资方式。这种方式比较灵活，为各类企业所采用。

5. 发行债券

企业通过发行债券的方式，定期向债权人支付利息和到期偿还本金的方式。

6. 租赁

租赁是企业按照租赁合同租入资产从而筹集资本的筹资方式。各类企业都可以采用租赁方式租入所需资产，如场地、房屋、设备等。它属于企业的债权资本。

四、创建组织、组建团队

完成了创业的前期准备工作，就可以着手申请开业了。

（一）办理各项手续

创业需要在国家政策法规的框架下运行，同时要受到国家行政机关的保护与管控。有了政府政策的保驾护航，创业者才能排除一些干扰，在创业领域奋飞翱翔。

在做好了创业前的必要准备之后，必须要进行以下事项。

1. 办理工商登记

当你为自己将要成立的组织（企业、公司、商铺等）起好名字之后，需要到指定的工商行政部门进行核名。目的有三：第一，看将要使用的名字有没有其他人使用。如果别人已经申请过相同的名字，那就只好另起名号。这是为了管理的方便，也是保护使用者的合法权益，同时也是为了将来消费者的利益。第二，需要核对的内容是经营范围，将要创业的领域归属于什么行业的什么品种。一是表明能够合法经营的范围，二是限定经营范围，范围之内受到法律的保护，范围之外是无权涉足的，也是不受法律保护的，并且一旦超越经营范围，将触犯有关的行政法规。第三，需要核定的是法人资格及注册资金情况，这些内容是工商登记、技术监督局的企业代码申请及税务登记的依据，也是将来创业组织依法进行经营的依据，规定了权利和责任。

核名之后，需要在一定时间内办理工商登记。

营业执照是依法经商的依据。它规定了企业的名称、经营范围、经营地点、经营方式、法人代表和注册资金等情况。

办理工商登记需要提供的材料：

（1）核名证明；

（2）公司章程；

（3）环保局的相关报告；

（4）土地房屋使用的相关证明；

（5）验资报告；

（6）法人的相关证件、复印件。

不同的层次所要求的文件有所不同，可以到相关的部门进行咨询。

2. 办理税务登记

经过工商部门核准开业的单位（含非独立核算），应当在一定时间内（一般是30日），向所在地的相关税务机构申请办理税务登记。

税务登记很重要，只有经过税务登记的单位，才有资格向客户提供合法的票据，并通过税务部门依法纳税。

办理税务登记也需要一系列的资料佐证：营业执照，有关协议、章程、验资报告等，银行基本开户账号、机构代码证书，法人的合法身份证明，财务负责人、办税人员的相关证明等。或原件或复印件，根据所在登记部门的要求出具。

3. 变更、注销等

纳税人在需要进行营业变更时，须首先向工商登记部门进行申请，自工商登记变更之日起，30日内向税务部门提出申请。

变更的内容包括企业名称、法人代表、经营范围、经营地点、资金情况及经营类型等。

纳税人发生解散、破产、撤销以及其他情形，应依法终止纳税义务。首先办理注销税务登记，然后再向工商机构申请办理。

经营期间，由于种种原因（人员、资金、季节性等），符合相关规定的可以申请歇业或停业，到期可以申请复业。

当你拿到营业执照的那一天，就是向世人宣布创业的开始。

如果是生产型企业，就开始组装设备、筹备原材料，组织生产技术人员开始试生产。

如果是服务行业，就开始铺货，寻找你的服务对象。

开业之后的事情远比开业之前的事情让你费心，因为这时开始有费用产生，并且有一个或大或小的团队需要你来管理，还有一个远比你的想象复杂得多的环境需要你来应酬。

（二）组建团队

团队是创业的重要资源之一。在企业发展初期，适宜的创业团队可以使企业迅速走上平稳发展的道路。团队意识和团队文化对新创立的企业是非常重要的，团队可以产生1+1 ＞ 2 的“系统效应”。

1. 组建创业团队的基本条件

组建一个健康、有战斗力的创业团队应具备以下条件。

1）树立正确的团队理念

在本章第二节“创业成功的要素”之“创业团队的有效运行”中已有明确叙述。

2）确立明确的团队发展目标

目标在团队组建过程中具有特殊的价值。首先，目标是一种有效的激励因素。如果一个人看清了团队的未来发展目标，并认为随着团队目标的实现，自己可以从中分享到很多的利益，那么他就会把这个目标当成是自己的目标，并为实现这个目标而奋斗。从这个意义上讲，共同的未来目标是创业团队克服困难，取得胜利的动力。其次，目标是一种有效的协调因素。团队中各种角色的个性、能力有所不同，但是“步调一致才能得胜利”。孙子曰：“上下同欲者，胜。”只有真正目标一致、齐心协力的创业团队才会得到最终的胜利与成功。

3）建立责、权、利统一的团队管理机制

（1）创业团队内部需要妥善处理各种权力和利益关系 。

首先要妥善处理创业团队内部的权力关系。在创业团队运行过程中，团队要确定谁适合于从事何种关键任务和谁对关键任务承担什么责任，以使能力和责任的重复最小化。

其次要妥善处理创业团队内部的利益关系。一个新创企业的报酬体系不仅包括诸如股权、工资、奖金等金钱报酬，而且包括个人成长机会和提高相关技能等方面的因素。新创企业早期财力有限，因此要认真研究和设计整个企业生命周期的报酬体系，以使之具有吸引力。

（2）制定创业团队的管理规则

要处理好团队成员之间的权力和利益关系，创业团队必须制定相关的管理规则。团队创业管理规则的制定，要有前瞻性和可操作性，要遵循先粗后细、由近及远、逐步细化、逐次到位的原则。这样有利于维持管理规则的相对稳定，而规则的稳定有利于团队的稳定。

2. 组建创业团队的模式

一般而言，创业团队在创业投资时可采用的组织形式主要有公司制和合伙制两种。

这两种形式各有其特点。

1）公司制

创业投资采用公司制形式，即设立有限责任公司或股份有限公司，运用公司的运作机制及形式进行创业投资。有限责任公司是由两个以上的创业投资者共同出资，每个投资者以其认缴的出资额对公司承担有限责任，公司以其全部资产对其债务承担责任的企业法人。股份有限公司是指全部资本由等额股份构成并通过发行股票筹集资本，股东以其认购的股份对公司承担责任，公司以其全部资产对公司债务承担责任的企业法人。一般非家族成员的创业者采用公司制较多。采用公司制的优势主要体现在以下几个方面：一是能有效集中资金进行投资活动；二是公司以自有资本进行投资有利于控制风险；三是对于投资收益公司可以根据自身发展，作必要扣除和提留后再进行分配；四是随着公司的快速发展，可以申请对公司进行改制上市，使投资者的股份可以公开转让而套现资金用于循环投资。

2）合伙制

合伙制是指依法在中国境内设立的由各合伙人订立合伙协议，共同出资、合伙经营、共享收益、共担风险，并对合伙企业债务承担无限连带责任的营利性的经营组织。创业团队投资采取合伙制，有利于将创业投资中的激励机制与约束机制有机结合起来。

合伙人执行合伙企业事务，有全体合伙人共同执行合伙企业事务和委托一名或数名合伙人执行合伙企业事务两种形式。全体合伙人共同执行合伙企业事务是指按照合伙协议的约定，各个合伙人都直接参与经营，处理合伙企业的事务，对外代表合伙企业。委托一名或数名合伙人执行合伙企业事务是指由合伙协议约定或全体合伙人决定一名或数名合伙人执行合伙企业事务，对外代表合伙企业。在我国现阶段，主要有 4 种合伙形式：亲戚内合伙、家族内合伙、朋友间合伙、同事间合伙。咨询类、律师事务所和会计师事务所多数采用合伙制形式。在我国农村农民们办的很多企业都采用了合伙制形式。

3. 创业团队的矛盾体现

创业团队的人员流失率普遍较高。据国外的一家研究机构对 100 家成长最快的小企业所作的调查发现，其中有一半的创业团队无法在公司的头五年中顺利存活；另一家机构在他们所研究的 12 个创业团队的个案中发现，只有两家企业在创立 5 年后，创业团队还保持创立初期般的完整。

创业团队的分裂最容易发生在创业初期向稳定发展阶段过渡的时期。创业初期，组织的创立者将所有的精力都投入到生产和市场的技术活动中，以求得在市场中的生存，企业的组织是非规范化和非官僚制的，工作时间较长，大家为了企业的生存而奋斗，不太计较个人的得失。而当企业度过生存期，组织内部开始提出明确的目标和方向，部门也随着权力层级、工作分派及劳动分工而建立。创业团队中的一些矛盾很容易暴露出来，这些矛盾正是创业团队分裂的主要原因。

这些矛盾表现在以下几个方面。

（1）有些成员的能力和自身素质不适应企业经营管理的需要，但却是创业的有功之臣。

（2）创业团队的经营理念和方式不一致，价值观有冲突。

（3）创业成员之间由于性格、个性、兴趣不合，创业活动难以正常开展。

（4）团队创立初期，没有确定一个明确的利润分配方案，随着企业的发展，利润分配时出现的争议也会导致企业的解散。

针对以上可能出现的矛盾，创建团队的时候，要考虑团队成员之间的志趣问题，更重要的是考虑能力或技术上的互补性，最好能成立有核心主导的团队。

4. 稳定团队具备的条件

无论有核心主导的团队，还是群体性的创业团队，要保持稳定需要注意几个问题。

（1）团队一定要形成一致的创业思路，要有共同的目标愿景，同时还要有行动纲领和行为准则。

（2）要以法律文本的形式确定一个清晰的利润分配方案，把基本的责权利界定清楚，尤其是股权、期权和分红权。此外，还包括增资、扩股、融资、撤资、人事安排、解散等与团队利益紧密相关的事宜。

（3）在团队中建立信任与宽容。创业过程中会遇到各种问题，也会引发各种矛盾，在不规范的情况下，信任和宽容会减少团队成员的互相指责和猜忌，从而避免冲突。机制和制度的设立及运用有助于建立信任和宽容。

（4）分阶段、有计划、有控制地授权。团队之所以能有效运作，很大程度上归功于团队内部成员享有充分自主的决策权，包括制定生产目标、自主雇用员工、评估绩效等。但是还需要领导和管理，创业团队的主要领导应以灵活的方式分阶段、有计划、有控制地进行授权，并不断对团队的绩效进行评估。

（5）适当运用集体决策。集体决策能够满足创业团队不同的参与要求，更重要的是能够集结众人的智慧，使决策更优化，因而多数情况下它具有与个人决策无法比拟的优点。但应注意集体决策“议而不决”的致命弊病。

（6）要保证团队成员间的沟通渠道通畅，进行持续不断的沟通。开始工作前、遇到问题时、解决问题时、有矛盾时都需要沟通。沟通的时候要多考虑团队的愿景目标和未来的远大理想，围绕团队的发展目标来进行。

在注意以上几个问题的情况下，还要制定有效的激励机制，充分调动成员的积极性。对于成员的选择要考虑团队所需要的高素质，又要考虑成员的能力互补。

五、创业过程中常见的问题与风险

只要创业就有风险，但是很多时候风险是可以控制的。关键是采取什么措施把风险控制在最低程度，从而提高创业的成功率。

一般来说，从创业初期的资金分配与调度、人才招募、营销策略、管理技巧，以及继之而来的市场潮流变化、竞争、应对策略等，都有可能导致企业遭受无法继续生存的命运。

（一）创业过程中常见的问题

1. 资金短缺

许多人在创业之初并没有考虑到流动资金的重要性，所以在没有足够的流动资金的前提下就贸然创业。不少创业者在创业后经营不顺利的时候，就是因为没有充足的流动资金而不得不提前关门。如果创业者在创业时没有充足的流动资金以维持半年以上的运作，最好不要轻易去创业。

2. 市场资讯不足

市场资讯不足是指不真正了解潜在市场的需求量，错误预估占有率，对销售渠道和竞争对手的情况了解不清等。许多创业者并不去了解竞争对手的经营运作情况，也不去仔细分析竞争对手的经营策略，不清楚对手下一步将有什么措施和手段来对付自己。特别是不去分析双方的优劣所在，一味凭自己的感觉行事，到头来往往吃尽苦头。

3. 不良产品太多或不良率太高

由于不良产品太多或者不良率太高，成本和损耗过大，加上创业之初产品也缺乏知名度，因此产品滞销，造成大量库存囤积，致使费用增加，资金周转困难，或者产生不良的声誉，很多新生企业因此而夭折。

4. 错误的策略

不当的企业价值观、无效的经营管理及销售策略、对竞争者估计错误等，也是创业理念与竞争策略的错误，这些策略关系到一个企业的生死存亡，是导致创业失败的重要原因。创业者发生较大的错误或事变，也往往欠缺应对经验和解决办法。因此，对于初次创业者来说，一个错误的策略就可能是致命的。

5. 产品淘汰太快

如果产品的生命周期太短，或者生产出来的产品不合潮流，产品面世不久就会遭到淘汰的命运。通常针对年轻人的流行产品都是寿命很短的。创业者一定要摸清这个规律，当某个流行产品大行其道的时候，你想去投资分一杯羹就要特别小心，可能新产品一上市，该产品就不再流行了。

6. 管理不当

创业者管理经验不足，朝令夕改，常常在错误中学习，但却耗费了公司的许多资源，无法建立一套合理、具有弹性、高效的制度。例如，用人不当，造成不必要的内耗；财务制度有漏洞，让员工有损公肥私的机会；不重视安全生产，造成重大的人员伤亡事故等。

7. 在不恰当的时机创业

例如，冬天开空调机专卖店，受到产品淡季因素的影响，可能给你的创业生涯招致挫折。或者创业不久就受到国家、地方新颁布的行业管理条例限制，从而无法预期设想，造成资源浪费或无法经营。

8. 不了解国家的有关规定

国家有规定许多行业是不能由私营业主经营的。也有一些行业原先允许经营，因政策改变而受影响，甚至会无限期对某个行业进行停业整顿等，这些都要了解清楚。

创业需要克服或避免一些失误。当我们具备了创业的条件，又能应对造成创业失败的这些问题时，创业成功就不会遥不可及了。

（二）创业过程中的风险

创业是无数人心中美丽、神圣的梦，但人们常常忽略了黎明到来前的剧烈阵痛，以及创业之路的艰辛和障碍。大学生创业，风险究竟有多大？什么样的创业之路才是适合大学生的创业之路呢？创业者要认真分析自己创业过程中可能会遇到哪些风险，这些风险中哪些是可以控制的，哪些是不可控制的，哪些是需要极力避免的，哪些是致命的或不可管理的；一旦这些风险出现，应该如何应对和化解。特别需要注意的是，一定要明白最大的风险是什么，最大的损失可能有多少，自己是否有能力承担并渡过难关。

大学生创业的风险主要有以下 7 个方面。

1. 管理风险

创业失败基本上都是管理方面出了问题，包括决策随意、信息不通、理念不清、患得患失、用人不当、忽视创新、急功近利、盲目跟风、意志薄弱等。特别是大学生知识单一、经验不足、资金实力和心理素质明显不足，更会增加在管理上的风险。

2. 资金风险

资金风险在创业初期会一直伴随在创业者的左右。是否有足够的资金创办企业是创业者遇到的第一个问题。企业创办起来后，就必须考虑是否有足够的资金支持企业的日常运作。对于初创企业来说，如果连续几个月入不敷出或者由于其他原因导致企业的现金流中断，都会给企业带来极大的威胁。相当多的企业在创办初期因资金紧缺而严重影响业务的拓展，甚至错失商机而不得不关门大吉。

3. 竞争风险

寻找蓝海（垄断竞争市场）是创业的良好开端，但并非所有的新创企业都能找到蓝海。更何况蓝海也只是暂时的，所以竞争是必然的。如何面对竞争是每个企业都要随时考虑的事，而对新创企业更是如此。如果创业者选择的行业是一个竞争非常激烈的领域，那么在创业之初极有可能受到同行的强烈排挤。一些大企业为了把小企业吞并或挤垮，常会采用低价销售的手段。对于大企业来说，由于规模效益或实力雄厚，短时间的降价并不会对它造成致命的伤害，而对初创企业则可能意味着彻底毁灭的危险。因此，考虑好如何应对来自同行的残酷竞争是创业企业生存的必要准备。

4. 团队分歧的风险

现代企业越来越重视团队的力量。创业企业在诞生或成长过程中主要的力量来源一般都是创业团队，一个优秀的创业团队能使创业企业迅速地发展起来。但与此同时，风险也就蕴含在其中，团队的力量越大，产生的风险也就越大。一旦创业团队的核心成员在某些问题上产生分歧不能达到统一，极有可能会对企业造成强烈的冲击。

事实上，做好团队的协作并非易事。特别是与股权、利益相关联时，很多初创时很好的伙伴都会闹得不欢而散。

5. 核心竞争力缺乏的风险

对于具有长远发展目标的创业者来说，他们的目标是不断地发展壮大企业，因此企业是否具有自己的核心竞争力就是主要的风险。一个依赖别人的产品或市场来打天下的企业是永远不会成长为优秀企业的。核心竞争力在创业之初可能不是最重要的问题，但要谋求长远的发展，就是不可忽视的问题。没有核心竞争力的企业终究会被淘汰出局。

6. 人力资源流失的风险

一些研发、生产或经营型企业需要面向市场，大量的高素质专业人才或业务队伍是这类企业成长的重要基础。防止专业人才和业务骨干流失应当是创业者时刻注意的问题，在那些依靠某种技术或专利创业的企业中，拥有或掌握这一关键技术的业务骨干的流失是创业失败的主要风险源。

7. 意识上的风险

意识上的风险是创业团队内在的风险。这种风险来自于无形，却有强大的毁灭力。风险性较大的意识有投机的心态、侥幸心理、试试看的心态、过分依赖他人、回本的心理等。

（三）大学生创业的优势与劣势

大学毕业生完成了规定的学业，具有了一定的学识和某一方面的完整的知识体系，为以后的生活、工作打下了良好的基础。但是，初出茅庐，社会经验比较欠缺。所以，大学生创业自有其长处和不足。

1. 大学生创业的优势

（1）知识和技术优势：文化水平高，领悟能力强，学习能力强；掌握专门的技术；能够充分利用互联网的诸多便利。

（2）年龄优势：年轻不怕失败；接受新事物较快；思维活跃，大胆设想；精力旺盛，充满信心和激情；无家庭的后顾之忧。

2. 大学生创业的劣势

缺乏社会经验和职业经历，尤其缺乏人际关系和商业网络。

缺乏真正有商业前景的创业项目，许多创业点子是经不起市场考验的。

缺乏商业信用，大学生的信用档案还没有与社会接轨，导致融资贷款困难重重。

喜欢纸上谈兵，创业设想大而无当，市场预期普遍比较乐观。

眼高手低，好高骛远，看不起蝇头小利，往往大谈“第一桶金”，不谈赚“每一分钱”。

独立人格没有完全形成，缺乏对社会和个人的责任感，甚至毕业后有继续依赖父母过日子的想法。

心理承受能力差，遇到挫折容易放弃。有的同学在前期听到创业艰难，没有尝试就轻易放弃了。

整个社会文化和商业交往中往往不信任青年人，很不利于年轻人的创业。

以上是统计上分析的大学生创业的优缺点。实际上不是每一个学生都具备上述所有特征，每个人都需要个性化地认识自己。

一般来说，对于一个刚刚走出校门即选择自主创业的大学生来说，应该充分考虑以下问题：其一，毕业后即选择自主创业，就意味着对从事其他各种工作和事业机会的放弃。扪心自问，自己是否已从心理等各方面做好了这种“抉择”的准备；其二，毕业后能否会遇到成熟的创业时机或绝佳的商业机会，这本身就带有不确定性。自己是否已做好了可能付出高昂的时机成本的心理准备和物质准备；其三，毕业后即使出现了不期而遇的创业机遇，以自己现有的知识和能力能否把握和驾驭这种机遇，顺利地开始自主创业。

综上所述，或许会得出这样的结论：对于一名刚刚毕业的大学生来说，先选择在一家企业打工，不断地从实践中积累经验，提升自身对企业经营与管理的决策能力，逐步建立和整合创业战略资源，以等待自主创业的成熟机遇，这似乎不失为一条理性的创业之路。

本章小结

“创业教育”就是培养具有开创性人才的教育。简单来说，创造性地利用资源就是创业。认识创业教育的意义，接受创业教育，了解创业的内涵、特点，把握创业对从业人员的要求，是当代大学生毕业后开展自主创业的先决条件。大学生自主创业无论是目前还是今后较长时期，都是我国解决就业总量压力的主要途径，也是我国大力发展第三产业，实现产业结构、促进产业升级转型的一种重要方式。通过本章的学习，充分认识当代大学生进行创业的必要性和现实意义，了解大学生创业成功的基本要素，掌握大学生创业的一般过程，毕业后结合当前市场需求与自己的专业知识，制定出符合自身条件的创业规划，为自己走出校园开展创业打下扎实的基础。

思考题

1. 你是怎样看待创业教育的？对大学生来说创业教育有没有必要？
2. 如果你选择创业，将以怎样的创业理念经营自己的企业？
3. 创业成功的关键是什么？
4. 你心中理想的团队是什么样子？怎样营造这样的团队？
5. 试着为自己的“项目”撰写一份创业计划书。
6. 你认为创业会遇到什么样的问题？试着解决这些问题。

7. 案例分析：

80后大学生网上卖烧烤，500元起家赚了400万

1983年，李烨出生在盐城的一个富裕家庭，父亲在当地经营着一家大型餐饮企业。回想起当年的生活，李烨说："那时虽还没有'富二代'的概念，但自己绝对已经是了，我家的酒店叫兴达大酒店，按照现在的说法应该算是一个会所了。我2001年在常州上大学时，每月生活费至少有5 000元，在当时的校园里绝对算得上是富二代的水平了。"

但是好景不长。2003年，他父亲经营近十年的酒店破产了。李烨的生活费从每月5 000多一下子掉到了100元不到。那段日子，李烨在常州一家电脑城门前扛箱子挣生活费，这样一直坚持到2003年退学。他父亲破产后，全家一度在扬州尝试养螃蟹，但是2003年遇到非典，又加上遇到发大水等意外，养殖场也没有办成。他们一家子就又回到了盐城。

"回到盐城时，总共只剩下500多元，全家人都在为生计发愁。我有一天晚上出去溜达，看到一家烧烤摊生意非常火。想着这个成本小，后来免费给烧烤摊老板打工。"师傅看李烨不怕苦、不怕累，就把配料毫无保留地都告诉了他。两个月后，李烨自己的烧烤摊在盐城师范学院旁开张了。没想到很红火，两个月李烨一共赚了1 700元。

生计有保障后，2005年，李烨又参加了高考，最终考进上海出版印刷高等专科学院。在学校里李烨读的是多媒体设计专业，说是多媒体设计，实际上就是网页设计等一些计算机应用知识。他没有一门心思死读书："我白天上课，晚上就外出打工，主要是帮助商家做电商服务。最让我骄傲的是我大二的时候，去了上海一家经营游戏货币的网络贸易公司，有点类似于美国的eBay网，这段经历给我后来的电商生涯打下了基础。"

2008年6月，李烨大学毕业后，怀揣创业梦想的他在同学、亲戚的帮助下，创立了上海天天爱购网，但是没多久由于股份的问题退出了团队，又一次跌入谷底。这时，李烨又想到了他的烧烤。李烨在上海读书期间，父亲也把他的烧烤摊从盐城搬到了上海。2008年10月的一天，创业失败的李烨在家帮父亲打理烧烤生意。那天他脑子里突然冒出一个念头，在网店摸爬滚打多年，为啥不把烧烤店开到网上呢？说干就干，李烨开始着手创立他的网络烧烤店，并在当年的11月8日正式上线，取名为××烧烤。

几个月才等来第一个顾客，万事开头难。××烧烤网店的经营就没有在路边摆地摊那么容易。网店开张将近3个月都没有顾客，直到2009年2月，奇迹才光顾这位曾经的富二代。

说起第一笔生意，至今李烨还略显激动。这个订单来自昆山，是家庭聚会上需要购买烧烤食材和器具，订单一共是220元。李烨有些感叹地说，网店上线3个月都没有生

意，信用额度为0。有人敢下订单就意味着机会来了！

当时也没成立公司，选材、打包、发快递都是他一个人弄的，每个环节都反复确认，总怕自己一不小心弄错了。快递发出后，李烨还是有些不放心，一天之内共打了十几个电话给顾客和物流，直到确定对方拿到货物。昆山的这位顾客拿到他的东西后，很满意他的服务，就给了他一个长长的带文字的好评。现在这位女士还经常从他那里买烧烤。

有了第一笔生意后，网店经营局面慢慢地打开了。为了发展事业，他们父子俩齐上阵。父亲在上海控江路、延吉路开出了实体烧烤摊；李烨专心搞网店，线上和线下相互促进，父子两人一下子都忙碌起来。慢慢地，李烨的部分同学也加入到他的创业队伍中来。发展一年后，李烨团队把店铺搬到了上海翔殷路隧道附近。这里靠近上海两个知名的户外烧烤点，有很大的市场潜力。更重要的是，上海最大的国际水产市场和杨浦区肉类批发市场也都在门店附近，进货、补货比以前更加便利。旺季一天能赚1万多。

发展至今，李烨的烧烤网店在旺季每天要卖出100～150单，而每单平均消费额都在400元以上，营业额能达到5万元。按盈利三四成来算，一天也可净赚到1.5万左右。

“我去年的销售额是153万，但是今年上半年的销售额已经到了120万。”按上述利润计算，这年上半年保守估计李烨已经赚了三四十万。来自上海媒体的报道称，创业4年，李烨年收入超百万元。因为经营业绩突出，李烨2012年9月被淘宝评为全球十佳网商。

他的烤串不比路边摊便宜，为什么红火呢？

在淘宝烧烤官网看到，30克一串的牛肉串一串要2元，70克一串的鸡翅要3.5元，相比路边烧烤摊的价格，网店里出售的烧烤食材并不占太多优势。那么，李烨凭什么吸引顾客呢？

李烨很不乐意大家把他的烧烤称为网络烧烤店，甚至对这一称呼感到愤怒。李烨笑道：“如果你现在还把我的××烧烤网店仅仅当作是网络版的烧烤店，那就完全错了。刚开始，开网店确实是想通过网络增加烧烤摊的销售量。但是现在烧烤卖得不是烤串，而是烧烤服务。如果仅仅想吃烧烤，而不是为了享受烧烤带来的乐趣，其实还真不如去路边烧烤摊吃。我们网店有烧烤所需要的食材、器具等一切东西，在上海地区还能提供公园门票等烧烤线路的服务。假如你自己要完成这一系列的东西，可能要跑很多个地方。所以我们一笔单子的消费额往往高达几千元，甚至上万元。”

网上卖烧烤，送到时万一坏了怎么办？

李烨说：××烧烤目前只能服务江浙沪地区。而且目前85%的顾客是来自上海地区，基本上能实现及时送货上门。

大热天，如何保证新鲜呢？

李烨的秘诀就是控制时间。客户至少要提前24小时下单，收到订单后，员工就要进行采购。然后必须在发货前8小时对食物进行加工，放入速冻柜。在客户指定收货时间的前2个小时，员工开始分拣，随后配送到客户手中。最关键的是，所有食材在包装上都使用泡沫箱子，然后放入干冰，这样食材就能保证新鲜了。

和很多网店不同的是，李烨烧烤公司的快递员，大多数是上海各个高校的大学生，经过培训，配送前就算好了节省车费与时间的送货路线。他们对上海地铁了如指掌，在地铁站经常可以看见一边看书一边送快递的大学生。

一个落魄的80后富二代李烨用自己的头脑创造出新花样，把烧烤摊搬上了网，最终成就了致富梦想。小小创意就能发挥大大作用，先一步他人而行，敢做第一个吃螃蟹的人，就会有大大的财富。

路是人走出来的，从这里失去，就会从另一边获得。烧烤在路边其实到处都看得到，但就是没有人会想到把它拿到网上去卖。李烨却想到了，并且做到了。看完案例，它给了你什么？

第七章

大学生就业创业政策与热点问题

内容提要

大学毕业生就业工作事关国计民生，也是高校工作首要任务之一，它政策性强、涉及面广，时间紧、任务重。掌握毕业生就业政策是毕业生能否顺利就业的前提条件，全面了解相关政策法规会让毕业生在求职创业活动中受益多多。本章将详细分析我国现阶段就业形势，介绍我国现行的促进、鼓励和引导大学毕业生就业、创业相关政策。另外，还将针对目前大学毕业生关注的热点问题进行重点解答。帮助广大高校毕业生适应新形势，转变就业观念，树立“行行可建功，处处能立业，劳动最光荣”的就业观，为建设中国特色社会主义事业施展才华、建功立业。

学习目标

1. 了解目前我国就业创业各级各类相关政策要点。

2. 熟悉就业过程中热点如“离校未就业”“自主创业”“就业见习”和“应征入伍”“三支一扶”等热门问题。

案例导入

男生小张是一所普通高校环境工程专业的毕业生。在校期间，小张在学习上刻苦认真，曾经多次获得奖学金，积极参加学校组织的第二课堂活动，并且曾选修就业指导课程，较为关注大学生当前的就业形势和政策。由于平时较为关注大学生就业形势和政府出台的对于大学生创业的优惠政策和手续办理的流程，他萌生了创业的想法。毕业时，小张创立了由其担任法定代表的××科技有限公司，注册资金为10万元，申请贷款5万元。该公司主要从事环保设备的研发工作，其经营范围包括：研发、转让、生产、批发、零售、进出口相关产品以及提供物流信息服务。如今，当其他同学还在为工作而奔波的时候，小张已经在办公室里忙着接打电话，联系客户了。

第一节　大学生就业政策沿革

一、大学生就业政策的沿革

（一）计划经济体制下的高等学校毕业生就业政策

从建国初期到80年代中期，从招生到就业无不打上计划经济的烙印。学校按指令性计划招生，学生按照计划分配，单位无条件服从。这种“统招统分”的毕业生就业模式就是当时高等学校就业实行由国家负责，按照计划统一分配的制度。其特点是“由国家包下来，分配工作，负责到底”；执行的是“统筹安排、集中使用、保证重点、照顾一般”的大政方针。这种分配制度与我国当时的计划经济体制是相适应的。

（二）教育体制改革下的高等学校毕业生就业政策

改革开放以来，随着我国经济体制改革的不断深入和社会主义市场经济的发展，“统包统分”的大学生就业分配制度的弊端逐渐显露出来。对学校、学生、用人单位都产生了不良的影响。1985年5月27日中共中央颁布的《中共中央关于教育体制改革的决定》是我国对高等学校毕业生就业政策改革的重要标志。它明确指出，对于国家招生计划内的学生，其“毕业分配，实行在国家计划指导下，由本人选报志愿、学校推荐、用人单位择优录用的制度”。国家有关部门开始对传统的“统招统分”制度逐步改革，形成了以“供需见面”为主要形式，以“双向选择”为指导目标的就业政策。“双向选择”毕业生就业政策顺应了教育体制改革对毕业生就业制度的新要求，适用于计划经济向社会主义市场经济转轨的全过程。它实现了人才资源的合理配置，有利于用人单位择优选才，扩大了高等学校的办学自主权，有利于学生发挥自身的素质优势。这从根本上为端正高等学校的校风和学风起到了推动作用；保证了企事业单位的人才需求，增大了毕业生到基层的比例，充实了基层科研、教学、生产的第一线的人才需求。

（三）社会主义市场经济改革进一步深化下的高等学校毕业生就业政策

随着改革开放的深入和社会主义市场经济体制的建立和完善，1993年2月13日由中共中央、国务院颁布的《中国教育改革和发展纲要》是“自主择业”就业模式的政策依据，它明确指出：20世纪90年代，随着经济体制、政治体制和科技体制改革的深化，教育体制改革要采取综合配套、分步推进的方针，加快步伐，改革包得过多、统得过死的体制，初步建立起与社会主义市场经济体制、政治体制和科技体制改革相适应的教育新体制。在这种就业体制下，大部分毕业生将按照个人的能力、条件到市场上参与竞争，而不再依靠行政手段由国家保证就业；用人单位也只能用工作条件及优惠待遇吸引毕业生，不能等待国家用行政命令的办法给予保证；而高等学校作为就业工作的中介，主要为毕业生“自主择业”提供服务。

二、总体的就业政策、法规梳理

（一）人民代表大会制定的法律法规和国务院根据法律制定的一些规定

如《劳动法》《合同法》《公司法》《职业介绍暂行规定》《人事争议处理暂行规定》《人才市场管理暂行规定》《就业促进条例》等。

（二）国务院各部门制定的就业方针、政策、通知等就业指导性文件

如《普通高等学校毕业生就业工作暂行规定》，《通向21世纪教育振兴行动》，《高等学校毕业生就业后调整办法》，国务院《关于批转促进就业规划（2011—2015年）的通知》，国务院办公厅转发教育部等部门《关于进一步深化普通高等学校毕业生就业制度改革有关问题意见的通知》，国务院专门下发的《关于进一步做好普通高等学校毕业生就业工作的通知》等。

（三）各地制度和出台的地方性推动高校毕业生就业的政策规定

如《山东省人民政府关于贯彻国发〔2011〕16号文件进一步做好普通高等学校毕业生就业工作的通知》（鲁政发〔2011〕41号），中共北京市委组织部北京市人力资源和社会保障局关于印发《北京市公务员录用面试考官管理办法（试行）的通知》，上海市《关于做好本市离校未就业高校毕业生灵活就业社会保险补贴工作的通知》（沪人社就发〔2014〕42号），《陕西省大学生创业引领计划实施方案（2014—2017）的通知》（陕人社发〔2014〕65号）等。

（四）各高校出台的鼓励和促进毕业生就业举措

如山东大学“全员化、全程化就业指导体系，实施四重点、双维度的市场拓展战略，推进创新型、实践型的创业引领孵化等”；清华大学“结合人才培养定位，引导毕业生到祖国最需要的地方建功立业，构建专业化职业发展教育体系，支持学生职业生涯科学发展，完善“一体两翼”信息平台，提高就业服务精细化水平等”；华中科技大学“全国推进创新创业发展与实践，每年投入100万元研究生创新创业基金，支持优秀创新创业项目；积极引领研究生西部、基层就业；形成全员参与促就业的组织体系等”；华东理工大学“建立八个体系促进毕业生就业”等。

三、具体就业政策的类别

（一）市场规制政策

市场规制政策是指在国家有关方针政策的指导下，运用市场机制和必要的客观调控手段，通过双向选择、自主择业等途径，优化毕业生人才资源配置的一种方式。广义上讲，就业市场是利用市场规律调节高等学校毕业生人才供求的一种机制，它由毕业生、用人单位及其服务机构、交流洽谈场所、社会保障制度等组成。狭义上来讲，就业市场是指毕业生供求双方直接进行见面洽谈、相互选择的场所，即人才交流会、招聘洽谈会等。

（二）就业准入政策

就业准入政策是指大学生就业获准进入某些地区、专业、职业等的相关政策。

高等学校毕业生是我们国家和社会的宝贵财富，我们高校毕业生就业的方针原则中规定毕业生要贯彻统筹安排，合理使用，加强重点，兼顾一般和面向基层，充实生产、科研、教育第一线的方针。在保证国家需要的前提下，贯彻学以致用，人尽其才的原则。而且国家教委直属高校的毕业生面向全国就业；国务院其他部委学校的毕业生主要面向本系统、本行业就业；省属学校或地方学校在地方就业。

地区准入政策：每个地方都会有进入本地方的用人指标，相应的会出台一些具体的进入政策，特别是大城市如北京、上海等，每年都会出台接收普通高等学校非北京、上海生源毕业生有关问题的通知和政策。从发展趋势来说，该类政策会逐渐萎缩，但在一个特殊的历史时期，在一定的地区和一定的时间段，该类政策的存在具有一定的合理性。

职业方面的就业准入：职业方面的就业准入是指根据《中华人民共和国劳动法》和《中华人民共和国职业教育法》的有关规定，对从事技术复杂、通用性广、涉及国家财产、人民生命安全和消费者利益的职业（工种）的劳动者，必须经过培训，并取得职业资格证书后，方可就业上岗。实行就业准入的职业范围由劳动和社会保障部确定并向社会发布。

（三）招考录用政策

招考录用政策主要指在选拔毕业生的过程中的一系列关于招考上的规定，是国家在大学毕业生入口上所制定的一系列限制性原则和措施。在招考国家公务员层面主要是公务员招考的相关制度，在企事业单位录用大学生方面主要表现为政府和企业制定的在招考程序上的一系列规范。

（四）权利维护政策

权利维护政策是指在就业过程中对就业者本人和就业单位权利维护的一系列原则、规范。对于就业者本人，主要是维护其平等的就业权，对于用人单位主要是保护用人单位的一系列利益。权利维护政策有利于就业过程的规范化和秩序化。

权利维护政策最主要的是对毕业生的保护政策。毕业生作为就业的重要主体，在就业过程中享有多方面的权益，根据目前就业规范的有关规定，毕业生主要有获取信息权、接收就业指导权、被推荐权、选择单位权、公平待遇权、违约及求偿权等。

（五）宏观调控政策

宏观调控政策是指政府为了促进我国人才结构的平衡而出台的一系列关于大学生到基层、到中小城市企业、到农村、到西部等地区去就业的鼓励性措施。比如鼓励和支持高校毕业生到农村基层支教、支农、支医、扶贫等工作。《中共中央办公厅、国务院办公厅印发〈关于引导和鼓励高校毕业生面向基层就业的意见〉的通知》（中办发［2005］18号），团中央、教育部、财政部和人事部《关于实施大学生志愿服务西部计划的通知》，山东省政策《关于组织开展当年高校毕业生“三支一扶”招募工作有关问题的通知》等政策都属于政府宏观调控政策。

（六）创业扶持政策

创业扶持政策是积极劳动政策体系中最直接、最积极的政策，也是现阶段效果比较显著、作用比较持久的措施。我国非国有经济的迅速崛起和第三产业的飞速发展，为毕业生提供了宽广的发展空间。随着高等教育从精英化向大众化转变，大学生的就业观念也需要发生转变，自主创业、先就业后择业应该成为新的发展途径。

（七）社会保障政策

劳动保障部门关于大学生社会保障的相关政策主要有以下的内容：将高校毕业生就业工作纳入当地就业工作整体规划，在宏观调控和增加就业岗位等方面进行统筹安排；积极组织实施“毕业生职业资格培训工程”和多种形式的创业培训，为毕业生自主就业创造条件；发挥公共职业介绍机构的作用，加强职业指导和就业信息服务，为高校毕业生择业提供更多帮助；加强失业登记和组织管理，对未就业和生活困难的高校毕业生，在失业、求职期间给予生活和就业方面的帮助；加强劳动力市场的管理，为高校毕业生就业创造良好的环境。

（八）派遣接收政策

派遣与接受政策是指在大学毕业生离开学校到就业单位报道过程中国家所制定的一系列原则。派遣和接受政策的完善有利于大学毕业生就业的最终实现，并进一步明确相关责任的主体，落实各项工作。

调配派遣对象为：国家计划招收的非在职毕业研究生（博士研究生、硕士研究生、研究生班、结业研究生、肄业研究生）；国家计划招收的普通高等学校毕业生和结业生；国家计划招收的普通中等专业学校毕业生以及国家计划招收的为地方培养的军队院校毕业生。

地方主管毕业生调配部门和高等学校按照国家下达的就业计划派遣毕业生。派遣毕业生统一使用《全国普通高等学校毕业生就业派遣报到证》和《全国毕业研究生派遣报到证》（以下简称报到证），《报到证》由国家教委授权地方主管毕业生就业调配部门审核签发。

学校要根据毕业生就业计划、协议，结合毕业生的具体情况，认真拟定毕业生派遣方案。派遣方案经上级毕业生分配部门批准后才能实施。

（九）指导服务政策

就业指导也可称“择业指导”或“职业指导”，它是为求职者选择职业、准备就业以及在职业中求进步、求发展而提供知识、经验和技能的指导。

在《普通高等学校毕业生就业工作暂行规定》中明文规定高等学校的主要职责：开展毕业教育和就业指导工作。目前有的省市还出台了相关政策，对高校的就业指导服务课程、服务场地、服务经费上都提出了具体要求，使大学生就业指导有了行政资源上的充分保障。

（十）其他相关政策

其他相关政策是指与大学生就业相关的政策，一般都是一些特殊问题的处理原则，例如人事代理制度，特殊毕业生就业政策，大学生入伍当兵的有关规定等，他们和前面的政策一起构成了完整的中国大学生就业政策。

第二节　国务院颁布的大学生就业政策

一、就业工作的指导思想

根据国家教育部颁布的《普通高等学校毕业生就业工作暂行规定》，国务院批准的教育部《通向21世纪教育振兴行动》，国务院《关于批转促进就业规划（2011—2015年）的通知》，国务院办公厅转发教育部公安部、人事部、劳动保障部等四部委联合下发的《关于进一步深化普通高等学校毕业生就业制度改革有关问题的意见》等文件精神，明确当前我国高校毕业生就业工作的主要指导思想：坚持以邓小平理论、“三个代表”重要思想、科学发展观为指导，认真贯彻落实习近平总书记系列讲话精神，抓住高校毕业生就业创业这一主题，创新方式方法，拓展宣传渠道，紧紧围绕促进国家经济发展和社会稳定的大局，采取积极有效的措施，进一步转变高校毕业生就业观念，建立市场为导向，国家宏观调控，学校和各级政府提供就业指导和服务，毕业生和用人单位实行双向选择的就业体系。毕业生在国家就业方针和政策引导下，在一定范围内自主择业。引导毕业生走艰苦创业、自主创业的成才之路。

大学毕业生有执行国家就业方针、政策和根据需要为国家服务的义务。大学毕业生个人志愿要与国家需要相结合。

二、大学生就业的方针和原则

（一）《普通高等学校毕业生就业工作暂行规定》中的就业方针和原则

依据《普通高等学校毕业生就业工作暂行规定》（见附录A)，大学生就业工作的方针是毕业生就业工作要贯彻统筹安排、合理使用、加强重点、兼顾一般和面向基层、充实生产第一线的方针。对大学生就业工作的指导原则为：在保证国家需要前提下，贯彻学以致用，人尽其才的原则。毕业生是国家按计划培养的专门人才，各级主管毕业生就业部门、高等学校和用人单位应共同做好毕业生就业工作。毕业生有执行国家就业方针、政策和根据需要为国家服务的义务。必要时，国家采取行政手段，安置毕业生就业。

（二）首部国家级促进就业规划的就业方针和原则

国务院于2012年1月印发了《关于批转促进就业规划（2011—2015年）的通知》以下简称《规划》（见附录B)，这是我国首部由国务院批转的促进就业专项规划。确定了“十二五”时期我国促进就业的指导思想、基本原则和发展目标，明确“就业优先”。

在指导思想上，《规划》强调要紧密结合保障和改善民生、构建和谐社会的需要，切实把就业作为民生之本，作为经济社会发展的优先目标，以此来谋划未来五年就业事业的发展。

在基本原则上，《规划》确定了促进就业与经济社会发展相结合、促进就业与人力资源开发相结合、发挥市场机制作用与政府促进相结合、促进企业发展与维护劳动者权益相结合的原则，全面推进就业工作发展。

在发展目标上，综合考虑未来就业发展趋势和条件，《规划》围绕扩大就业规模、改善就业结构，有效控制失业，开发人力资源，提高就业质量，建设人力资源市场，保障劳动者权益等六个方面，提出了多项具体量化指标。

值得一提的是，城镇新增就业、城镇登记失业率等重点指标完成情况都将纳入政府综合考核体系。这意味着“就业优先”有了硬约束。

《规划》的突出特点主要体现在“三个结合”上，即促进就业增长与经济社会发展相结合；解决现实就业问题与实现充分就业目标相结合；扩大就业规模与提升就业质量相结合。

（三）新时期大学生就业方针和原则

国务院办公厅的文件当中提出要重点做好高校毕业生就业创业工作，将创业纳入就业工作的总体布局，就业和创业并举，这是目前就业工作总格局的重要变化，这一点在十八大以来一系列重要文件中都有所体现。十八大提出新时期的重要方针，这个方针中重要的亮点是把鼓励创业写入了就业方针，把以前提到的“劳动自主就业、市场调解就业、政府促进就业”，又加了五个字，把“政府促进就业”扩展为“政府促进就业和鼓励创业”，看起来是五个字，实际上把鼓励创业纳入了就业方针。十八届三中全会也提出来要建立促进创业的新机制，并且对促进创业提出了许多新的要求。2015 年政府工作报告，关于这项工作也有一句很吸引人的话，叫做“以创新引领创业，以创业带动就业”，也是思路上的一个重要调整和完善。如果说就业是民生之本，就业依靠创业来带动，那么创业是就业之源，也是推动创新的一个不竭动力，因为创业不仅仅是能够实现自我就业，而且它还有倍增效应，一个人创业可以带动若干个就业。

2014 年 5 月 22 日《人力资源社会保障部等九部门关于实施大学生创业引领计划的通知》中提到用四年的时间，也就是 2014 年到 2017 年，通过各项政策扶持和创业服务，来扶持 80 万以上的大学生实现创业的预期目标。

三、就业政策的变化趋势

近年来，党中央、国务院越来重视高校毕业生就业问题，对做好高校毕业生就业创业工作提出了明确要求，并且已经形成了一套基本完善的就业创业机制，不仅从就业创业制度本身，还从就业创业的服务体系上，向着由体到面再到点的纵深方向发展。如在高校毕业生就业促进计划里，有一条就是给离校未就业的高校毕业生提供就业见习、就业实习的机会。2014 年国务院办公厅文件里把高校毕业生就业实习见习，按有实际工作经验来对待，或者视同；对离校未就业高校毕业生实名登记并提供就业服务；把零就业家庭、经济困难家庭、残疾等就业困难的未就业高校毕业生列为重点工作对象，提供“一对一”个性化就业帮扶，确保实现就业等。这些都体现了政策的科学性、完善性、系统性、精细性。

人力资源和社会保障部目前正在全力以赴实施两个计划：一个是就业促进计划，第二个是大学生创业引领计划。

四、国务院颁布的就业相关政策内容

国家一直在坚持实施就业优先战略和更加积极的就业政策，就业政策对于就业的促进作用也得到了更好的释放。每年毕业生就业前夕，中央和地方各级政府都要颁布文件，为毕业生的就业提供一系列的优惠政策条件和良好的外部环境，保证毕业生就业工作的顺利进行。

（一）2009年出台的《国家促进普通高校毕业生就业政策公告》

1. 鼓励高校毕业生到基层、到中西部地区就业

（1）对到农村基层和城市社区公益性岗位就业的，给予社会保险补贴和公益性岗位补贴；对到农村基层和城市社区其他社会管理和公共服务岗位就业的，给予薪酬或生活补贴。

（2）对到中西部地区和艰苦边远地区县以下农村基层单位就业并履行一定服务期限的，由政府补偿学费，代偿助学贷款。

（3）对有基层工作经历的，在研究生招录和事业单位选聘时优先录取。

（4）对参加“选聘高校毕业生到村任职”“三支一扶”（支教、支农、支医和扶贫）“大学生志愿服务西部计划”“农村义务教育阶段学校教师特设岗位计划”等项目的，给予生活补贴，按规定参加社会保险；项目服务期满并考核合格的，报考硕士研究生初试总分加10分，高职（高专）学生可免试入读成人本科；今后相应的自然减员空岗全部聘用参加项目服务期满的高校毕业生。

2. 鼓励高校毕业生应征入伍服义务兵役

（1）由政府补偿学费，代偿助学贷款。

（2）在选取士官、考军校、安排到技术岗位等方面优先。

（3）退役后参加政法院校为基层公检法定向岗位招生考试时，优先录取。

（4）具有高职（高专）学历的，退役后免试入读成人本科；或经过一定考核，入读普通本科。

（5）退役后报考硕士研究生初试总分加10分；荣立二等功及以上的，退役后免试推荐入读硕士研究生。

3. 积极聘用优秀高校毕业生参与国家和地方重大科研项目

高校毕业生在参与项目研究期间，享受劳务性费用和有关社会保险补助，户口、档案可存放在项目单位所在地或入学前家庭所在地人才交流中心。聘用期满，根据需要可以续聘或到其他岗位就业，就业后工龄与参与项目研究期间的工作时间合并计算，社会保险缴费年限连续计算。

4. 鼓励和支持高校毕业生到中小企业就业和自主创业

（1）对企业招用非本地户籍的普通高校专科以上毕业生，各地城市应取消落户限制（直辖市按有关规定执行）。

（2）为到中小企业就业的高校毕业生提供档案管理、人事代理、社会保险办理和接续等方面的服务。

（3）从事个体经营符合条件的，免收行政事业性收费并享受国家相关扶持政策。

（4）登记失业并自主创业的，如自筹资金不足，可申请5万元小额担保贷款；对合伙经营和组织起来就业的，可按规定适当提高贷款额度。

（5）参加创业培训的，按规定给予职业培训补贴。

（6）灵活就业并符合规定的，可享受社会保险补贴政策。

5. 强化对困难家庭高校毕业生的就业援助

（1）就业困难和零就业家庭的高校毕业生，享受公益性岗位安置、社会保险补贴、公益性岗位补贴等就业援助政策。

（2）机关、事业单位免收招聘报名费和体检费。

（3）高校可根据实际情况给予适当的求职补贴。

（4）对离校后未就业回到原籍的高校毕业生，由各地公共就业服务机构免费提供就业服务并组织就业见习和职业技能培训。

（二）国家鼓励高校毕业生就业创业新政策

1. 鼓励高校毕业生到城乡基层就业的政策

（1）各地区要结合城镇化进程和公共服务均等化要求，充分挖掘教育、劳动就业、社会保障、医疗卫生、住房保障、社会工作、文化体育及残疾人服务、农技推广等基层公共管理和服务领域的就业潜力，吸纳高校毕业生就业。

（2）各地区要结合推进农业科技创新、健全农业社会化服务体系等，引导更多高校毕业生投身现代农业。

（3）继续统筹实施好大学生村官、"三支一扶"等各类基层服务项目，健全鼓励高校毕业生到基层工作的服务保障机制。高校毕业生到中西部地区和艰苦边远地区县以下基层单位就业的，实行学费补偿和助学贷款代偿政策。

（4）高校毕业生在中西部地区和艰苦边远地区县以下基层单位从事专业技术工作，申报相应职称时，可不参加职称外语考试或放宽外语成绩要求。

（5）充分挖掘社会组织吸纳高校毕业生就业潜力，对到省会及省会以下城市的社会团体、基金会、民办非企业单位就业的高校毕业生，所在地的公共就业人才服务机构要协助办理落户手续，在专业技术职称评定方面享受与国有企事业单位同类人员同等待遇。

2. 鼓励小型微型企业吸纳高校毕业生就业的政策

（1）各地区、各有关部门要认真落实《国务院关于进一步支持小型微型企业健康发展的意见》（国发〔2012〕14号），为小型微型企业发展创造良好环境，推动小型微型企业在转型升级过程中创造更多岗位吸纳高校毕业生就业。

（2）对小型微型企业新招用毕业年度高校毕业生，签订 1 年以上期限劳动合同并按时足额缴纳社会保险费的，给予 1 年的社会保险补贴，政策执行期限截至 2015 年年底。

（3）科技型小型微型企业招收毕业年度高校毕业生达到一定比例的，可申请最高不超过 200 万元的小额担保贷款，并享受财政贴息。

（4）对小型微型企业新招用高校毕业生按规定开展岗前培训的，要求各地根据当地物价水平，适当提高培训费补贴标准。

3. 激励高校毕业生自主创业的政策

（1）2014 年至 2017 年，在全国范围内实施大学生创业引领计划。通过提供创业服务，落实创业扶持政策，提升创业能力，帮助和扶持更多高校毕业生自主创业，逐步提高高校毕业生创业比例。

（2）各地要采取措施，确保符合条件的高校毕业生都能得到创业指导、创业培训、工商登记、融资服务、税收优惠、场地扶持等各项服务和政策优惠。

（3）各高校要广泛开展创新创业教育，将创业教育课程纳入学分管理，有关部门要研发适合高校毕业生特点的创业培训课程，根据需求开展创业培训，提升高校毕业生创业意识和创业能力。

（4）各地公共就业人才服务机构要为自主创业的高校毕业生做好人事代理、档案保管、社会保险办理和接续、职称评定、权益保障等服务。

（5）各地区、各有关部门要进一步落实和完善工商登记、场地支持、税费减免等各项创业扶持政策。拓宽高校毕业生创办企业出资方式，简化工商注册登记手续。

（6）鼓励各地充分利用现有资源建设大学生创业园、创业孵化基地和小企业创业基地，为高校毕业生提供创业经营场所支持。

（7）对高校毕业生创办的小型微型企业，按规定落实好减半征收企业所得税、月销售额不超过 2 万元的暂免征收增值税和营业税等税收优惠政策。

（8）对从事个体经营的高校毕业生和毕业年度内的高校毕业生，按规定享受相关税收优惠政策。

（9）留学回国的高校毕业生自主创业，符合条件的，可享受现行高校毕业生创业扶持政策。

（10）各银行业金融机构要积极探索和创新符合高校毕业生创业实际需求特点的金融产品和服务方式，本着风险可控和方便高校毕业生享受政策的原则，降低贷款门槛，优化贷款审批流程，提升贷款审批效率。通过进一步完善抵押、质押、联保、保证和信用贷款等多种方式，多途径为高校毕业生解决反担保难问题，切实落实银行贷款和财政贴息。

（11）在电子商务网络平台开办“网店”的高校毕业生，可享受小额担保贷款和贴息政策。

（12）充分发挥中小企业发展专项资金的积极作用，推动改善创业环境。鼓励企业、行业协会、群团组织、天使投资人等以多种方式向自主创业大学生提供资金支持，设立重点面向扶持高校毕业生创业的天使投资和创业投资基金。对支持创业早期企业的投资，符合条件的，可享受创业投资企业相关企业所得税优惠政策。

4. 促进离校未就业高校毕业生就业的政策

（1）各地区要将离校未就业高校毕业生全部纳入公共就业人才服务范围，采取有效措施，力争使每一名有就业意愿的未就业高校毕业生在毕业半年内都能实现就业或参加到就业准备活动中。

（2）有关部门、各高校要密切协作，做好未就业高校毕业生离校前后信息衔接和服务接续，切实保证服务不断线。教育部门要将有就业意愿的离校未就业高校毕业生的实名信息及时提供给人力资源社会保障部门。人力资源社会保障部门要建立离校未就业高校毕业生实名信息数据库，全面实行实名制就业服务。

（3）各级公共就业人才服务机构和基层就业服务平台要及时主动与实名登记的未就业高校毕业生联系，摸清就业需求，提供有针对性的就业服务。教育部门和高校要加强对离校未就业高校毕业生的跟踪服务，为有就业意愿的高校毕业生持续提供岗位信息和求职指导。

（4）各地区要结合本地产业发展需要和高校毕业生就业见习意愿及需求，扩大就业见习规模，提升就业见习质量，确保凡有见习需求的高校毕业生都能得到见习机会。要根据当地物价水平，适当提高见习人员见习期间基本生活补助标准。高校毕业生见习期间参加职业培训的，按现行政策享受职业培训补贴。

（5）各地区要继续推动离校未就业高校毕业生技能就业专项行动，结合当地产业发展和高校毕业生需求，创新职业培训课程，提高职业培训的针对性和实效性。在高校毕业生集中的城市，要提升改造一批适应高校毕业生特点的职业技能公共实训基地。国家级重点技工院校和培训实力雄厚的职业培训机构，要选择一批适合高校毕业生的培训项目，及时向社会公布。

（五）加强就业指导和服务的政策

（1）各地区、各有关部门、各高校要根据高校毕业生特点和求职需求，创新服务方式，改进服务措施，提高服务质量，促进更多的高校毕业生通过市场实现就业。

（2）加强网络信息服务，建立健全全国公共就业信息服务平台，加快招聘信息全国联网，更多开展网络招聘，为用人单位招聘和高校毕业生求职提供高效便捷的就业信息服务。

（3）积极开展公共就业人才服务进校园活动，为高校毕业生送政策、送指导、送信息，特别是要让高校毕业生知晓获取就业政策和岗位信息的渠道。

（4）精心组织民营企业招聘周、高校毕业生就业服务月、就业服务周、部分大中城市联合招聘高校毕业生专场活动和每季度的全国高校毕业生网络招聘月等专项服务活动，搭建供需信息平台，积极促进对接。

(5) 高校要加强就业指导课程和学科建设，积极聘请专家学者、企业人力资源经理、优秀校友担任就业导师。

(6) 各地区、各高校要将零就业家庭、优抚对象家庭、农村贫困户、城乡低保家庭以及残疾等就业困难的高校毕业生列为重点对象实施重点帮扶。

(7) 要在高校毕业生离校前，将享受城乡居民最低生活保障家庭的毕业年度内高校毕业生的求职补贴全部发放到位，求职补贴标准较低的要适当调高标准。

(8) 鼓励各地结合本地实际将残疾高校毕业生纳入享受求职补贴对象范围。党政机关、事业单位、国有企业要带头招录残疾高校毕业生。

(9) 离校未就业高校毕业生实现灵活就业的，在公共就业人才服务机构办理实名登记并按规定缴纳社会保险费的，给予一定数额的社会保险补贴，补贴数额原则上不超过其实际缴费的2/3，不超过2年，所需资金从就业专项资金中列支。

(六) 创造公平就业环境的政策

(1) 各地区、各有关部门要积极采取措施，促进就业公平。用人单位招聘不得设置民族、种族、性别、宗教信仰等歧视性条件，不得将院校作为限制性条件。省会及以下城市用人单位招聘应届毕业生不得将户籍作为限制性条件。

(2) 国有企业招聘应届高校毕业生，除涉密等特殊岗位外，要实行公开招聘，招聘应届高校毕业生信息要在政府网站公开发布，报名时间不少于7天；对拟聘人员应进行公示，明确监督渠道，公示期不少于7天。

(3) 各地区、各有关部门要严厉打击非法中介和虚假招聘，依法纠正性别、民族等就业歧视现象。加大对企业用工行为的监督检查力度，对企业招用高校毕业生不签订劳动合同、不按时足额缴纳社会保险费、不按时支付工资等违法行为，及时予以查处，切实维护高校毕业生的合法权益。

(4) 各地区、各有关部门要消除高校毕业生在不同地区、不同类型单位之间流动就业的制度性障碍。省会及以下城市要放开对吸收高校毕业生落户的限制，简化有关手续，应届毕业生凭《普通高等学校毕业证书》、《全国普通高等学校毕业生就业报到证》、与用人单位签订的《就业协议书》或劳动（聘用）合同办理落户手续；非应届毕业生凭与用人单位签订的劳动（聘用）合同和《普通高等学校毕业证书》办理落户手续。

(5) 高校毕业生到小型微型企业就业、自主创业的，其档案可由当地市、县一级的公共就业人才服务机构免费保管。办理高校毕业生档案转递手续，转正定级表、调整改派手续不再作为接收审核档案的必备材料。

第三节　山东省大学生就业工作意见

以山东省对贯彻落实国家就业政策的工作实施意见为例，来大体了解全国各省对就业工作的实施意见。

一、山东省做好2014年全省普通高等学校毕业生就业创业工作的通知

1. 积极鼓励支持小型微型企业吸纳毕业生就业

（1）对小型微型企业新招用毕业年度和择业期内未就业毕业生，签订1年以上期限劳动合同并按时足额缴纳社会保险费的，给予1年的社会保险补贴，政策执行期限截至2015年年底。科技型小型微型企业招收毕业年度和择业期内未就业毕业生占职工总人数30%以上的，可申请最高不超过300万元的小额担保贷款，并享受财政贴息。

（2）小型微型企业新招用毕业年度和择业期内未就业毕业生，签订1年以上期限劳动合同，在劳动合同签订之日起6个月内，由企业委托当地人力资源社会保障部门认定的职业培训机构开展岗前技能培训，经培训后取得初级以上职业资格证书的，根据培训后继续履行劳动合同情况，按照当地确定的职业培训补贴标准的80%，给予企业定额职业培训补贴。

（3）自2014年起，对省内首次领取营业执照并正常经营1年以上的小型微型企业吸纳毕业生就业并与其签订1年以上期限劳动合同的，按照申请补贴时创造就业岗位数量给予每个岗位2 000元的一次性创业岗位开发补贴。

2. 采取措施引导毕业生到城乡基层就业

（1）继续统筹实施好选调优秀毕业生到村任职、“三支一扶”计划、“社区就业”计划等各类基层服务项目，按规定落实服务期间各项待遇，确保工作生活补贴按时足额发放，并根据经济社会发展水平适时提高补贴标准。

（2）加强对到基层服务毕业生的就业创业指导服务，大力开展就业创业培训，提高就业创业能力。

将基层在岗服务毕业生和服务期满未就业的毕业生纳入职业培训计划，可自愿参加职业技能培训、创业培训和职业技能鉴定，符合条件的按规定享受职业培训补贴。

（3）进一步完善考核评价机制，做好服务基层毕业生的期满就业工作。通过延长服务期限、提高公务员定向招录和事业单位招聘比例、考核聘用等方式，鼓励优秀毕业生留在基层就业。

加大从服务基层项目毕业生中定向考录县级及以下公务员的力度，乡镇机关定向考录职位要降低学历门槛，取消专业要求，放宽报考条件。各县（市、区）在事业单位公开招聘工作中，要根据工作需要和岗位空缺情况，按照不低于当年服务基层期满人数30%的比例确定定向招聘岗位，专项用于招聘基层服务期满毕业生。

（4）有条件的地方，要积极探索基层服务期满毕业生与乡镇（街道）等基层事业单位岗位聘用有效衔接机制。

自2014年起，各市要于每年的第四季度面向基层服务期满未就业毕业生，举办专

场人才招聘活动，形成基层服务期满毕业生有序流动、多渠道发展的长效机制。要将服务期满未就业毕业生纳入我省离校未就业毕业生实名制就业管理服务信息系统，进行统一登记和管理服务。继续落实好工龄计算、转正定级、学费补偿和助学贷款代偿等相关政策。

（5）充分挖掘社会组织吸纳毕业生就业潜力。

到各地社会团体、基金会、民办非企业单位就业的毕业生，在专业技术职称评定方面享受与国有企事业单位同类人员同等待遇，所在地的公共就业人才服务机构、毕业生就业服务部门要协助办理落户手续。要加大工作力度，健全体制机制，支持更多毕业生参军入伍。

3. 组织实施好新一轮大学生创业引领计划

（1）2014 年至 2017 年，在全省范围内实施新一轮大学生（包括在校大学生和毕业 5 年期内的毕业生）创业引领计划，每年引领不少于 1 万名大学生实现自主创业，毕业生毕业 2 年内自主创业参与率不低于 5%。对毕业生创办小型微型企业，进一步完善工商登记“绿色通道”，落实好减半征收企业所得税、月销售额不超过 2 万元的暂免征收增值税和营业税等税收优惠政策。

（2）对 2013 年 10 月 1 日以后登记注册并正常经营 1 年以上的小型微型创业企业，按《山东省人民政府办公厅关于促进创业带动就业的意见》（鲁政办发〔2013〕25 号）给予不低于 1 万元的一次性创业补贴。毕业生和毕业年度内的毕业生从事个体经营的，按规定享受相关税收优惠政策。

（3）多渠道提供资金扶持。

切实落实好为自主创业的大学生提供最高额度 10 万元、创办符合条件的小型微型企业提供最高额度 300 万元的小额担保贷款政策。对还款及时、无不良信贷记录的，允许再申请一次小额担保贷款，期限不超过 2 年，政府财政不予贴息。在电子商务网络平台开办“网店”的毕业生，可享受小额担保贷款和贴息政策。要通过进一步完善抵押、质押、联保、保证和信用贷款等多种方式，多途径为毕业生解决反担保难问题。

（4）加强创新创业教育。

各高校要积极建立创业学院，实现创业教育专业化、科学化、制度化、规范化，落实创业课程学时和学分规定，将创业教育融入人才培养体系，推动在校大学生普及创业教育；积极开发创新创业类课程，多形式加强创业师资队伍建设，不断丰富创业教育形式，培养大学生自主创业意识。

（5）推进创业培训实训。

要通过购买社会化服务等方式加强与专业培训机构合作，创新培训实训方式，推行创业模块培训、创业案例教学和创业实践模拟。建立小型微型企业创业导师团，对有创业意愿的大学生创业项目、创业规划、创业技巧和创业信心等实行“一对一”指导。强化创业实践孵化。2017 年前，每市要建设 1 处以上省级大学生创业孵化示范基地和 1 处以上省级大学生创业示范园，各县（市、区）和高校均要建立大学生创业孵化基地或大学生创业园。每年开展评估认定省级大学生创业孵化示范基地和大学生创业示范园区工作，并对已经通过评估认定的实施绩效评价、动态管理，对促进创业带动就业成效突出的，按“鲁政办发〔2013〕25号文件”有关规定给予资金奖补，对不合格的单位予以取消资格。各市、县（市、区）也要相应建立推动大学生创业平台建设的扶持机制。

4. 深入实施离校未就业毕业生就业促进计划

（1）将离校未就业毕业生全部纳入公共就业人才服务范围，力争使每一名有就业意愿的未就业毕业生在毕业年内实现就业或参加到就业准备活动中。各高校要在每年毕业生离校前及时填报当年毕业生就业推荐信息，确保相关数据完整、准确。进一步完善离校未就业毕业生实名制就业管理服务信息系统功能，把回生源地毕业生实名登记落到实处，全面实现对离校未就业毕业生动态跟踪管理服务。

（2）深入实施离校未就业毕业生技能就业专项活动。要确保每一名有就业创业和培训意愿的离校未就业毕业生，都能参加职业技能培训、企业上岗前培训和创业培训，促进其实现技能就业、素质就业和稳定就业。

（3）进一步加强就业见习管理，继续建设一批社会责任感强、就业环境条件好、管理规范的就业见习基地。对在生源地和求职地登记未就业或失业的有见习意愿的毕业生，都要纳入就业见习招募范围，通过举办就业见习专场招聘会等多种形式，确保有见习需求的毕业生都能得到见习机会。毕业生见习期间参加职业培训的，按现行政策享受职业培训补贴。全省每年组织不少于1万名毕业生参加就业见习，见习企业期满留用率达到70%以上。

5. 加强毕业生就业指导和就业服务

（1）加快制定高校就业指导中心规范化、标准化建设方案，每年建成10所左右的毕业生就业指导示范中心。进一步改进大学生就业创业指导课程体系设置，积极聘请专家学者、企业人力资源经理、优秀校友担任就业导师，为毕业生提供个性化咨询指导。建立贯穿于整个大学教育期间的职业生涯规划指导体系，帮助大学生树立正确的成才和就业观念。每年组织不少于60场的省级毕业生就业集中招聘活动。大力推进校际和城市间小型化、专业化的招聘联动，促进更多的毕业生实现就业。

（2）要将零就业家庭、优抚对象家庭、农村贫困户、城乡低保家庭以及残疾等就业困难的毕业生列为重点对象，有针对性地开展一对一就业帮扶。要加强特困家庭毕业生求职补贴的管理，确保在毕业生离校前将求职补贴发放到位。按《山东省公益性岗位开发管理办法》规定，完善大学生公益性岗位招聘和退出机制。

（3）各地、各高校要加强对接，建立就业信息共享机制。

6. 大力促进毕业生公平就业

（1）采取积极措施，切实防范、消除就业市场上的民族歧视、性别歧视、宗教信仰歧视、学历歧视、院校歧视、残疾人歧视及各种隐形歧视，有效保障毕业生就业权益，促进就业公平。严禁设置各种阻碍毕业生公平就业的限制性条件，用人单位招聘应届毕业生不得将户籍作为限制性条件。

（2）进一步加大人力资源市场监管和用人单位用工行为的劳动保障监察执法力度。

（3）全面落实国有企业公开招聘毕业生制度，规范招聘方案统一发布和招聘结果备案工作，切实做到信息公开、过程公开、结果公开。

（4）各地、各有关部门要消除毕业生在不同地域、不同类型单位之间流动就业的制度性障碍，要放开对吸收毕业生落户的限制，简化有关手续。

7. 创新高校人才培养机制

（1）要进一步深化高等教育改革，积极调整教育结构，加快发展现代职业教育，深化校企合作、工学合作，培养生产、建设、服务、管理一线的应用型和技能型人才。

（2）省内各普通本科院校自 2014 年起、高职（专科）院校自 2015 年起建立毕业生就业质量年度报告发布制度，据此完善就业与招生计划、人才培养、经费拨款、院校设置的联动机制，促进人才培养更好地适应社会发展需要。

8. 切实形成促进毕业生就业创业的工作合力

各地、各有关部门、各高校要健全领导机制，明确责任分工，进一步加大就业创业专项资金投入力度。要建立完善高校毕业生就业工作联席会议制度，在政策制定、措施落实、督促检查等方面形成联动协调机制。

二、山东省人民政府办公厅关于促进创业带动就业的意见（见附录 C）

1. 鼓励支持城乡劳动者自主创业

（1）设立创业带动就业扶持资金。2014 年至 2018 年，省政府每年从失业保险滚存结余基金中安排不少于 10 亿元，作为省级创业带动就业扶持资金。

（2）提高创业补贴标准。从 2014 年起，对首次领取营业执照并正常经营 1 年以上的小微企业，给予不低于 1 万元的一次性创业补贴；对吸纳就业人员并与其签订 1 年以上期限劳动合同的，按照申请补贴时创造就业岗位数量给予每个岗位 2 000 元的一次性创业岗位开发补贴。

（3）加大小额担保贷款支持力度。从 2014 年起，全省各类创业人员小额担保贷款最高额度统一提高到 10 万元，符合条件的小企业小额担保贷款最高额度提高到 300 万元。提高小额担保贷款额度后，中央财政贴息不足部分和省财政贴息资金，从省级创业带动就业扶持资金中列支。

（4）加强创业载体建设。每年评估认定 20 处省级创业孵化示范基地、创业示范园区，根据入驻企业个数和吸纳就业人数，给予每处不超过 500 万元的一次性奖补资金。对国家级创业型城市给予一次性奖补 100 万元，对省级创业型城市给予一次性奖补 50 万元，对创业型街道（乡、镇）给予一次性奖补 20 万元，对创业型社区给予一次性奖补 5 万元，所需资金从省级创业带动就业扶持资金中安排。

2. 推动实现更高质量就业

（1）深入落实就业优先战略。制定出台财税、外贸、中小企业发展等相关政策，要征求就业主管部门意见，要有利于促进就业并与就业优惠扶持政策相衔接。完善政府公共投资和重大建设项目对就业的影响评估机制，将落实情况作为对各级政府目标责任考核的重要内容。

（2）提高劳动者就业创业能力。以推动素质就业，服务产业转型升级为主线，整合各类培训资源，建立覆盖城乡劳动者的职业培训体系。从 2014 年起，城乡各类劳动者均可在户籍所在地或求职、就业地享受职业培训补贴和技能鉴定补贴。提高省级培训补助标准，初级工、中级工和高级工分别提高到 350 元/人、400 元/人、450 元/人，创业培训补助提高到 800 元/人，增加部分所需资金从省级创业带动就业扶持资金中列支。

（3）积极促进就业公平。推进就业机会平等，采取切实措施，消除性别、民族、年龄、户籍、毕业院校类型等就业限制和歧视。

（4）努力确保就业稳定。对列入省市节能减排、淘汰落后产能计划范围，依法参加失业保险并履行缴费义务的企业，在实施“转、调、创”过程中，组织职工依托定点职业培训机构开展转岗培训或岗位技能提升培训，不向社会输出失业人员的，根据培训合格人数，参照当地职业培训补贴标准的 50% 给予职业培训补贴，补贴数额不超过该单位上年度缴纳失业保险费总额的 50%，所需资金从失业保险基金中列支。

3. 全面提升创业就业服务能力

（1）强化创业指导服务。依托创业孵化基地和创业园区，为创业者从项目推介到成功创业提供全过程跟踪服务，并落实房租和水电费减免等扶持政策。加强创业培训、实训，2014 年至 2018 年每年组织 20 万人参加创业培训。

（2）完善公共就业服务体系。依托街道（乡、镇）和社区（行政村）公共就业服务平台，以 2 千米为半径、半小时为时限，着力打造“山东半小时公共就业服务圈”。推进公共就业服务信息化，建设数字化就业社区，尽快实现劳动者求职、岗位招聘等信息“一点登录、全省查询”。

（3）加强就业困难群体就业帮扶。开展“充分就业县（市、区）”和“充分就业社区”创建工作。落实就业援助措施，对就业困难人员做到全员登记认定、全员免费服务、全员岗位提供、全员特困安置。统筹公益性岗位开发管理，拓展岗位设置，发挥好托底安置作用。确保灵活就业的困难人员社会保险补贴等政策落实到位，城镇“零就业”家庭和农村“零转移就业”贫困家庭实现动态消零，就业困难群体基本实现就业。

2014—2018 年，确保创业成功率年均增长 5% 以上；年培训城乡劳动者 120 万人以上，培训后就业创业率达到 85% 以上；年度城镇新增就业和农村劳动力转移就业均稳定在 100 万人以上，城镇登记失业率控制在 4% 以内；到 2018 年，各类企业劳动合同签订率达到 95% 以上。

第四节 就业热点问题

一、基层就业问题

（一）什么是基层就业?

基层就业就是到城乡基层工作。国家近几年出台了一系列优惠政策，鼓励高校毕业生积极参加社会主义新农村建设、城市社区建设和应征入伍。一般来讲，基层既包括广大农村，也包括城市街道社区；既涵盖县级以下党政机关、企事业单位，也包括社会团体、非公有制组织和中小企业；既包含自主创业、自谋职业，也包括艰苦行业和艰苦岗位。

（二）国家鼓励毕业生到基层就业的主要优惠政策包括哪些?

（1）对到农村基层和城市社区从事社会管理和公共服务工作的高校毕业生，符合公益性岗位就业条件并在公益性岗位就业的，按照国家现行促进就业政策的规定，给予社会保险补贴和公益性岗位补贴。

（2）对到农村基层和城市社区其他社会管理和公共服务岗位就业的，给予薪酬或生活补贴，同时按规定参加有关社会保险。

（3）对到中西部地区和艰苦边远地区县以下农村基层单位就业、并履行一定服务期限的高校毕业生，以及应征入伍服义务兵役的高校毕业生，按规定给予相应的学费补偿和国家助学贷款代偿。

（4）对具有基层工作经历的高校毕业生，在研究生招录和事业单位选聘时优先录取，在地市级以上党政机关考录公务员时也要进一步扩大招考录用的比例。

（三）到基层就业如何办理户口、档案、党团关系等手续?

对到西部县以下基层单位和艰苦边远地区就业的高校毕业生，实行来去自由的政策，户口可留在原籍或根据本人意愿迁往就业地区；人事档案原则上统一转至服务单位所在地的县级政府人事部门，由政府主管部门所属的人才交流机构提供免费人事代理服务；党团组织关系转至服务单位，对服务期间积极要求入党的，由乡镇一级党组织按规定程序办理。

（四）中央有关部门实施了哪些基层就业项目?

近年来，中央各有关部门主要组织实施了4个引导高校毕业生到基层就业的专门项目，包括：团中央、教育部等四部门从2003年起组织实施的“大学生志愿服务西部计划”；中组部、原人事部、教育部等八部门从2006年开始组织实施的“三支一扶”（支教、支农、支医和扶贫）计划；教育部等四部门从2006年开始组织实施的“农村义务教育阶段学校教师特设岗位计划”；中组部、教育部等四部门从2008年起组织实施的“选聘高校毕业生到村任职工作”计划。

1. 什么是农村义务教育阶段学校教师特设岗位计划？

2006年，教育部、财政部、原人事部、中央编办下发《关于实施农村义务教育阶段学校教师特设岗位计划的通知》，联合启动实施“特岗计划”，公开招聘高校毕业生到“两基”攻坚县农村义务教育阶段学校任教。特岗教师聘期3年。

2. 农村教师特岗计划实施的地区范围包括哪些？

2006—2008年“特岗计划”的实施范围以国家西部地区“两基”攻坚县为主（含新疆生产建设兵团的部分团场），包括纳入国家西部开发计划的部分中部省份的少数民族自治州，适当兼顾西部地区一些有特殊困难的边境县、少数民族自治县和少小民族县。2009年，实施范围扩大到中西部地区国家扶贫开发工作重点县。

3. 农村教师特岗计划招聘对象和条件是什么？

以高等师范院校和其他全日制普通高校应届本科毕业生为主，可招少量应届师范类专业专科毕业生；取得教师资格，具有一定教育教学实践经验，年龄在30岁以下的全日制普通高校往届本科毕业生；参加过“大学生志愿服务西部计划”、有从教经历的志愿者和参加过半年以上实习支教的师范院校毕业生同等条件下优先。报名者应同时符合教师资格条件要求和招聘岗位要求。

4. 什么是选聘高校毕业生到村任职计划？

2008年，中组部、教育部、财政部、人力资源和社会保障部出台了《关于印发<关于选聘高校毕业生到村任职工作的意见（试行）>的通知》，用5年时间选聘10万名高校毕业生到农村担任村委会主任助理、村党支部书记助理或团支部书记、副书记等职务。选聘的高校毕业生在村工作期限一般为2～3年。

5. 选聘到村任职的对象是什么？

选聘对象为30岁以下应届和往届毕业的全日制普通高校专科以上学历的毕业生，重点是应届毕业和毕业1～2年的本科生、研究生，原则上为中共党员（含预备党员），非中共党员的优秀团干部、优秀学生干部也可以选聘。

6. 选聘到村任职的程序是什么？

选聘工作一般通过个人报名、资格审查、组织考察、体检、公示、决定聘用、培训上岗等程序进行。

7. 什么是“三支一扶”计划？

“三支一扶”是支教、支医、支农、扶贫的简称。2006年，中组部、人事部等八部门下发《关于组织开展高校毕业生到农村基层从事支教、支农、支医和扶贫工作的通知》，以公开招募、自愿报名、组织选拔、统一派遣的方式，从2006年开始连续5年，每年招募 2 万名高校毕业生，主要安排到乡镇从事支教、支农、支医和扶贫工作。服务期限一般为 2～3 年。招募对象主要为全国普通高校应届毕业生。

8. 什么是大学生志愿服务西部计划

大学生志愿服务西部计划由共青团中央牵头，教育部、财政部、人力资源和社会保障部共同组织实施。从 2003 年开始，每年招募一定数量的普通高等学校应届毕业生，到西部贫困县的乡镇从事为期 1～3 年的教育、卫生、农技、扶贫以及青年中心建设和管理等方面的志愿服务工作。

9. 参加中央部门组织实施的基层就业项目，服务期满后享受哪些优惠政策？

参加“选聘高校毕业生到村任职”“三支一扶”“大学生志愿服务西部计划”“农村义务教育阶段学校教师特设岗位计划”项目。服务期满的毕业生，享受以下优惠政策。

（1）公务员招录优惠：地（市）级以上党政机关录用公务员，要明确录用具有 2 年以上基层工作经历的人员比例；县及乡镇机关要拿出一定职位，专门招录到村任职等基层就业项目的大学生。

（2）事业单位招聘优惠：鼓励在项目结束后留在当地就业，各基层就业项目相对应的自然减员空岗，全部聘用服务期满的高校毕业生。从 2009 年起，到乡镇事业单位服务的高校毕业生服务满 1 年后，在现岗位空缺情况下，经考核合格，即可与所在单位签订不少于 3 年的聘用合同。同时，各省（区、市）县及县以上相关的事业单位公开招聘工作人员，应拿出不低于 40% 的比例，聘用各基层就业项目服务期满考核合格的毕业生。

（3）考试升学优惠：服务期满后 3 年内报考硕士研究生初试总分加 10 分；同等条件下优先录取；高职（高专）学生可免试入读成人本科。

（4）国家补偿学费和代偿助学贷款政策：参加各基层就业项目的毕业生，符合规定条件的，可享受相应的学费补偿和助学贷款代偿政策。

（5）创业优惠：服务期满自主创业的，可享受行政事业性收费减免、小额贷款担保和贴息等有关政策。

（6）其他：各基层就业项目服务年限计算工龄。服务期满到企业就业的，按照规定转接社会保险关系。

二、高校毕业生入伍问题

（一）国家鼓励高校毕业生入伍，这里的“高校毕业生”如何界定？

应征入伍的高校毕业生是指中央部门和地方所属全日制公办普通高等学校、民办普通高等学校和独立学院的全日制普通本专科（含高职）、研究生、第二学士学位应届毕业生。不包括往届毕业生及成人高等教育、高等教育自学考试类学生、各类非学历教育的学生。

（二）公民应征入伍需要满足哪些政治条件？

应征入伍政治审查的内容包括：应征公民的年龄、户籍、职业、政治面貌、宗教信仰、文化程度、现实表现以及家庭主要成员和主要社会关系成员的政治情况等。征集服现役的公民必须热爱中国共产党，热爱社会主义祖国，热爱人民军队，遵纪守法，品德优良，决心为抵抗侵略、保卫祖国、保卫人民的和平劳动而英勇奋斗。

（三）公民应征入伍要满足哪些基本身体条件？

应征入伍的公民要身心健康、体魄强健。其中，有以下几项基本条件。

（1）身高：男性 162 cm 以上，女性 160 cm 以上。

（2）体重：男性不超过标准体重的+20%，-10%，女性不超过标准体重的±15%。

（四）应征入伍高校毕业生的年龄条件是多少？

高职（专科）毕业生当年为 18 至 23 岁，本科以上学历的可以放宽到当年 24 岁。

（五）毕业生应征入伍服义务兵役享受哪些优惠政策？

高校毕业生应征入伍服义务兵役，除享有优先报名应征、优先体检政审、优先审批定兵及其他优待安置政策外，还享受优先选拔使用、考学升学优惠、补偿学费或代偿国家助学贷款等优惠政策。

（六）什么是士官？与义务兵有什么区别？

我军现役士兵按兵役性质分为义务兵役制士兵和志愿兵役制士兵。义务兵役制士兵称为义务兵，志愿兵役制士兵称为士官。士官属于士兵军衔序列，但不同于义务兵役制士兵，是士兵中的骨干。义务兵实行供给制，发给津贴，士官实行工资制和定期增资制度。

（七）具有高等教育学历的士兵退役后，享受哪些升学考试优惠政策？

具有高等教育学历的士兵退役后，享受升学考试优惠政策有：参加政法院校为基层公检法定向岗位招生时，优先录取；退役后三年内参加硕士研究生考试初试总分加 10 分；立二等功及以上的，退役后免试推荐入读硕士研究生；具有高职（高专）学历的，退役后免试入读成人本科或经过一定考核入读普通本科。

（八）应征入伍给予学费补偿和助学贷款代偿的内容是什么？

从 2009 年起，国家对应征入伍服义务兵役的高校毕业生在校期间缴纳的学费实行补偿。在校期间获得国家助学贷款的，学费补偿款首先用于偿还助学贷款本金及其全部偿还之前产生的利息。

（九）高校毕业生应征入伍都可以享受学费补偿或助学贷款代偿政策吗？

在校期间已享受免除全部学费政策的学生、定向生、委培生、国防生、按部队生长干部条件招收的大学毕业生、从高校毕业生中直招的士官，不享受学费补偿和助学贷款代偿。

（十）学费补偿和助学贷款代偿的标准是多少？

国家对服义务兵役的毕业生每学年补偿学费或代偿国家助学贷款本息的金额，最高不超过6 000元；毕业生在校期间每学年实际缴纳的学费或获得的国家助学贷款本息高于6 000元的，按照每年6 000元的金额实行补偿或者代偿；高校毕业生在校学习期间每年实际缴纳的学费或获得的国家助学贷款本息低于6 000元的，按照学费和国家助学贷款本息两者就高的原则，实行补偿或代偿。

（十一）高校毕业生应征入伍服义务兵役，其户口档案存放在哪里，如何迁转？

高校毕业生在5—6月份参加预征，身体初检和政治初审合格，填写《应届毕业生预征对象登记表》，将户口迁回入学前户籍所在地，档案可转到入学前户籍所在地人才交流中心存放。

三、国家和地方重大科研项目问题

（一）国家和地方重大科研项目包括哪些？

国家和地方重大科研项目包括由高校、科研机构和企业所承担的民口科技重大专项、“973计划”、“863计划”、科技支撑计划项目以及国家自然科学基金会的重大重点项目等。这些项目可以聘用高校毕业生作为研究助理或辅助人员参与研究工作，此外的其他项目，承担研究的单位也可聘用。

（二）哪些毕业生可以被聘为研究助理或辅助人员？

研究助理或辅助人员的聘用对象主要以优秀的应届毕业生为主，包括高校以及有学位授予权的科研机构培养的博士研究生、硕士研究生和本科生。

（三）科研项目聘用的毕业生是否为在编职工？

不是项目承担单位的正式在编职工，被聘毕业生须与项目承担单位签订服务协议，明确双方的权利、责任和义务。

（四）被聘用的毕业生户档如何迁转？

毕业生参与项目研究期间，根据当地情况，其户口、档案可存放在项目承担单位所在地或入学前家庭所在地人才交流中心。项目承担单位所在地人才交流中心或入学前家庭所在地人才交流中心应当免费为其提供户口、档案托管服务。

四、鼓励高校毕业生到中小企业就业政策措施

（一）鼓励高校毕业生到中小企业就业有哪些政策措施？

各级政府要进一步清理影响高校毕业生就业的制度性障碍和限制，为到中小企业就业的高校毕业生提供户籍与档案管理、人事代理、社会保险办理和接续、职称评定以及权益保障等方面的服务。

（二）到中小企业就业可否在当地落户？

对各类企业招用非本地户籍的普通高校专科以上毕业生，各地城市应取消落户限制（直辖市按各自有关规定执行）。

（三）到中小企业就业档案如何管理？

目前我国对档案的管理主要有单位管理和社会管理两类：有档案管理权限的企事业单位可直接接收、管理档案；无档案管理权限的企事业单位，主要包括公有制和非公有制（个体、私营、外资）在内的中小企业，可以由各地的人才交流中心、政府批准的人才服务机构为高校毕业生提供档案管理、人事代理、社会保险办理和接续等方面的服务。档案不允许个人保存。

五、人事代理问题

（一）什么是人事代理？

人事代理是指由政府批准的人事档案管理机构（各类人才服务机构），按照国家有关人事、劳动等政策法规要求，接受单位或个人委托，为多种所有制经济尤其是非公有制经济单位及各类人才办理的以下事项：人事档案管理；因私出国政审；在规定的范围内申报或组织评审专业技术职务任职资格；转正定级和工龄核定；大中专毕业生接收手续；其他需经授权的人事代理事项。

（二）高校毕业生怎样办理人事代理？

人事代理可由单位集体委托代理，也可由个人委托代理；可多项委托代理，也可单

项委托代理；可单位全员委托代理，也可部分人员委托代理。

对于离校时已落实工作单位的高校毕业生，其人事代理由毕业生的接收单位统一负责委托管理；对于离校时未就业、自主创业和灵活就业的高校毕业生，可以个人委托政府批准的人事代理机构办理委托管理。

六、社会保险问题

（一）什么是社会保险？包括哪些险种？

社会保险是指国家通过立法强制实行的，对劳动者因年老、工伤、疾病、生育、残废、失业、死亡等原因丧失劳动能力或暂时失去工作时，给予劳动者本人或供养直系亲属物质帮助的一种社会保障制度。

社会保险包括：养老保险、失业保险、医疗保险、工伤保险和生育保险。

（二）高校毕业生怎样办理社会保险？

高校毕业生一定要关心自己社会保险关系的建立、转移和接续。大学生毕业后就业，有用人单位的，其所在用人单位应按规定为其办理参保缴费手续，建立社会保险关系；灵活就业的，本人应到当地社会保险经办机构办理参保缴费手续。用人单位和个人应按规定按时足额缴纳社会保险费。与单位解除劳动合同关系后，要按当地政府的规定，到社会保险经办机构办理社会保险关系的中断或转出等事宜。毕业生在与新单位重新确立劳动合同关系后，社会保险经办机构应为毕业生办理社会保险关系的转移和接续手续。

七、高校毕业生自主创业问题

（一）高校毕业生自主创业，可以享受哪些优惠政策？

1. 小额担保贷款和贴息支持

（1）登记失业的高校毕业生自主创业，自筹资金不足的，可向当地指定银行申请不超过 5 万元的小额担保贷款；对从事微利项目的，还可获得贴息支持。

（2）自愿到西部地区及县以下的基层创业的高校毕业生，自筹资金不足时，也可向当地经办银行申请小额担保贷款；对从事微利项目的，可获得 50% 的贴息支持。

2. 免收有关行政事业性收费

高校毕业生从事个体经营，且在工商部门注册登记日期在其毕业后 2 年内的，自其在工商部门首次注册登记之日起 3 年内免收管理类、登记类和证照类行政事业性收费。

3. 享受培训补贴

离校后登记失业的毕业生，参加人力资源社会保障部门举办的创业培训，可享受职业培训补贴。

4. 免费创业服务

有创业意愿的高校毕业生，可免费获得公共就业服务部门提供的创业指导服务，包括项目开发、方案设计、风险评估、开业指导、融资服务、跟踪扶持等内容。

八、困难家庭高校毕业生问题

（一）困难家庭高校毕业生包括哪些？

困难家庭高校毕业生包括：来自城镇低保家庭、低保边缘户家庭、农村贫困家庭和残疾人家庭的普通高校毕业生。

（二）就业困难高校毕业生包括哪些？

一般认为，就业困难高校毕业生包括在心理、身体、学业、经济、综合素质等方面处于弱势的毕业生。

（三）机关、事业单位对招录（聘）困难家庭毕业生有何优惠？

各级机关考录公务员、事业单位招聘工作人员时，免收困难家庭高校毕业生的报名费和体检费。

（四）困难家庭高校毕业生如何向学校申请求职补贴？

为帮助困难家庭的高校毕业生求职就业，高校一般都会安排经费作为困难家庭毕业生的求职补助，或对已成功就业的困难家庭毕业生给予奖励。困难家庭的毕业生可向所在院系书面申请。学校也应根据平时掌握的情况，对困难家庭的毕业生给予主动帮助。

九、离校后未就业高校毕业生的就业问题

（一）离校后未就业高校毕业生如何获得相应的就业指导和服务？

回到原户籍所在地报到的未就业高校毕业生，能够享受当地政府部门所属的公共就业服务机构、人才交流服务机构和高校毕业生就业指导服务机构提供的就业指导和服务。

就业指导与服务内容包括：就业政策法规咨询、职业岗位供求信息、市场工资指导价位信息、职业培训信息、职业指导和职业介绍、办理求职登记、失业登记等。

（二）离校未就业高校毕业生在哪里可以办理求职登记和失业登记？

未就业的高校毕业生可以在户籍所在地县及县以上公共就业服务机构办理求职登记

和失业登记，具体办理办法可咨询当地公共就业服务机构。

（三）离校未就业高校毕业生登记失业后，可以享受哪些服务和政策?

在就业服务方面，可免费享受职业介绍、职业指导、就业政策法规咨询；参加职业培训的，可以按规定申请职业培训补贴；通过职业技能鉴定的还可以按规定申请职业鉴定补贴。

在创业扶持方面，可以享受获得小额担保贷款和贴息支持、免收有关行政事业性收费、培训补贴和免费的创业服务。符合条件的还可以享受社会保险补贴政策和公益性岗位补贴政策。

（四）离校后未就业高校毕业生如何申请参加职业培训?

职业培训由各地政府公共就业服务机构组织。离校后未就业回原籍的高校毕业生可到当地人力资源社会保障或相关部门咨询了解职业培训开展情况，选择适宜的培训项目参加。

（五）什么是就业见习?

就业见习是指由各级政府有关部门组织对离校后未就业毕业生到企事业单位实践训练的就业扶持措施。未就业高校毕业生如参加就业见习可向当地人力资源和社会保障部门咨询，当地人力资源和社会保障部门是就业见习的组织单位。

（六）就业见习期限有多长?

高校毕业生就业见习期限一般为6个月，不超过1年。高校毕业生就业见习活动结束后，见习单位对高校毕业生进行考核鉴定，出具见习证明，作为用人单位招聘和选用见习高校毕业生的依据之一。在见习期间被见习单位正式录（聘）用的，在该单位的见习期可以作为工龄计算。

（七）就业见习单位给毕业生上保险吗?

见习期间所在见习单位为毕业生办理人身意外伤害保险。

（八）离校未就业高校毕业生参加就业见习享受哪些政策和服务?

离校未就业高校毕业生参加就业见习享受哪些政策和服务如下：获得基本生活补助；免费办理人事代理；办理人身意外伤害保险；见习期满未被录用可继续享受就业指导与服务。

（九）公共就业服务免费提供哪些服务内容?

公共就业服务机构为离校后未就业回到原籍的毕业生免费提供下列服务：就业政策

法规咨询；职业岗位供求信息；市场工资指导价位信息；职业培训信息；职业指导和职业介绍；对就业困难人员实施就业援助；办理就业登记、失业登记；其他公共就业服务。

本章小结

本章着重介绍了我国高等教育大众化以来，为应对严峻就业形势，国家及有关省市出台的各类促进、鼓励和扶持大学生就业、创业的优惠政策；就毕业生关注的“面向城乡基层和中西部地区”“参与国家和地方重大科研项目”“困难家庭”“离校未就业”“自主创业”“就业见习”“应征入伍”“三支一扶”等热门问题进行了逐一解答。希望能为毕业生顺利就业、创业提供有效的帮助。

思考题

1. 中央有关部门实施了哪些基层就业项目？
2. 高校毕业生自主创业，可以享受哪些优惠政策？
3. 试述国家鼓励高校毕业生就业创业新政策。

附录A

普通高等学校毕业生就业工作暂行规定

教学[1997] 6号

（一九九七年三月二十四日）

为了理顺高等学校毕业生就业体制，完善改革措施，健全服务体系，优化资源配置，提高办学效益，使毕业生就业工作全面适应社会主义现代化建设对各类人才培养的需要，我委根据《中国教育改革和发展纲要》及实施意见的精神，研究制定了《普通高等学校毕业生就业工作暂行规定》，以指导和管理全国高校毕业生就业工作，逐步把这项工作纳入规范化、法制化的轨道。这不仅是做好全国高校毕业生就业工作的需要，也是改革、发展和社会稳定的需要，现将《普通高等学校毕业生就业工作暂行规定》发给你们，请遵照执行，并根据《规定》要求积极主动地做好毕业生就业工作。

普通高等学校毕业生就业工作暂行规定

第一章　总　　则

第一条　为做好普通高等学校（含研究生培养单位）毕业生（含毕业研究生）就业工作，更好地为经济建设和社会发展服务，维护毕业生和用人单位的合法权益，根据国家的有关法律和政策，制定本规定。

第二条　普通高等学校毕业生凡取得毕业资格的，在国家就业方针、政策指导下，按有关规定就业。

第三条　毕业生是国家按计划培养的专门人才，各级主管毕业生就业部门、高等学校和用人单位应共同做好毕业生就业工作。毕业生有执行国家就业方针、政策和根据需要为国家服务的义务。必要时，国家采取行政手段，安置毕业生就业。

第四条　毕业生就业工作要贯彻统筹安排、合理使用、加强重点、兼顾一般和面向基层，充实生产、科研、教学第一线的方针。在保证国家需要的前提下，贯彻学以致用、人尽其才的原则。国家采取措施，鼓励和引导毕业生到边远地区、艰苦行业和其他国家急需人才的地方去工作。

第五条　国家教委归口管理全国毕业生就业工作，国务院其他部委（以下简称部委）和各省、自治区、直辖市（以下简称地方）负责本部门、本地方的毕业生就业工作。

第二章　职　责　分　工

第六条　国家教委的主要职责：

1. 制定全国毕业生就业工作的法规和政策，部署全国毕业生就业工作；

2. 组织研究并指导实施全国毕业生就业制度改革；

3. 收集和发布全国毕业生供需信息，组织指导和管理毕业生就业供需见面、双向选择活动；

4. 编制全国普通高等学校毕业生就业计划，制订国家教委直属高校毕业生就业计划和部委、地方所属高校抽调计划；

5. 负责全国毕业生就业计划协调工作，管理全国毕业生调配工作；

6. 指导、检查毕业生就业工作，授权各省、自治区、直辖市调配部门派遣本地区高校毕业生；

7. 组织开展毕业教育、就业指导和人员培训工作；

8. 开展毕业生就业工作的科学研究和宣传工作；

9. 检查毕业生的使用情况。

第七条　国务院有关部委主管部门的主要职责：

1. 根据国家的有关方针、政策和国家教委的统一部署，提出本部门毕业生就业的具体工作意见；

2. 及时向国家教委报送所属院校毕业生就业计划和本部委需求信息；

3. 组织协调所属院校的毕业生供需信息交流活动；

4. 制订并组织实施所属院校的毕业生就业计划；

7. 开展有关毕业生就业工作改革的研究和宣传工作。

第八条　省、自治区、直辖市主管部门的主要职责：

1. 根据国家的有关方针、政策和国家教委的统一部署，提出本省、自治区、直辖市毕业生就业的具体工作意见；

2. 负责本地区毕业生的资源统计工作，并按时报送国家教委；

3. 收集本地区毕业生的需求信息并及时报送国家教委；

4. 制订本地区所属院校毕业生的就业计划并及时报送国家教委；

5. 组织管理本地区毕业生就业供需见面和双向选择活动；

6. 受国家教委委托组织实施本地区高校毕业生的资格审查，并负责毕业生的调配派遣和接收工作；

7. 组织开展毕业教育、就业指导工作；

8. 检查、监督本地区用人单位和高等学校的毕业生就业工作；

9. 开展毕业生就业制度改革的研究和宣传工作；

10. 完成国家教委交办的其他工作。

第九条　高等学校的主要职责：

1. 根据国家的就业方针、政策和规定以及学校主管部门的工作意见，制定本学校的工作细则；

2. 负责本校毕业生的资格审查工作，及时向主管部门和地方调配部门报送毕业生资源情况；

3. 收集需求信息，开展毕业生就业供需见面和双向选择活动，负责毕业生的推荐工作；

4. 按照主管部门的要求提出毕业生就业建议计划；

5. 开展毕业教育和就业指导工作；

6. 负责办理毕业生的离校手续；

7. 开展与毕业生就业有关的调查研究工作；

8. 完成主管部门交办的其他工作。

第十条 用人单位的主要职责：

1. 及时向主管部门报送毕业生需求计划、向有关高等学校提供需求信息；

2. 参加供需见面和双向选择活动，如实介绍本单位，积极招聘毕业生；

3. 按照国家下达的就业计划接收、安排毕业生；

4. 负责毕业生见习期间的管理工作；

5. 向有关部门和学校反馈毕业生的使用情况。

第三章 毕业生就业工作程序

第十一条 全国高等学校毕业生就业工作程序和时间安排由国家教委统一部署，各部委和地方应按照统一部署具体指导所属院校毕业生的就业工作。

第十二条 毕业生就业工作程序分为就业指导、收集发布信息、供需见面及双向选择、制订就业计划、进行毕业生资格审查、派遣、调整、接收等阶段。

第十三条 毕业生就业工作一般从毕业生在校的最后一学年开始。

第十四条 用人单位一般应在每年 11 月—12 月向主管部门及有关高校提出下一年度毕业生需求计划，11 月—5 月与毕业生签订录用协议。

第十五条 毕业生的就业活动不得影响学校正常的教学秩序和学生的学习。毕业生联系工作时间应安排在 1 月—5 月，春季毕业研究生可适当提前。

第四章 毕业生就业指导与毕业生鉴定

第十七条 毕业生就业指导重点进行人生观、价值观、择业观和职业道德教育，突出毕业生就业政策的宣传。

第十八条 毕业生就业指导要理论联系实际，注重实效，可采用授课、报告、讲座、咨询等多种形式。

第十九条 毕业生就业指导要与毕业教育相结合，教育毕业生以国家利益为重，正确处理国家利益与个人发展的关系，自觉服从国家需要，到基层去，到艰苦的地方去，走与实践相结合的成才之路。

第二十条 高等学校要按照国家教委《普通高等学校学生管理规定》的要求，实事求是地对毕业生作出组织鉴定。

第二十一条 毕业鉴定主要包括毕业生在校期间德、智、体等各方面的基本情况，这些基本情况要按照档案管理的有关规定，认真核对无误后扫档。档案材料应在毕业生派遣两周内寄送毕业生报到单位。

第五章 供需见面和双向选择活动

第二十二条 供需见面和双向选择活动是落实毕业生就业计划的重要方式。各部委、各地区主管毕业生就业工作部门负责管理和举办本部门、本地区的毕业生就业供需见面和双向选择活动，其他部门不得举办以毕业生就业为主的洽谈会或招聘会。举办省级上述活动要报国家教委备案，跨省区、跨部门的有关活动须报国家教委审批。

第二十三条 有条件的高等学校要举办或校际联办毕业生供需见面和双向选择活动。高等学校在毕业生供需见面和双向选择活动中起主导作用。

第二十四条 经供需见面和双向选择后，毕业生、用人单位和高等学校应当签订毕业生就业协议书，作为制定就业计划和派遣的依据。未经学校同意，毕业生擅自签订的协议无效。

第二十五条 供需见面和双向选择活动要在国家就业方针、政策指导下，有组织、有计划、有步骤地进行，时间应安排在节假日。

第二十六条 供需见面和双向选择活动，不得以赢利为目的向学生收费，不得影响学校正常的教学秩序和学生的学习。

第六章 就业计划的制订

第二十七条 国家教委直属学校毕业生面向全国就业，其他部委所属学校毕业生主要面向本系统、本行业就业，地方所属学校主要面向地区就业。根据招生“并轨”改革的进程，有关部委和各省、自治区、直辖市可根据本部门、本地区的实际情况确定所属高校毕业生的就业范围。

第二十八条 制订就业计划的原则：

1. 遵循国家有关毕业生就业的方针、政策和规定；

2. 依据国民经济和社会发展的需要；

3. 优先保证国防、军工、国有大中型企业、重点科研和教学位的需要；

4. 来源于边远省区的本、专科毕业生，只要是边远省区急需的，原则上回来源省区就业；

5. 师范类毕业生原则上在教育系统内就业；

6. 定向生、委培生按合同就业；

7. 实行招生“并轨”改革学校的毕业生在国家就业政策指导下，在一定范围内自主择业；

8. 毕业研究生在国家规定的服务范围内就业；

9. 其他类型毕业生按国家有关规定就业。

第二十九条 本、专科毕业生就业计划每年编制一次，毕业研究生就业计划分为春季和暑期两次编制。就业计划按部委、地方和高校各自的职责分工经上下结合，充分协商形成；有关部委和地方负责审核、汇总所属学校毕业生就业建议计划，并按时报送国家教委；国家教委审核、编制全国普通高等学校毕业生就业计划。

第三十条 毕业生就业计划经国家教委审核下达后，各部委、地方、高等学校和用人单位必须严格执行。

第七章 调配、派遣工作

第三十一条 地方主管毕业生调配部门和高等学校按照国家下达的就业计划派遣毕业生。派遣毕业生统一使用《全国普通高等学校毕业生就业派遣报到证》和《全国毕业研究生就业派遣报到证》（以下简称《报到证》），《报到证》由国家教委授权地方主管毕业生就业调配部门审核签发，特殊情况可由国家教委直接签发。

第三十二条 国家招生计划内招收的自费生（含电大、函授等普通专科班）毕业后自主择业，在规定时间内找到单位的由地方主管调配部门开具《报到证》。

第三十三条 对于华侨和来自港澳台地区的毕业生愿意留大陆工作的，学校可根据国家有关规定提供必要的帮助。

第三十四条 免试推荐和考取硕士、博士研究生的毕业生，在学校就业计划上报后提出不再攻读的，应回家庭所在地就业。

第三十五条 符合国家规定申请自费留学的毕业生，要在学校规定的期限内提出申请并规定偿还教育培养费，经批准后，学校不再负责其就业。派遣时未获准出境的，学校可将其档案、户粮关系转至家庭所在地自谋职业。

第三十六条 对残疾毕业生学校应帮助其就业，确有困难的，按有关规定由生源所在地民政部门安置。

第三十六条 学校应在派遣前认真负责地对毕业生进行健康检查，不能坚持正常工作的，让其回家休养。一年内治愈的（须经学校指定县级以上医院证明能坚持正常工作的）可以随下一届毕业生就业；一年后仍未治愈或无用人单位接收的，户粮关系和档案材料转至家庭所在地，按社会待业人员办理。

第三十八条 结业生由学校向用人单位推荐或自荐，到工作单位的，可以派遣，但必须在《报到证》上注明“结业生”字样；在规定时间内无接收单位的，由学校将其档案、户粮关系转至家庭所在地（家居农村的保留非农业户口），自谋职业。

第三十九条 全国普通高等学校要在七月一日后派遣毕业生（春季毕业研究生例外）。

第四十条 在派遣过程中出现特殊情况需要调整改派的，按下列原则办理：

1. 在本省、自治区、直辖市辖区内用人单位之间调整的，由地方主管毕业生调配部门审批并办理改派手续；

2. 跨部委、跨省（自治区、直辖市）调整的，由学校主管部门审核同意后，统一报国家教委审批并下达调整计划，学校所在地方主管毕业生调配部门按照调整计划办理改派手续；

3. 毕业生调整改派须在一年内办理，逾期不再办理有关调整改派手续。毕业生就业后的调整按在职人员有关规定办理。

第八章　接收工作及毕业生待遇

第四十一条　毕业生持《报到证》到工作单位报到，用人单位凭《报到证》予以办理接收手续和户粮关系。凡纳入国家就业计划的毕业生，地方政府不得征收其城市增容费。

第四十二条　毕业生报到后，用人单位应根据工作需要和毕业生所学专业及时安排工作岗位。

第四十三条　按国家计划派遣的毕业生，用人单位不得拒绝接收或退回学校。

第四十四条　毕业生报到后，发生疾病不能坚持正常工作的，按在职人员有关规定处理，不得把上岗后发生疾病的毕业生退回学校。

第四十五条　毕业生就业后，其工资标准和福利待遇按国家有关规定执行，工龄从报到之日计算。

第四十六条　到非公有制单位就业的毕业生，其档案按国家有关规定进行管理，工资待遇由毕业生与用人单位协商确定，但工资标准原则上应不低于国家规定。

第九章　违反规定的处理

第四十七条　有以下情形之一的部委、地方和学校就业部门，要通报批评，情节严重的，建议主管部门对有关责任人员给予行政处分：

1. 不按要求和时间报送生源、需求计划的；

2. 不按国家的有关规定派遣毕业生的；

3. 其他违反毕业生就业工作规定的。

第四十八条　对违反就业协议或不履行定向、委托培养合同的用人单位、毕业生、高等学校，按协议书或合同书的有关条款办理，并依法承担赔偿责任。

第四十九条　对擅自拒收、截留按国家计划派遣毕业生的用人单位，由其主管部门责令改正，并对有关负责人员给予行政处分。

第五十条　有下列情形之一的毕业生，由学校报地方主管毕业生调配部门批准，不再负责其就业。在其向学校缴纳全部培养费和奖（助）学金后，由学校将其户粮关系和档案转至家庭所在地，按社会待业人员处理：

1. 不顾国家需要，坚持个人无理要求，经多方教育仍拒不改正的；

2. 自派遣之日起，无正当理由超过三个月不去就业单位报到的；

3. 报到后，拒不服从安排或无理要求用人单位退回的；

4. 其他违反毕业生就业规定的。

第五十一条　对利用职权干涉毕业生就业工作或在毕业生就业工作中徇私舞弊的工作人员，由主管部门或同级纪检、监察部门依法处理；情节严重、构成犯罪的，依法追究其刑事责任。

第十章　附　　则

第五十二条　本规定中普通高等学校毕业生系指按照国家普通高等学校招生计划和研究生计划招收的具有学籍、取得毕业资格的本、专科生（含招生并轨招收的学生和招生并轨前招收的国家任务生、定向生、委培生、自费生及电大、函授普通专科班学生）和硕士、博士究生（含统分生、定向生、委培生、自筹经费生）。

第五十三条　各有关部委和地方可根据本规定制定实施细则并报国家教委备案。

第五十四条　本规定由国家教育委员会负责解释。

第五十五条　本规定自发布之日起执行。

附录 B

国务院七部委促进就业规划（2011—2015年）

为了做好“十二五”时期就业工作，促进经济发展与扩大就业相协调，促进社会和谐稳定，根据《中华人民共和国国民经济和社会发展第十二个五年规划纲要》和《中华人民共和国就业促进法》制定本规划。

一、背景

（一）“十一五”时期就业工作的主要成效。

“十一五”时期是我国发展史上极不平凡的五年，也是就业工作积极应对挑战并取得显著成效的五年。在党中央、国务院的领导下，全面实施扩大就业发展战略和更加积极的就业政策，有效应对地震灾害和国际金融危机，就业规模不断扩大，就业结构不断改善，劳动者就业能力不断提高。市场机制在人力资源配置中的基础性作用得到有效发挥，妥善解决了体制转轨过程中遗留的下岗失业人员再就业问题，并在推进城乡统筹、引导农业富余劳动力有序转移就业、促进高校毕业生基层就业和自主创业等方面迈出新步伐。覆盖城乡的公共就业和人才服务体系基本形成，面向全体劳动者的职业培训制度和对困难群体的就业援助制度不断完善。就业促进法、劳动合同法、劳动争议调解仲裁法相继颁布实施，促进就业的法律体系和劳动关系协调机制逐步健全，企业工资分配制度改革稳步推进。

专栏 1　“十一五”时期就业工作进展情况

指标/项目	2005 年	“十一五”规划目标	2010 年实现情况
五年城镇新增就业（万人）	〔4 200〕	〔4 500〕	〔5 771〕
城镇登记失业率（%）	4.2	5	4.1
五年转移农业劳动力（万人）	〔4 000〕	〔4 500〕	〔4 500〕
全国城乡就业人员（亿人）	7.46	/	7.61
一、二、三产业从业人员比重	44.8 : 23.8 : 31.4	/	36.7 : 28.7 : 34.6
全国农民工总量（亿人）	/	/	2.42
专业技术人才总量（万人）	4 196	/	4 686①

注：〔 〕表示五年累计数；① 为2008年年末数据。

（二）“十二五”时期面临的就业形势。

“十二五”时期，我国就业形势将更加复杂，就业总量压力将继续加大，劳动者技能与岗位需求不相适应、劳动力供给与企业用工需求不相匹配的结构性矛盾将更加突出，就业任务更加繁重。一是劳动力供大于求的总量压力持续加大，城镇需就业的劳动力年均2 500万人，还有相当数量的农业富余劳动力需要转移就业。二是就业的结构性矛盾更加突出，随着技术进步加快和产业优化升级，技能人才短缺问题将更加凸显；部分地区、企业用工需求与劳动力供给存在结构性失衡，造成企业“招工难”与劳动者“就业难”并存；以高校毕业生为重点的青年就业、农业富余劳动力转移就业、失业人员再就业，以及就业困难群体实现就业难度依然很大。三是经济社会环境变化对促进就业提出了新的挑战。转变经济发展方式，推进产业升级、科技进步和管理创新对提高劳动者素质提出了更高的要求，推进城镇化对农业富余劳动力转移就业工作提出了新的任务。同时，公共就业和人才服务以及职业培训不能满足需要，人力资源市场信息化建设滞后，影响劳动力流动就业的体制机制障碍依然存在；经济社会转型过程中劳动关系矛盾凸显，劳动者利益诉求发生新的变化，劳动关系调整体制机制不完善的问题仍然比较突出，劳动关系协调难度加大。我们必须深刻认识就业工作面临的复杂形势，进一步明确任务和方向，全力以赴做好就业工作。

二、指导思想、基本原则和发展目标

（一）指导思想。

高举中国特色社会主义伟大旗帜，以邓小平理论和“三个代表”重要思想为指导，深入贯彻落实科学发展观，适应加快转变经济发展方式的要求，紧密结合保障和改善民生、构建和谐社会的需要，切实把就业作为民生之本，作为经济社会发展的优先目标，以充分开发和合理利用人力资源为出发点，健全劳动者自主择业、市场调节就业、政府促进就业相结合的机制，实施更加积极的就业政策，创造平等就业机会，构建和谐劳动关系，提高就业质量，努力实现充分就业。

（二）基本原则。

1. 坚持促进就业与经济社会发展相结合。将促进就业放在经济社会发展的优先位置，作为保障和改善民生的头等大事，依靠经济发展带动就业增长，以扩大就业来促进经济持续发展，为转变经济发展方式提供有力保证。

2. 坚持促进就业与人力资源开发相结合。适应加快转变经济发展方式，推动发展向主要依靠科技进步、劳动者素质提高、管理创新转变的要求，强化人力资源开发，大力加强职业培训和创业培训，通过全面提升劳动者职业素质和就业能力扩大就业，提高就业质量。

3. 坚持发挥市场机制作用与政府促进相结合。充分发挥市场机制在人力资源配置中的基础性作用，消除制度性、体制性障碍，进一步强化政府在促进就业中的责任，将促进就业作为制定、实施和调整经济社会政策的基本目标，广泛动员社会各方面力量，特别是注意充分发挥工会、共青团、妇联、残联等社会团体作用，调动企业履行社会责任、扩大和稳定就业的积极性，共同做好就业工作。

4. 坚持促进企业发展与维护劳动者权益相结合。重视劳动者利益诉求，探索形成企业与职工利益共享机制，统筹处理好维护劳动者就业权利与维护劳动者劳动报酬、休息休假等权利的关系，通过构建和发展和谐稳定的劳动关系，促进实现扩大就业规模与提升就业质量的统一。

（三）发展目标。

1. 就业规模持续扩大，就业结构更加合理。城镇新增就业4 500万人。转移农业劳动力4 000万人。城镇就业比重逐步提高，三次产业就业结构更加优化。

2. 有效控制失业，保持就业局势稳定。城镇登记失业率控制在5%以内。将失业人员组织到就业准备活动中，使平均失业周期进一步缩短。实现对就业困难人员和零就业家庭人员就业援助的长效化。

3. 人力资源开发水平得到明显提高。劳动者得到有效培训机会，全国技能劳动者总量达到1.25亿人，其中高技能人才总量达到3 400万人，占技能劳动者的比重达到27%。专业技术人才总量达到6 800万人。

4. 就业质量得到进一步提升。企业劳动合同签订率达到90%，企业集体合同签订率达到80%。形成正常的工资增长机制，职工工资收入水平合理较快增长，最低工资标准年均增长13%以上，绝大多数地区最低工资标准达到当地城镇从业人员平均工资的40%以上。劳动条件得到较大改善。社会保障制度覆盖所有劳动者，就业稳定性明显提高。

专栏2　“十二五”时期就业主要指标

指　标	2010年	2015年
城镇新增就业人数（万人）	〔5 771〕	〔4 500〕
城镇登记失业率（%）	4.1	<5
转移农业劳动力（万人）	〔4 500〕	〔4 000〕
高技能人才总量（万人）	2 863	3 400
专业技术人才总量（万人）	4 686①	6 800
企业劳动合同签订率（%）	65	90
企业集体合同签订率（%）	50	80
最低工资标准年均增长率（%）	12.5	>13
劳动人事争议仲裁结案率（%）	80	90

注：“十二五”时期主要指标为预期性指标；〔〕表示五年累计数；①为2008年末数据。

5. 统一规范灵活的人力资源市场基本形成。人力资源市场管理制度逐步统一。覆盖城乡的公共就业和人才服务体系进一步健全，全部街道、乡镇和城市 95% 以上的社区设立基层劳动就业服务平台。加快公共就业和人才服务信息网络建设，实现全国互联互通。

6. 劳动者权益保障机制更加完善。基层劳动关系协调工作体系进一步加强。全国乡镇（街道）基本实现劳动保障监察“网格化、网络化”管理。企业、街道、乡镇基层调解组织和劳动人事争议仲裁机构实体化建设基本完成，仲裁结案率达到 90%。

三、主要任务和政策措施

（一）提高经济发展对就业的拉动能力。

1. 落实就业优先战略。各级政府在制订国民经济计划、对产业结构和产业布局进行重大调整时，把就业作为社会经济发展的优先目标予以考虑，建立健全经济发展、产业结构调整与扩大就业良性互动的长效机制。根据实现更加充分就业目标的要求合理确定经济发展速度，在制定财政、金融、产业等宏观经济政策时，要评估对就业的影响，注意防范失业风险。不断加大对就业的资金支持，形成公共财政保障、社会各方多元投入的机制。发挥政府投资和重大建设项目对就业的拉动作用，研究建立公共投资促进就业的考核评估机制。

2. 着力发展吸纳就业能力强的产业和企业。在培育战略性新兴产业中，不断开发就业新领域，增加智力密集型就业机会。在经济转型和结构调整中，加快实施有利于发挥劳动力比较优势的技术进步和产业升级战略。大力发展第三产业，广开服务业就业渠道，注重发展金融、物流等生产性服务业及餐饮等生活性服务业，加快高技术服务业和服务贸易发展，加大政策支持力度，着力提高服务业就业比重；稳步实现产业升级，发展资本密集、高技术制造业时，兼顾发展劳动密集型企业，特别是高附加值的劳动密集型企业，大力发展中小企业，重点扶持小型微型企业，使第二产业就业份额保持稳中有升；注重发展现代农业、精细农业，挖掘第一产业就业潜力，推进农业产业化经营，不断增加农村就业机会。

3. 促进以创业带动就业。完善并落实鼓励劳动者创业的税收优惠、小额担保贷款、财政贴息、资金补贴、场地安排等扶持政策，简化审批手续，严格规范收费行为，改善创业环境。健全创业培训体系，鼓励高等学校和中等职业学校开设创业培训课程。健全创业服务体系，为创业者提供项目信息、政策咨询、开业指导、融资服务、人力资源服务、跟踪扶持，鼓励有条件的地方建设一批示范性的创业孵化基地。推进创业型城市建设。加强宣传和舆论引导，弘扬创业精神，树立一批创业典型，营造崇尚创业、褒奖成功、宽容失败的良好创业氛围。

4. 发展家庭服务业促进就业。重点发展家政服务、养老服务、社区照料服务、病患陪护服务、残疾人居家托养服务等家庭服务业态，因地制宜发展其他家庭服务业态，满足家庭的基本需求。从财税、金融、土地、价格等方面加大政策扶持力度，在企业开办、融资、品牌建设等方面支持家庭服务企业发展。推进家庭服务业公益性信息服务平台建设，加强从业人员专项技能培训。广泛开展家庭服务业千户百强创建活动，树立一批知名家庭服务品牌。加快制定相应的劳动用工政策及劳动标准，规范对从事家庭服务人员的管理，维护家庭服务从业人员的合法权益。

（二）实施更加积极的就业政策。

1. 实行更加有利于促进就业的财政保障政策。公共财政向符合国家产业政策导向的小型微型企业和劳动密集型产业倾斜，财政支出逐步向民生倾斜，加大对困难群体的扶持力度。各级政府要加大就业资金投入，进一步完善资金使用管理办法，加强就业资金支出绩效评估，提高资金使用效益和管理水平。中央财政继续加大就业专项资金转移支付力度。

2. 实行支持和促进就业的税收优惠政策。建立健全有利于加快产业结构调整，促进服务业和小型微型企业发展的税收政策体系，减轻企业税收负担，充分发挥其在吸纳城乡劳动力就业中的作用；完善和落实促进高校毕业生、农民工、就业困难人员等重点群体就业的税收政策，鼓励企业吸纳重点群体就业。

3. 实行更加有利于促进就业的金融支持政策。积极发挥货币政策的宏观调控作用，支持经济发展方式转变和经济结构战略性调整，为实体经济发展和就业创造良好的宏观金融环境。加强宏观信贷政策指导，鼓励和引导金融机构支持符合国家产业政策导向的劳动密集型产业、服务业、小型微型企业发展和自主创业，落实促进小型微型企业贷款的财税支持政策。进一步完善小额担保贷款政策，建立政策监测评估机制，切实提高政策落实效果。

4. 实行更加有利于促进就业的对外贸易政策。将对国内就业的影响作为制定进出口政策，以及处理贸易争端的重要依据。积极支持有利于增加就业的行业和企业，对受贸易摩擦影响较大的行业或企业，适时采取有效措施减少失业。鼓励开展对外劳务合作。

5. 实施鼓励劳动者多渠道、多形式就业的扶持政策。通过优惠政策和就业服务扶持劳动者自谋职业、自主就业。鼓励和支持劳动者在小型微型企业就业、临时性就业以及其他形式的灵活就业，完善与此相适应的劳动关系、工资支付制度，完善就业与社会保障的联动机制，为劳动者灵活就业、流动就业或转换工作岗位提供支持，增强就业的稳定性。

（三）统筹做好城乡、重点群体就业工作。

1. 推进城乡和区域就业统筹协调发展。坚持城乡统筹，建立健全城乡劳动者平等就业的制度，消除劳动者就业的城乡差别和就业歧视，创造公平就业环境。加强分类指导，推动东部地区加快产业升级和经济结构调整，提高就业质量；指导中西部地区结合产业的梯次转移，引导更多的劳动力就地就近转移就业。重视解决少数民族地区和贫困地区的就业问题，给予政策倾斜，支持其发展经济扩大就业。

2. 切实做好高校毕业生和其他青年群体的就业工作。继续把高校毕业生就业放在就业工作的首位，积极拓展高校毕业生就业领域，鼓励中小企业吸纳高校毕业生就业。鼓励引导高校毕业生面向城乡基层、中西部地区，以及民族地区、贫困地区和艰苦边远地区就业，落实各项扶持政策。鼓励高校毕业生自主创业。支持高校毕业生参加就业见习和职业培训，鼓励科研项目单位吸纳高校毕业生就业。继续做好免费师范生的就业工作。积极做好征集高校毕业生入伍服义务兵役工作。大力加强就业指导、就业服务，更加关注女高校毕业生就业问题，加大对就业困难高校毕业生和其他长期失业青年的援助力度。大力发展适合青年和各类毕业生求职就业的互联网就业服务，完善以实名制为基础的高校毕业生就业统计制度。进一步改革高等教育人才培养模式，使之更加适应经济社会发展需要，提高人才培养质量。继续做好退役军人就业工作。

专栏 3　高校毕业生就业推进计划

01	岗位拓展计划。拓宽就业渠道，引导高校毕业生到中小企业、非公有制企业和城乡基层就业。
02	就业服务与援助计划。加强对高校毕业生的就业服务与就业指导，做好高校毕业生就业见习、职业培训和困难高校毕业生就业援助。
03	创业引领计划。加强对高校毕业生的创业教育和培训，强化创业服务，完善创业扶持政策，促进帮扶高校毕业生自主创业。
04	基层就业项目。统筹实施“选聘高校毕业生到村任职”“三支一扶（支教、支农、支医和扶贫）”“大学生志愿服务西部计划”“农村义务教育阶段学校教师特设岗位计划”等基层就业项目。

3. 推进农业富余劳动力转移就业。适应城镇化加速发展的趋势，加快建设小城镇，发展县域经济，发展乡镇企业和非农产业，为农业富余劳动力开辟更多的生产和就业门路，实现就地就近就业。完善并落实创业政策措施，积极支持农民工返乡创业。消除流动就业的制度壁垒，创造有利的政策环境，进一步完善职业培训、就业服务、劳动维权“三位一体”的工作机制，推进农业富余劳动力进城务工和稳定转移。坚持因地制宜、分步推进，积极稳妥地把有稳定劳动关系并在城镇居住一定年限的农民工及其家属逐步转为城镇居民。

4. 做好淘汰落后产能企业职工安置工作。将淘汰落后产能企业职工安置工作纳入本地区节能减排、淘汰落后产能工作的整体规划，统筹考虑企业退出与保障职工权益，健全淘汰落后产能企业职工安置工作协调机制，采取积极措施，多途径、多渠道安置职工。完善扶持和资金投入政策，妥善处理职工劳动关系，积极稳妥地做好职工社会保险关系接续和转移，扶持企业开展职工转岗转业培训，稳定就业，减少失业。

5. 加强对困难群体的就业援助。建立健全就业援助制度，完善就业援助政策，开发公益性岗位，形成长效工作机制。全面推进充分就业社区建设，为部分地区率先实现充分就业奠定基础。全面贯彻落实《残疾人就业条例》，完善残疾人就业促进和保护政策措施，推动党政机关、企事业单位按比例安排残疾人就业，加大对福利企业、盲人按摩机构等残疾人集中用人单位的管理和扶持力度，帮扶残疾人自主创业和灵活就业，推动残疾人在社区服务业、城市便民服务网点就业。建立与残联组织联合开展就业援助的工作机制，各级政府开发的公益性岗位优先安排残疾人。继续做好妇女就业工作。

（四）大力开发人力资源。

1. 加强专业技术人才队伍建设。进一步实施并完善新世纪百千万人才工程，完善政府特殊津贴制度，改革完善博士后制度。实施更加开放的人才政策，大力吸引海外留学人才回国工作、创业或以多种形式为国服务。积极实施海外高层次人才引进计划、留学人员回国创业启动支持计划和海外赤子为国服务行动计划，继续加强留学人员创业园建设。实施万名专家下基层服务行动计划。统筹专业技术人员职称制度和职业资格制度改革，完善专业技术人才评价机制，规范专业技术人才职业准入，完善专业技术人才职业水平评价办法和专业技术职务评价办法。深入实施专业技术人才知识更新工程，健全面向全体专业技术人员的继续教育制度。

2. 健全面向城乡全体劳动者的职业培训制度。紧密结合市场需求和就业要求，强化职业培训。统筹推动就业技能培训、岗位技能提升培训和创业培训，积极探索现代学徒制培训，加快构建劳动者终身职业培训体系，使城乡劳动者都能得到有针对性的培训，提升职业技能水平。加强培训管理，整合培训资源，健全社会化职业培训网络。依托一批具有较高培训质量、与就业紧密结合，并能在当地发挥示范带动作用的职业培训机构，建设职业技能实训基地。加强残疾人职业教育培训。落实培训补贴政策。

3. 加快培养产业发展急需的技能人才。进一步健全以企业为主体、职业院校为基础，学校教育与企业培养紧密联系、政府推动与社会支持相互结合的高技能人才培养培训体系。落实国家高技能人才振兴计划，依托大型骨干企业、重点职业院校和培训机构，以及高技能领军人才，加快重点行业（领域）急需紧缺职业（工种）高技能人才培养。完善职业资格证书制度，加快建立以职业能力为导向、以工作业绩为重点，注重职业道德和职业知识水平的技能人才评价体系，探索技能人才多元评价机制，畅通技能人才成长通道。

专栏4　人力资源开发重大工程

01	专业技术人才知识更新工程。依托高等学校、科研院所和大型企业现有施教机构，建设一批国家级继续教育基地，开展大规模的知识更新继续教育，提高专业技术人才的水平和能力。
02	国家高技能人才振兴计划。
	（1）高级技师培训。充分发挥行业、企业和职业院校作用，加快培养一批具有较深专业理论知识和精湛技艺技能的技师和高级技师。
	（2）技能大师工作室建设。基本形成覆盖中心地区和重点行业的技能传递与扩散网络，建立较为完善的技能人才绝技绝活价值实现及代际传承机制。
03	加强就业、创业、技能实训工作。在产业集中度高的区域性中心城市以及地（市）级以上城市，建立一批实训基地，面向社会各类人员提供公益性、示范性技能训练和鉴定服务，更加注重实际操作能力和技能素质训练，特别是急需紧缺职业的高技能人才培养，并开展专业化创业培训。

（五）加强人力资源市场建设。

1. 加快形成统一规范灵活的人力资源市场。加快人力资源配置领域的改革进程，逐步消除人力资源市场城乡分割、地区分割和身份分割，促进城乡各类劳动者平等就业。加快推进劳动力市场与人才市场的统一和改革进程，建立健全政府部门加强宏观调控和提供公共服务、市场主体公平竞争、中介组织规范服务的市场运行格局，推动形成规范的管理制度和灵活的市场运行机制。建立人力资源市场监测体系，完善人力资源市场信息发布制度。完善人力资源市场监管体系，加快人力资源市场法制化建设。

2. 加强公共就业和人才服务。整合公共就业和人才服务机构公共管理和服务的职能，形成覆盖城乡的公共就业和人才服务体系。全面推进公共就业和人才服务的制度化、专业化和信息化建设。健全城乡均等的公共就业和人才服务制度，全面落实对劳动者的免费就业服务、对就业困难人员的就业援助和对特定群体的专项就业服务。不断丰富就业服务内容，拓展服务功能，为劳动者提供优质高效的就业服务。加强基层就业和社会保障服务体系建设，建立覆盖全国的就业信息监测和招聘信息公共服务平台，为社会提供公共就业信息服务。开展就业需求预测，有效引导教育和培训，改善劳动力供给结构。

3. 大力发展人力资源服务业。加快建立专业化、信息化、产业化的人力资源服务体系，逐步实现基本公共服务充分保障，市场化服务产业逐步壮大，服务社会就业与人力资源开发配置能力明显提升。以产业引导、政策扶持和环境营造为重点，规范发展人事代理、人才推荐、人员培训、劳务派遣等人力资源服务。实施品牌推进战略，打造一批人力资源服务品牌，加大品牌宣传力度，推动人力资源服务产业园区发展，形成集聚效应，完善人力资源服务链，构建多层次、多元化的人力资源服务机构集群，扩大服务供给。培育人力资源服务需求，鼓励人力资源服务创新，提升服务供给能力和水平。

专栏5　公共就业和人才服务行动计划

01	公共就业和人才服务专项行动。开展“就业援助月”“春风行动”“民营企业招聘周”“高校毕业生就业服务月”和“高校毕业生就业服务周”等全国性公共就业和人才服务专项活动，重点帮助就业困难人员、农业富余劳动力、高校毕业生等群体就业。
02	就业失业动态监测和预警工程。依托国家电子政务网络，建立健全覆盖全国的就业失业信息监测网络，完善就业信息统计和失业预警指标体系，开展就业需求预测，适时发布就业需求和失业预警信息。

（六）加强失业预防和调控。

1. 建立失业统计制度和失业预警机制。完善就业与失业登记管理办法，完善城镇调查失业率统计。完善失业动态监测制度，及时准确监测企业岗位变化情况。探索实行失业预警制度，加强预警预测，为采取有针对性的政策措施提供支持。

2. 建立健全失业预防和调控机制。完善失业保险制度。对结构调整和重大灾害及遇到危机情况下出现的失业风险进行积极预防和有效调控，制定应对预案，采取切实措施，保持就业稳定并将失业控制在社会可承受范围。鼓励企业履行稳定就业的社会责任，规范企业规模裁员行为。将失业人员组织到相应的就业培训、指导、服务、援助等就业准备活动中，缩短失业人员失业周期，分散失业风险。完善社会保障体系，提高就业的稳定性。

（七）健全劳动关系协调机制和企业工资分配制度。

1. 健全劳动标准体系和劳动关系协调机制。适时修订完善工作时间、休息休假、女职工和未成年工特殊保护等标准，大力推进劳动定额标准管理。全面实行劳动合同制度，提高小企业和农民工劳动合同签订率。加强对劳务派遣用工的规范管理。全面推进劳动用工备案制度建设，建立全国统一的劳动用工信息数据库。积极推进集体协商和集体合同制度建设，扩大集体合同制度覆盖面，提高集体协商实效性。加强和创新协调劳动关系三方机制建设，充分发挥三方机制在构建和谐劳动关系中的重要作用。完善依托三方机制协调处理集体协商争议的办法。深入开展和谐劳动关系创建活动。

2. 深入推进工资收入分配制度改革。完善并落实最低工资制度，逐步提高最低工资标准。积极稳妥推进工资集体协商工作，建立健全企业工资决定机制和正常增长机制。完善工资指导线制度。完善人力资源市场工资指导价位和行业人工成本信息指导制度，建立统一规范的企业薪酬调查和信息发布制度。改革国有企业工资总额管理办法，对部分行业工资总额和工资水平实行双重调控，缩小行业间工资水平差距。严格规范国有企业、金融机构高管人员薪酬管理。加强企业工资支付保障制度建设，完善工资保证金、欠薪应急周转金，以及清偿欠薪的工程总承包企业负责制、对拒不支付劳动报酬的行政司法联动打击机制和政府属地管理负责制等制度。

专栏 6　构建和谐劳动关系计划

01	加强劳动标准体系建设。建立健全劳动标准工作体制机制，全面评估现有劳动标准实施状况，开展劳动标准制（修）订工作，加强劳动标准专业人才队伍和服务平台建设。
02	建立统一规范的企业薪酬调查和信息发布制度。及时掌握并定期发布不同职位劳动者的薪酬和企业人工成本信息，为加强工资分配宏观调控提供支持，为社会各方面提供公共信息服务。

（八）加强劳动保障监察和劳动人事争议调解仲裁。

1. 加强劳动保障监察工作体制建设。加强巡视检查工作，增强专项检查针对性，提高投诉举报处理时效性，建立预防预警机制。全面推进劳动保障监察网格化管理，提高监察执法效能。完善用人单位劳动保障守法诚信档案，实施动态分类监管。完善劳动保障监察与刑事司法联动机制和多部门综合治理机制，完善刑事案件移送制度和案件办理协查制度。推进劳动保障监察立法，建立重大劳动保障违法行为社会公布制度。健全覆盖省、市、县和街道、乡镇的劳动保障监察体系，推进监察机构队伍标准化建设，加强专职监察员培训，发展监察协管员队伍。

2. 加强劳动人事争议处理效能建设。坚持“预防为主、基层为主、调解为主”的方针，指导企业建立健全内部协商调解机制，推进乡镇、街道劳动争议调解组织建设，运用调解机制和方法化解劳动纠纷。建立健全重大集体劳动争议应急调处机制。进一步健全劳动人事争议仲裁体制机制，加快推进劳动人事争议仲裁机构实体化和调解仲裁队伍专业化建设，完善仲裁办案制度，规范办案程序，依法、公正、及时解决劳动人事争议，保护当事人的合法权益。

四、强化组织实施

（一）加强组织领导，落实责任分工。各级政府要加强对规划实施的组织领导，充分发挥促进就业工作协调机制的作用，确保规划各项目标任务得到落实。国务院人力资源社会保障行政部门牵头负责专项规划的实施、指导、协调、督促和检查工作，各有关部门加强协作配合，形成规划实施工作合力。地方各级政府要按照本规划的部署，结合实际分解目标任务，明确责任分工，完善政策体系，扎实做好各项工作。要把规划重点指标的完成情况纳入政府综合考核体系，作为考核地方各级政府实践科学发展观和解决民生问题的重要依据。

（二）加强能力建设，完善工作手段。加强就业领域基础理论和重大政策前瞻性研究，推动科研创新及成果运用，为就业工作提供系统科学的理论指导和决策支持。实施提升公共就业综合服务能力的重大项目，将就业政策措施和重大项目有机结合，提升就业领域基础设施建设和管理服务能力。加强就业领域信息化建设，积极为城乡劳动者提供就业信息、就业咨询、就业培训等公共信息服务，建立跨地区的就业服务信息共享、协同机制。推动就业工作的规范化、标准化和科学化。

专栏7　公共就业综合服务重大工程

01	基层劳动就业和社会保障综合服务平台建设工程。全面加强县、乡两级服务设施（设备）建设，开展就业和职业技能培训、劳动关系协调、劳动保障监察和调解仲裁、劳务输出等服务以及面向农民工的基本公共服务，提供社会保险参保登记、缴费、待遇核发、关系转移等经办服务。街道（乡镇）服务站、行政村（社区）服务窗口与其他公共服务设施共建共享。
02	省、地（市）级人力资源市场建设工程。新建和改扩建一批省、地（市）级人力资源综合服务设施，改善就业和人力资源服务、劳动关系协调、劳动人事争议仲裁、劳动保障监察的条件，强化包括农民工在内的各类群体的基本公共服务。

（三）加强监测评估，营造良好氛围。建立规划实施情况监测、评估和绩效考核机制，加强监测评估能力建设，强化对规划实施情况的跟踪分析。密切关注各地规划实施进展，加强规划实施的宏观指导，做好年度计划、地方规划与本规划目标任务的衔接。开展广泛宣传，引导劳动者转变就业观念，通过自身努力实现就业，动员社会各方关心、支持就业工作，营造良好舆论环境。

附录 C

山东省人民政府办公厅关于促进创业带动就业的意见

鲁政办发[2013] 25号

各市人民政府，各县（市、区）人民政府，省政府各部门、各直属机构，各大企业，各高等院校：

为促进创业带动就业，经省政府同意，现提出以下意见：

一、鼓励支持城乡劳动者自主创业

1. 设立创业带动就业扶持资金。2014 年至 2018 年，省政府每年从失业保险滚存结余基金中安排不少于 10 亿元，作为省级创业带动就业扶持资金；各市在按规定留足支付失业保险待遇资金和应对失业风险资金的基础上，每年从失业保险滚存结余基金中安排市级创业带动就业扶持资金。创业带动就业扶持资金主要用于扶持小微企业发展，加强职业技能培训，支持产业转型升级，给予小额担保贷款贴息和促进创业孵化基地、创业园区建设等。

2. 提高创业补贴标准。支持各类初创期自主创业小微企业，提高创业成功率和存活率，创造更多就业岗位。从 2014 年起，对首次领取营业执照并正常经营 1 年以上的小微企业，给予不低于 1 万元的一次性创业补贴；对吸纳就业人员并与其签订 1 年以上期限劳动合同的，按照申请补贴时创造就业岗位数量给予每个岗位 2 000 元的一次性创业岗位开发补贴。有条件的地方可在此基础上适当提高。一次性创业补贴和一次性创业岗位开发补贴所需资金，由各地从就业专项资金和创业带动就业扶持资金中统筹安排，省级创业带动就业扶持资金对各地一次性创业补贴给予 40% 的补助。

3. 加大小额担保贷款支持力度。2013 年年底前，省级担保基金增加到 5 亿元，各市担保基金增加到不低于 1 亿元，有条件的县（市、区）担保基金增加到不低于 1 000 万元。扩大小额贷款担保基金不足部分，可从扩大失业保险基金支出范围试点资金中安排。从 2014 年起，全省各类创业人员小额担保贷款最高额度统一提高到 10 万元，符合条件的小企业小额担保贷款最高额度提高到 300 万元。提高小额担保贷款额度后，中央财政贴息不足部分和省财政贴息资金，从省级创业带动就业扶持资金中列支。对还款及时、无不良信贷记录的，允许再申请一次小额担保贷款，期限不超过 2 年，原则上不再贴息。要简化程序，降低门槛，即时受理，快速办结。

4. 加强创业载体建设。各地要通过政府投资、鼓励高校和企业建设、社会共建等多种形式建设一批孵化条件好、承载力强、融创业指导服务为一体的创业孵化基地和创业园区。给予孵化效果好、企业存活率高的创业孵化基地和创业园区一次性奖补，所需资金从省、市创业带动就业扶持资金中列支。每年评估认定 20 处省级创业孵化示范基地、创业示范园区，根据入驻企业个数和吸纳就业人数，给予每处不超过 500 万元的一次性奖补资金。提升创业型城市创建水平，启动创业型街道（乡、镇）、社区创建工作。对国家级创业型城市给予一次性奖补 100 万元，对省级创业型城市给予一次性奖补 50 万元，对创业型街道（乡、镇）给予一次性奖补 20 万元，对创业型社区给予一次性奖补 5 万元，所需资金从省级创业带动就业扶持资金中安排。

二、推动实现更高质量就业

5. 深入落实就业优先战略。制定出台财税、外贸、中小企业发展等相关政策，要征求就业主管部门意见，要有利于促进就业并与就业优惠扶持政策相衔接。完善政府公共投资和重大建设项目对就业影响评估机制，将落实情况作为对各级政府目标责任考核的重要内容。建立国有大中型企业公开招聘制度，切实做到招聘信息公开、过程公开、结果公开，招聘计划、程序和结果须向同级就业主管部门备案。

6. 提高劳动者就业创业能力。以推动素质就业，服务产业转型升级为主线，整合各类培训资源，建立覆盖城乡劳动者的职业培训体系。完善政府购买培训成果机制，全面推行“企业订单、劳动者选单、培训机构列单、政府买单”的培训模式。制定实施山东省职业技能培训规划，采取多种措施加强对高校毕业生、退役军人、农民工、失业人员、就业困难人员的培训，使素质与岗位需求相一致。从 2014 年起，城乡各类劳动者均可在户籍所在地或求职、就业地享受职业培训补贴和技能鉴定补贴。提高省级培训补助标准，初级工、中级工和高级工分别提高到 350 元/人、400 元/人、450 元/人，创业培训补助提高到 800 元/人，增加部分所需资金从省级创业带动就业扶持资金中列支。建立职业培训补贴标准与社会需求程度、培训成本相挂钩的动态调整机制，逐步实现初、中级技能免费培训。提高企业定额职业培训补贴，新录用符合条件人员并签订 1 年以上期限劳动合同，经培训后取得初级以上职业资格证书的，将企业定额职业培训补贴提高到 80%。

7. 积极促进就业公平。推进就业机会平等，采取切实措施，消除性别、民族、年龄、户籍、毕业院校类型等就业限制和歧视。依法使用被派遣劳动者，确保符合临时性、辅助性、替代性岗位要求，用工人数不得超过国家规定的比例。以农民工等群体为重点，依法保障同工同酬权利。以小微企业、民营企业为重点，提高劳动合同签订率。保持职工工资收入水平合理增长，一线职工工资增长不低于企业平均工资增长水平。加大专项执法检查力度，依法及时调处各类劳动争议，坚决打击拖欠工资、不签劳动合同、违法超时加班、非法用工等违法行为。

8. 努力确保就业稳定。对列入省市节能减排、淘汰落后产能计划范围，依法参加失业保险并履行缴费义务的企业，在实施“转、调、创”过程中，组织职工依托定点职业培训机构开展转岗培训或岗位技能提升培训，不向社会输出失业人员的，根据培训合格人数，参照当地职业培训补贴标准的 50% 给予职业培训补贴，补贴数额不超过该单位上年度缴纳失业保险费总额的 50%，所需资金从失业保险基金中列支。加强失业动态监测，科学分析研判，及时预警预报，对可能出现的区域性、行业性集中失业风险，制定应急预案，切实将失业率控制在社会可承受范围。因不可抗力等客观原因造成企业生产经营严重困难时，对不裁员或少裁员的困难企业，在一定期限内给予政策扶持，确保岗位不流失，具体办法由省人力资源社会保障厅会同省财政厅等有关部门另行制定。

三、全面提升创业就业服务能力

9. 强化创业指导服务。依托创业孵化基地和创业园区，为创业者从项目推介到成功创业提供全过程跟踪服务，并落实房租和水电费减免等扶持政策。建立创业导师队伍，注重创业培训师、创业咨询师等师资培养深造，所需资金从省、市创业带动就业扶持资金中列支。加强创业培训、实训，2014 年至 2018 年每年组织 20 万人参加创业培训。继续开展创业助推“1+3”行动，为每一个有创业意愿且创业培训合格的城乡劳动者推荐一个创业项目、协助落实一处经营场地、帮助办理一笔小额担保贷款，帮助创业者成功创业。

10. 完善公共就业服务体系。依托街道（乡、镇）和社区（行政村）公共就业服务平台，以 2 公里为半径、半小时为时限，着力打造“山东半小时公共就业服务圈”。推进公共就业服务信息化，建设数字化就业社区，尽快实现劳动者求职、岗位招聘等信息“一点登录、全省查询”。加快推进公共就业服务标准化建设，加强公共就业服务人员培训，全面实现劳动保障协理员持证上岗，为城乡劳动者提供更加便捷、及时、高效的公共就业服务。

11. 加强就业困难群体就业帮扶。开展“充分就业县（市、区）”和“充分就业社区”创建工作。落实就业援助措施，对就业困难人员做到全员登记认定、全员免费服务、全员岗位提供、全员特困安置。统筹公益性岗位开发管理，拓展岗位设置，发挥好托底安置作用。确保灵活就业的困难人员社会保险补贴等政策落实到位，城镇“零就业”家庭和农村“零转移就业”贫困家庭实现动态消零，就业困难群体基本实现就业。

各级政府要切实加强对就业创业工作的领导，加大工作力度，强化工作措施，狠抓政策落实，积极推进“创业齐鲁 · 乐业山东”建设，实现更多劳动者创业、更高素质就业、更充分就业、更公平就业、更和谐就业。2014 年至 2018 年，确保创业成功率年均增长 5% 以上；年培训城乡劳动者 120 万人以上，培训后就业创业率达到 85% 以上；

年度城镇新增就业和农村劳动力转移就业均稳定在100万人以上，城镇登记失业率控制在4%以内。到2018年，各类企业劳动合同签订率达到95%以上。

山东省人民政府办公厅

2013年9月18日

参考文献

[1] 北京中外企业人力资源协会．职场零距离：大学生就业指导．北京：高等教育出版社，2014.
[2] 人力资源和社会保障部教材办公室．就业指导．北京：中国劳动社会保障出版社，2010.
[3] 人力资源和社会保障部全国人才流动中心，“新芽计划”大学生人才发展工程项目组．高校毕业生就业指导读本．北京：中国劳动社会保障出版社，2014.
[4] 湖南省教育科学研究院职业教育与成人教育研究所．就业与创业指导．北京：高等教育出版社，2014.
[5] 杨舒雅，孙中英．职业院校就业指导．北京：中国劳动社会保障出版社，2011.
[6] 张志．不要等到毕业之后．北京：九州出版社，2014.
[7] 韩能跃．大学生创业教育．邢台：邢台学院，2012.
[8] 马瑞芹，闫瑞明，章春军．大学生职业规划与就业创业指导．长春：吉林大学出版社，2014.
[9] 姜曙光，汪忠，金来香．大学生创业基础教程，北京：化学工业出版社，2014.
[10] 陆瑞新，刘雪梅．大学生就业与创业指导．大连：大连理工大学出版社，2012.
[11] 郝宏伟．大学生创业基础．广州：广东高等教育出版社，2013.